BEAUTY DICTIONARY

医師が教える
正しいスキンケア大全

スキンケア大学

SKIN CARE LESSONS FOR THE LADY.

CLEANSING, FACE-WASH, COSMETICS, BEAUTIFUL SKIN RECIPES
SUPPLEMENTS, FEMALE HORMONE, AGING CARE
ACTIVE OXYGEN, UV CARE, TURNOVER...

宝島社

自分の“肌”のこと、本当に知っていますか？

女性なら、毎日メイクをオフして洗顔し、保湿したり、パックしたり…。多忙な毎日のなか、多くのケアを一生懸命こなしていることでしょう。それなのに、肌の悩みは一向に解決しない…そんなふうに感じている女性が、現代の日本に数多く存在します。いったいなぜでしょう?

一般的に年齢を重ねると、皮膚は表面のうるおいを保つ皮脂の分泌が低下するため、どんどん乾燥しやすくなります。またたとえ年齢が若くても、血行不良や腸内環境の悪化、偏った食生活などによって、皮膚の新陳代謝が正しく行われなくなり、肌荒れが起こることも少なくありません。

このように、肌トラブルの理由はひとつではありません。年齢や生活環境などさまざまな理由から、肌はＳＯＳを発するのです。自分の肌の状態をきちんと知り、トラブルを起こした本当の原因と向き合うことこそ、正しいスキンケア。スキンケアに対する「思い込み」や「惰性」を捨て、自分の肌と正面から向き合ってみませんか? 正しい知識を得て自分の肌のことを知ることができたとき、一生健康的な美肌でいるためのスキンケアが始まるのです。

What's Skincare University?

「スキンケア大学」で肌のすべてを学べます

SKIN CARE 大学

スキンケア大学って？

全国1900名のドクターが参画する、スキンケアの情報サイト。肌の専門家である医師の豊富な知識と経験を、自分の悩みに合わせて即座に検索し参考にできる、うれしいサイトです。スキンケアのさまざまな悩みを解決するコーナーから、美肌を作る食材やレシピ、安心な商品の紹介など、多岐にわたる美肌情報を網羅。本書はこの「スキンケア大学」に蓄積された膨大なコンテンツをもとに、美肌作りの基礎、最新情報までを紹介。この1冊で、肌の基礎知識から日ごろの悩みまでサポートする、最強の美肌参考書なのです。

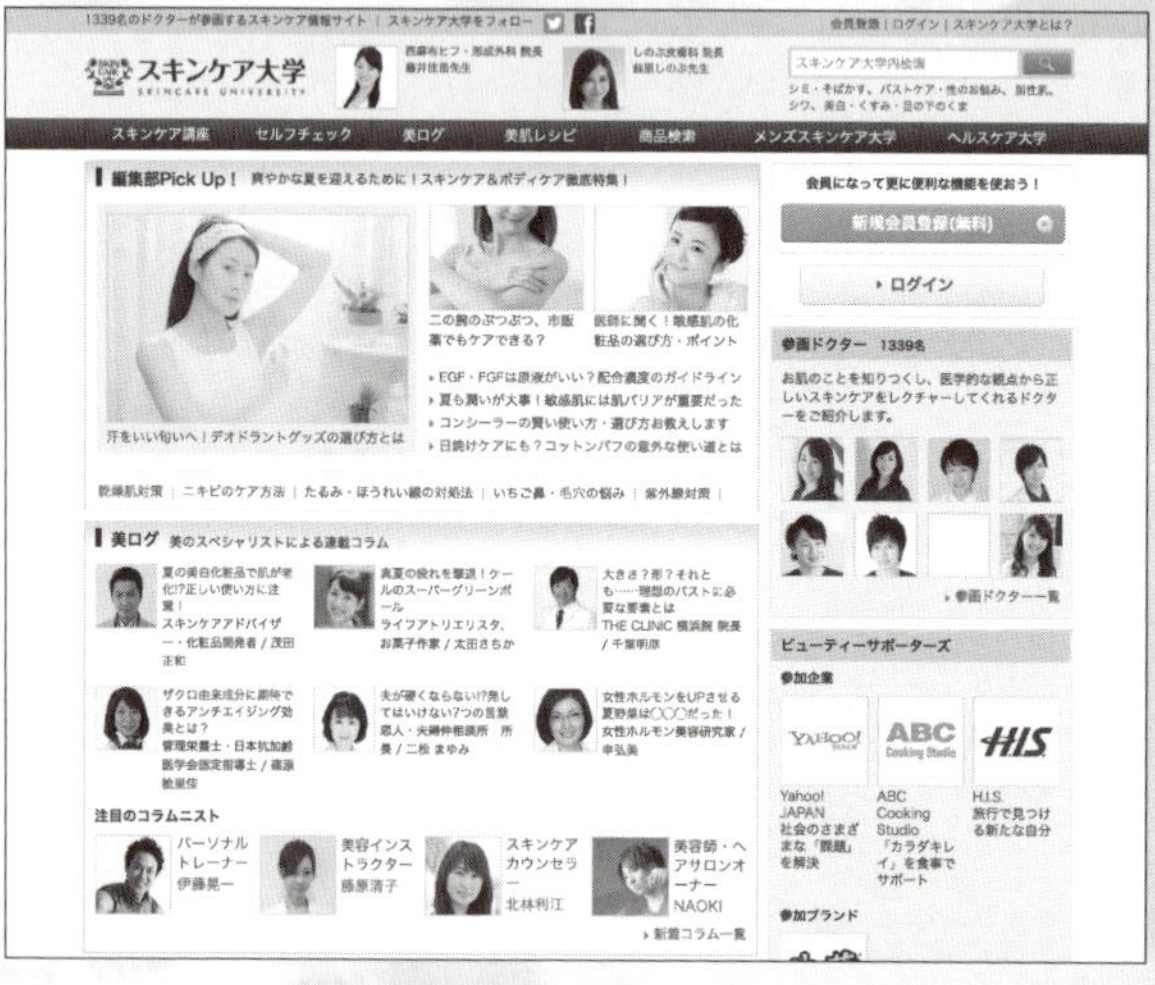

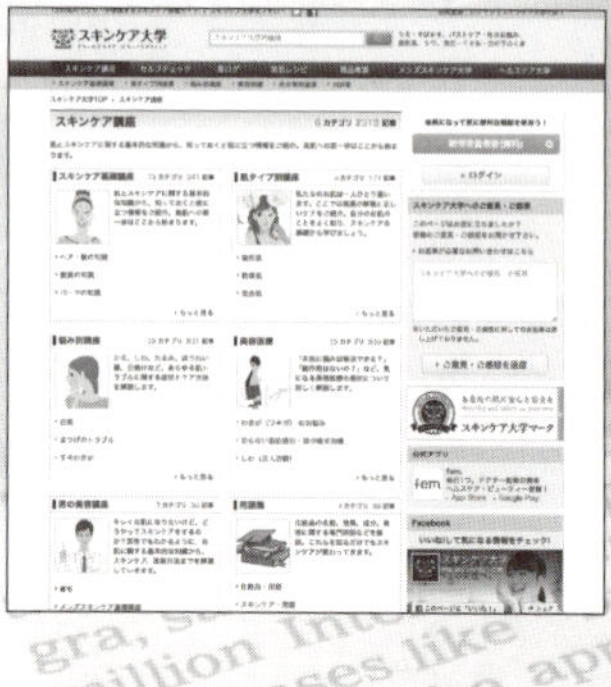

Tell me Doctor!

1900名ものドクターの知恵を結集!

「スキンケア大学」で教えてくれる専門ドクターたち

肌のスペシャリストである、皮膚科や美容外科のドクターたちが集結!
全国で信頼を集める先生方に正しい知識を教わります。

白金ビューティフルエイジングクリニック
院長
山口麻子先生

小笠原クリニック澄川診療所皮膚科
院長
竹中ちひろ先生

アンチエイジング手術専門クリニック
恵比寿美容外科 院長
柳田徹先生

医療法人厚成会
セイコメディカルビューティクリニック 院長
曽山聖子先生

サッポロファクトリー皮フ科・
スキンケアクリニック 院長
松本 歩先生

松下皮フ形成外科
院長
松下博明先生

リゼクリニック新宿院
院長
大地まさ代先生

銀座ケイスキンクリニック
院長
慶田朋子先生

皮膚科医
コッツフォード良枝先生

赤坂ビューティークリニック
院長
青山秀和先生

聖心美容クリニック東京院
院長
伊藤康平先生

広尾プライム皮膚科
医師
谷口由紀先生

山手皮フ科クリニック
院長
豊福一朋先生

広尾プライム皮膚科
医師
谷 祐子

四谷三丁目皮膚科
院長
山田美奈先生

しのぶ皮膚科
院長
蘇原しのぶ先生

肌クリニック大宮
院長
相馬孝光先生

秋葉原スキンクリニック
院長
堀内祐紀先生

小林メディカルクリニック東京
院長
小林暁子先生

赤須医院
院長
赤須玲子先生

五本木クリニック
院長
桑満おさむ先生

ヘアメイクアップ
アーティスト・ヘアメイク講師
小野寺 舞先生

マブチメディカルクリニック
院長
馬渕知子先生

かくた皮膚科クリニック
院長
角田美英先生

メディカルプラス
クリニック新宿 院長
林 和弘先生

ノエル銀座クリニック
医局長
厚田幸子先生

オラクル美容皮膚科 東京新宿院
院長
髙橋栄里先生

THE CLINIC
森 智恵子先生

渋谷高野美容医院
院長
高野洋一先生

オザキクリニックLUXE新宿院
理事長
小﨑有恒先生

みどり美容クリニック・
広尾 院長
満行みどり先生

西麻布ヒフ・形成外科
院長
藤井佳苗先生

札幌シーズクリニック
院長
大久保 真先生

マオクリニック
院長
岡田昌子先生

大井町皮フ科形成外科
院長
千代倉友博先生

小山嵩夫クリニック
院長
小山嵩夫先生

新宿クレアクリニック
渋谷院　院長
上浦典子先生

めじろミサクリニック
院長
山川美佐先生

マノメディカルクリニック
院長
馬野詠子先生

表参道首藤クリニック
院長
首藤紳介先生

本書の上手な使い方

美肌の参考書として、最初から通して読んでいただいてももちろんOK。
でも、困ったときのお助け手引書としても使えるのが本書の特徴です。
章ごとに、基礎講座、肌タイプ別講座、お悩み別講座、最新情報、ボディ講座と
分かれているので、自分がいますぐ必要なところから情報をピックアップするのにも便利です。
「逆引きINDEX」もついているので、ピンポイントな悩みや症状からも、
読みたい記事が探せます。

chapter 1

BASIC LESSON 基礎講座

知っているようで実はよく知らない人も多い、美肌作りの基礎を紹介します。
知らぬ間に間違ったケアをしていないか、基本からチェックしましょう。

- きほん❶ 肌の基礎知識
- きほん❷ 保湿
- きほん❸ 洗う
- きほん❹ +αケア

↓

chapter 2

SKIN TYPE LESSON 肌タイプ別講座

肌タイプには、大きく分けて4タイプあります。自分がどのタイプなのか、思い込みで
誤解している人も多数。しっかり自分の肌を見極めて、正しいケアに切り替えましょう。

- タイプ❶ 乾燥肌
- タイプ❷ 脂性肌
- タイプ❸ 敏感肌
- タイプ❹ 混合肌

chapter 3

SKIN TROUBLE LESSON お悩み別講座

季節や年代によって、肌の悩みはつきないもの。悩みや症状に合ったケアや正しい知識が身につけられます。年齢によって肌も変わるので、2年後、5年後も役立ちます。

- 悩み❶ 毛穴・角栓
- 悩み❷ たるみ・しわ
- 悩み❸ しみ・そばかす
- 悩み❹ 大人ニキビ
- 悩み❺ 肌の赤み
- 悩み❻ くすみ・くま
- 悩み❼ 肌のハリ・ツヤ
- 悩み❽ エイジング

↓

chapter 4

NEW TOPICS 最新情報でワンランクアップ講座

ベーシックなケアや基礎知識にプラスして、押さえておきたい最新情報をゲット。ホルモンや化粧品の選び方など、ポイントとなる考え方をドクターに教わります。

- ヒント❶ 女性ホルモン
- ヒント❷ むくみ
- ヒント❸ 化粧品の選び方
- ヒント❹ 美白最前線
- ヒント❺ アンチエイジング最前線
- ヒント❻ 美顔器
- ヒント❼ 意外と簡単？ 美容医療
- ヒント❽ 永久脱毛
- ヒント❾ まつげ

↓

chapter 5

BODY CARE LESSON ボディ講座

肌の悩みは、顔だけではないはず。背中や二の腕、デリケートなエリアなど、人には聞きにくい悩みをサポートします。全身きれいな美肌を目指したい人に。

- ケア❶ アンダーヘア
- ケア❷ すそわきが
- ケア❸ 抜毛・薄毛
- ケア❹ 頭皮
- ケア❺ 全身の肌トラブル
- ケア❻ 二の腕・背中
- ケア❼ ハンド・ひじ
- ケア❽ ひざ・足

逆引きINDEX 困ったときは、自分の症状を逆引きすれば、関連する記事がどこにあるかすぐにわかります。ピンポイントで調べたいときに活用して。

・contents・

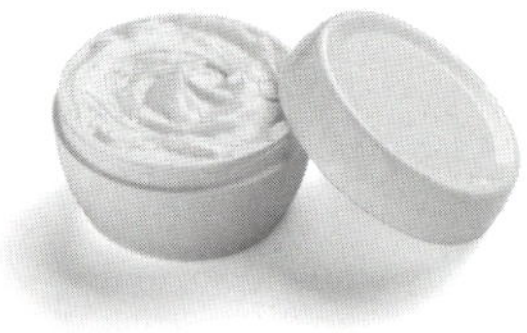

chapter 2 SKIN TYPE LESSON

肌タイプ別講座 自分の肌に合ったケアをしよう

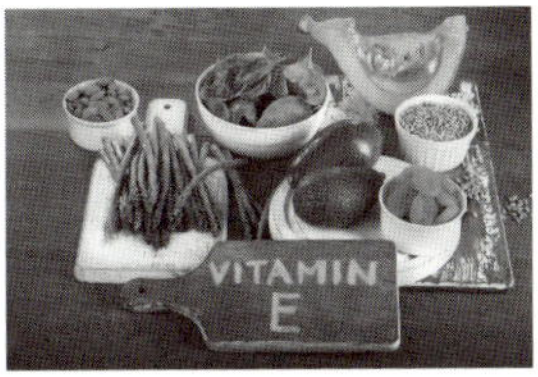

chapter 3 SKIN TROUBLE LESSON

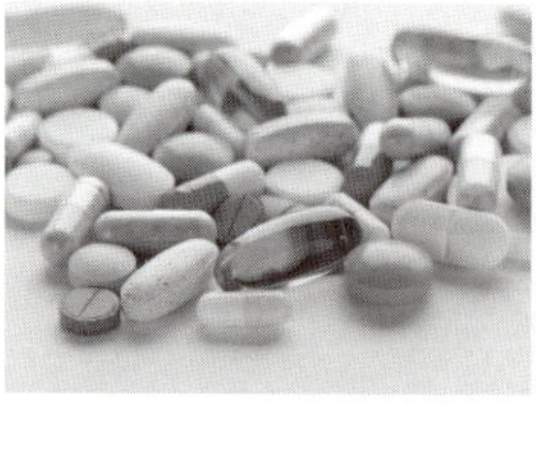

chapter 4 NEW TOPICS

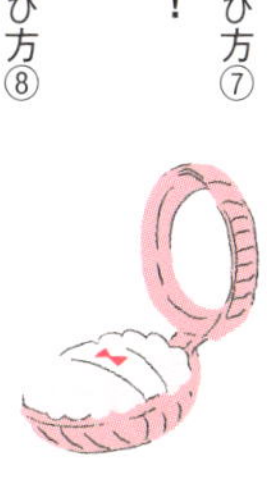

✦ contents ✦

美肌レシピ

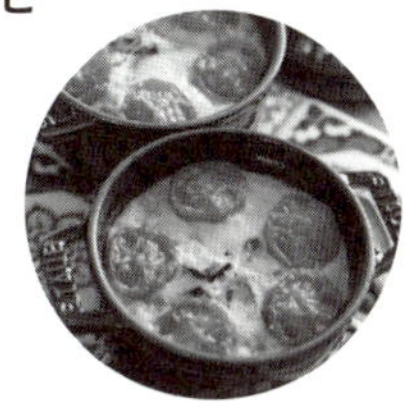

美肌コラム

chapter 1

BASIC LESSON

肌の基礎講座

肌のきほんの「き」

まずは、肌の基本を知ろう！

トラブルに負けない強い肌を作るためには、肌のメカニズムを正しく、きちんとサポートすることが必要です。そのために、まずは肌のしくみや働きを理解するのが近道。化粧品が肌の中でどういう働きをするのかわかっていれば、表面的な宣伝文句に流されることなく、必要な化粧品を選んで、しっかりと肌の土台をつくるケアができるようになるはず。

ここでは肌の基本的なしくみから、スキンケアの要となる保湿、正しい洗顔法まで、毎日のケアの土台となる知識を学んで、基礎固めをしましょう。

LESSON 01

肌のきほんの「き」 基礎1

「肌断食」で自分の肌を知ろう

なぜか、肌がきれいにならない…そんな人はまず肌をみつめてみて

しっかりスキンケアをしているのに、なぜか肌が乾燥する、化粧ののりが悪い、赤みやザラつき、ニキビなどのトラブルが起きてしまう…。このような経験は誰にでもあると思いますが、そんなときこそ、あえてスキンケアをいったんお休みして、肌の状態をリセットする「肌断食」をしてみてはいかがでしょうか。

メイクやスキンケアのメリットとデメリット

女性は20歳前後になると自然とメイクを学び、クレンジングで落とし、さらに洗顔して化粧水で水分を補い、美容液で栄養を与え、クリームで保護する、という一連の流れが毎日の習慣として生活に組み込まれていきます。

女性にとって当たり前のメイク+スキンケアという習慣が数十年と続いたとき、果たして肌にとってよかったといえるのでしょうか? 20代までは若さでカバーできても、40代にもなればしみ・くすみ・しわなど目に見える老化現象を認識し、「何か違う…」と疑問に思われる方も多いことでしょう。化粧品には界面活性剤や防腐剤など、肌に刺激となる化学物質がたくさん入っていますが、残念ながらいくつもの化粧品を長期間にわたって使い続けることに対する安全性については、十分といえる検証が行われたことは今までありません。実は、きれいになるためにと長年にわたって続けてきたスキンケアが、かえって肌トラブルの原因となってしまうことがあるのです。

大切なことは素肌そのものの美しさ

つまり、メイクも基礎化粧品もある意味では肌にとって異物といえるのです。肌が健康な人は、これらの異物が肌に負担をかけてもすぐに修復してくれるため、目立ったトラブルとならず、メイクや基礎化粧品が異物であることに気づきません。

しかし肌の弱い人や敏感な人は、メイクや過剰なスキンケアの結果、赤みや発疹などのトラブルが起こり、自分に合うコスメを探し続けることになります。けれども大切なことは、メイクやコスメに頼らない美しい素肌を作ることではないでしょうか。「メイクをしてもきれいに見えない!」という人は、欠点をカバーするメイクをやめ、「肌断食」を実践して、

教えてくれた先生

白金ビューティフルエイジングクリニック
院長
山口麻子先生

素肌をきれいにしてみてはいかがでしょうか。

トラブルが起こったら、できるだけ何もしない肌断食を

肌に何らかのトラブルが起こったら、いったんメイクやスキンケアを中止し、肌断食としてぬるま湯洗顔だけで様子を見てみるとよいでしょう。ただし、発疹や腫れるなど、接触皮膚炎のような、どちらかというと病気の部類に入るものは皮膚科医に相談しましょう。

自分の肌をよく観察しましょう

クレンジング剤を使わなければ落とせないような濃いメイクは、肌に負担をかけていますので、できればメイクは石鹸で落とせる程度のものがよいでしょう。メイクをしていないのであれば、日中肌についてしまったホコリや皮脂はぬるま湯の洗顔で十分に落とせます。

洗顔後は、先入観にとらわれず、何もつけないで素肌の様子を観察してみてください。直後につっぱる感じがしても、何も塗らずにしばらくして肌が自然にしっとりしてくる人は、自分自身の持つ保湿能力があるということです。かさつく部分はワセリンなど、不要な添加物が入っていない保湿剤を1種類塗る程度で十分です。何種類も使う必要はありません。

肌断食で本当に必要なものを見極めよう

トラブルがある人はもちろん、トラブルのない人でも週末などを利用して前述のような肌断食を行い、自分本来の肌状態をじっくり観察してみるとよいでしょう。

「余計なことはしない」という肌断食のスキンケアで、乾燥が緩和された、肌のキメが整った、吹き出物が改善された、という報告も少なくありません。過剰なメイクやスキンケアは卒業して、ファンデーションに頼らない美しい素肌を目指してみてはいかがでしょうか。

LESSON◆01

肌のきほんの「き」
基礎❷

肌の構造と役割を知ろう

肌の構造を知っておけば
自分の肌が理解できる

例えば「美肌に必要な成分のコラーゲンやセラミドが…」と聞いても、これらの成分がどのように肌へ浸透し、作用するのか…。そういった成分の役割や肌のメカニズムまで理解してスキンケアをしている方は、あまり多くありません。

実は、皮膚の構造を知るだけでも、自分の肌の状態がより把握できるようになります。今使っている化粧品がどのように作用しているのかがわかるのです。また、自分に合う化粧品や合わない成分、より詳しい肌質などもわかるようになってくるので、肌の構造については頭に入れておくのがオススメです。

一般に皮膚と呼ばれている部分は「表皮」「真皮」の2層構造になっています。その厚みはわずか0・4～1・5㎜程度。「肌をこすってはいけない」とよくいいますが、それはこの薄さゆえ。肌は桃の皮のように薄いので、やさしく丁寧に扱わなければならないのです。

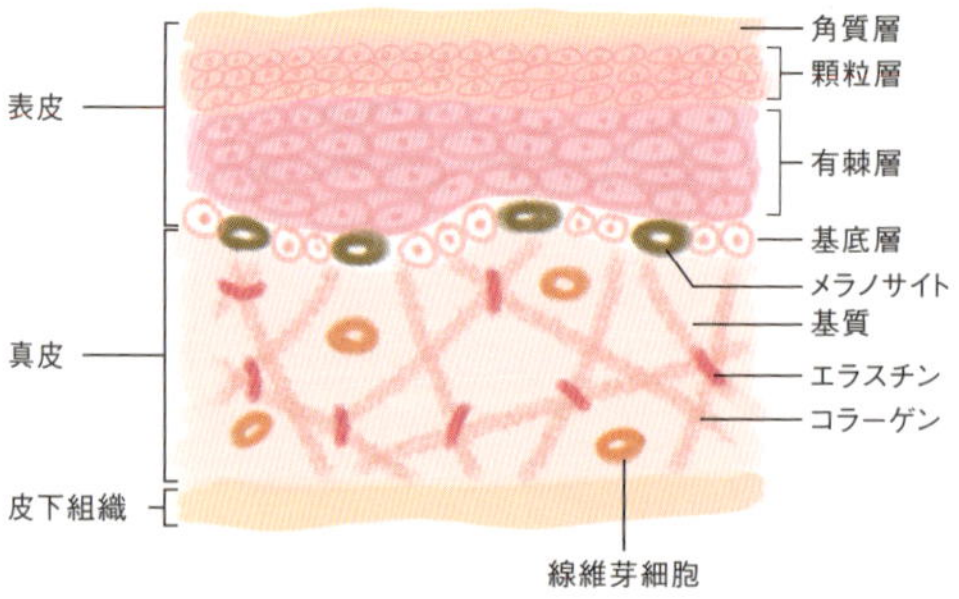

皮膚は「表皮」と「真皮」の2層で構成されている

表皮の役割

この皮膚の中でもわずか0・3㎜程度の「表皮」は一番内側から「基底層（きていそう）」「有棘層（ゆうきょくそう）」「顆粒層（かりゅうそう）」と徐々に変化し、最後は皮膚の一番外側にある角質層（かくしつそう）となり、一定の期間留まったあとにはがれ落ちていきます。皮膚は生まれてはがれ落ちるまで、約1か月のサイクルで再生されていて、これを「ターンオーバー」と呼びます。

肌の一番外側を覆う厚さ0・02～0・03㎜の角質層は、角質細胞がブロック状に重なり、その間にはセラミドを主成分とする細胞間脂質が角質細胞同士をセメントのように接着しています。このセラミドが角質細胞を十分につなぎ合わせる

教えてくれた先生

赤坂ビューティクリニック
院長
青山秀和先生

ことで、肌に水分をキープ。水分が保たれた肌にはバリア機能が働きます。

美肌を保つためには皮膚の新陳代謝であるターンオーバーが正常に繰り返されていること、そして水分保持の役割を果たすセラミドが十分保たれ、肌のバリア機能が働いていることが重要になります。

また、皮脂腺より分泌される皮脂と汗が混ざり合い（乳化といいます）肌を包む皮脂膜となり、肌の保湿と保護をする天然のクリームの役割を果たします。化粧品のクリームはこの皮脂膜を基準に作られています。健康な肌の皮脂膜は、pH4・5〜6・0の弱酸性に保たれ、酸に弱い細菌やカビなどの増殖を抑制しています。

真皮の役割

そして「表皮」を下から支えている「真皮」。網目状にはりめぐらされたコラーゲン線維（俗にいうコラーゲン）とそれをつなぎ合わせる弾力性のあるエラスチンが、皮膚の弾力を保つために真皮内でクッションの役割を果たし、サポートしています。そしてこれらの隙間には水分が十分に含まれたゼリー状のヒアルロン酸などが含まれ、肌の内側の水分を保つ役割を果たすだけでなく肌全体にうるおいと柔軟性をもたらしています。

真皮の中には線維芽細胞と呼ばれる美肌作りに一番大きくかかわる細胞が点々と含まれ、コラーゲンやエラスチン、ヒアルロン酸を作り、また古くなったコラーゲンやエラスチンの分解処理も行います。しかし老化や紫外線の影響で線維芽細胞は弱り、真皮の構成要素の生産がスムーズにいかなくなります。

真皮全体のコラーゲンやエラスチンの生産量が減ることで、表皮を支える力が弱くなり肌全体の弾力やハリが失われ、ほうれい線のような深いしわや、目の下や顔全体のたるみなどを引き起こすのです。

丈夫な皮膚を作るために最も重要なケア

日常で心がけてほしい重要なケアは、やはり保湿とＵＶケア。化粧水の後には乳液やクリームを塗って、水分が逃げないようにフタをしてあげましょう。

ＵＶケアはしみ対策だけでなく、紫外線が活性酸素を作り、肌そのものを老化させコラーゲンやエラスチンの生産量を減らしてしまうということを頭に入れ、通年行いましょう。

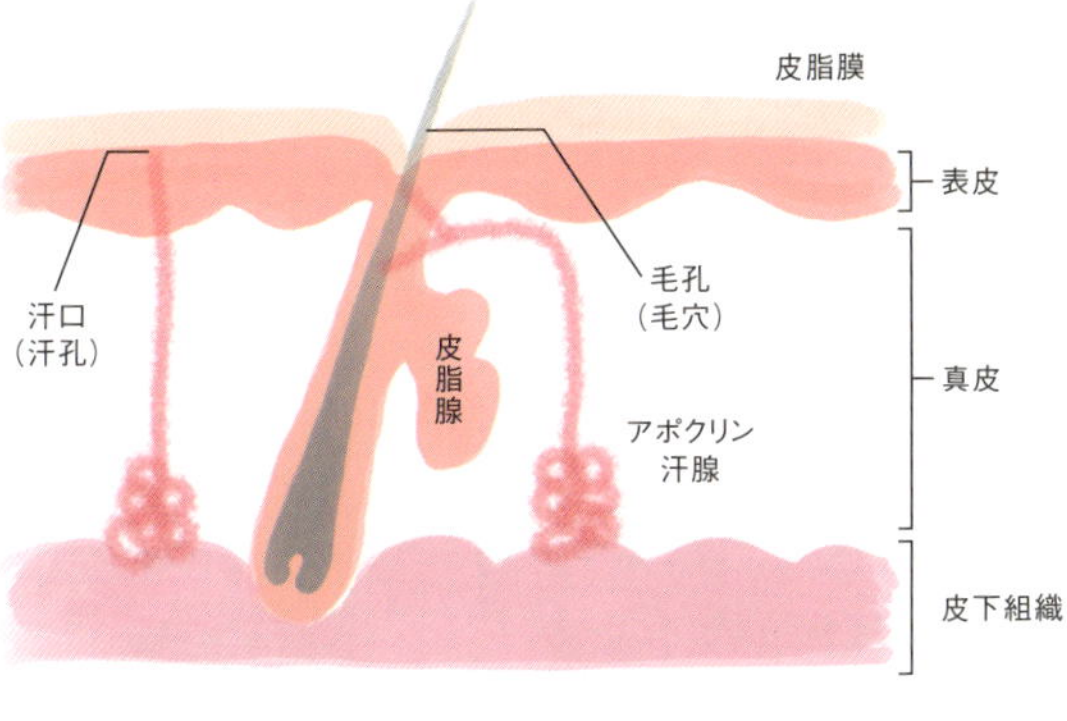

皮脂腺から出た皮脂と汗が混じり合い皮脂膜となり肌を整えます

LESSON 01

肌のきほんの「き」

基礎3

美肌に大切なターンオーバー

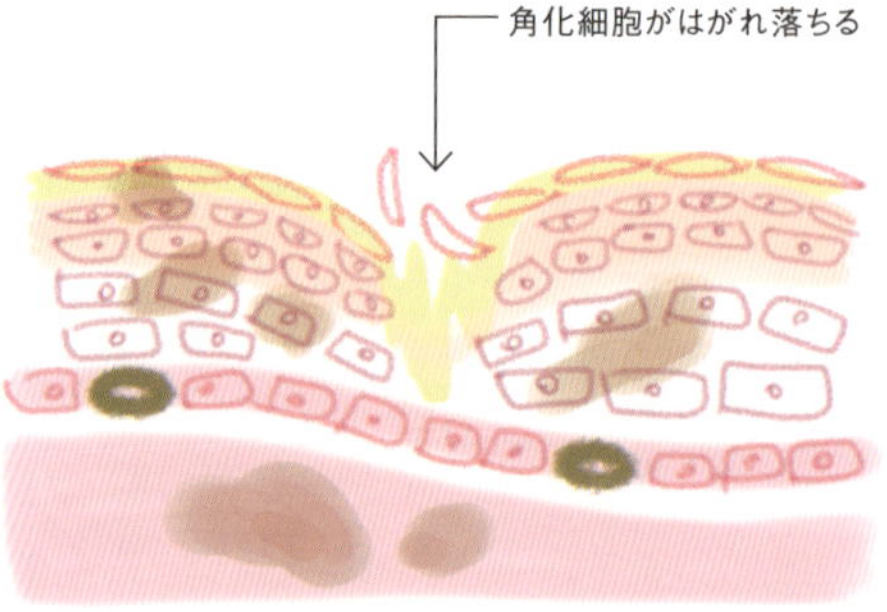

部位よって変わるが表皮は28～56日で変わっていく

スムーズに肌が生まれ変わらないと美肌は生まれない

肌の新陳代謝、肌の生まれ変わりをターンオーバーといいます。皮膚は「表皮」「真皮」「皮下組織」から成り、さらに表皮は一番内側から「基底層（きていそう）」「有棘層（ゆうきょくそう）」「顆粒層（かりゅうそう）」「角質層（かくしつそう）」と4層構造になっています。基底層で生まれた細胞は形を変えながら表面に押し上げられていき、無核となり死んだ状態で角化細胞となりますが、この細胞は新しい細胞に押し上げられるようにして表面まで上がり、最後はアカとなって自然にはがれ落ちる構造となっています。このサイクルがターンオーバーです。

このように表皮は絶えず入れ替わっているため、表皮に傷がついてもかさぶたとなってはがれ落ち、きれいな肌に生まれ変わるのです。

部位によって違うターンオーバーの速度

ターンオーバーの速度は体の部位によって異なります。文献によって異なりますが、およそ28～56日程度と考えておくとよいかもしれません。基底層から顆粒層まで14～42日。角質細胞となってはがれ落ちるまで14日（顔の頬部で10・2±1・8日、前腕部で20・2日±2・3日という報告もあります）。個人差はありますが28～56日かけて行われます。しかし他の部位、例えば手や足などの末梢血行の関係もあり比較的遅いパーツです。

年齢によりターンオーバーの周期が変わる

ターンオーバー周期には個人差があります。一般的には加齢とともに新陳代謝が低下し、30～40代になると45日程度はかかるといわれます。年齢とともにちょっとした傷も治りにくくなっていくのは

教えてくれた先生

白金ビューティフルエイジングクリニック
院長
山口麻子先生

そのためです。

クリニックでのレーザー治療を例にとっても、レーザー治療後、皮膚がかさぶたになりはがれ落ちるまでに通常1週間程度ですが、50代くらいから遅くなる傾向があり2週間程度、さらに遅い方では3週間以上かかることもあります。

肌がくすむ、しみが増えた・濃くなったなどの症状が現れたらターンオーバーの機能が低下しているサインだと見逃さないようにしましょう。

正常に保つコツ

ターンオーバーは遅すぎても早すぎても肌トラブルの原因となります。正常に保つためにも睡眠時間や規則正しい生活、バランスのとれた食生活、ストレスをためないなど、基本的な日常の生活習慣をもう一度見直してみましょう。ターンオーバーが遅い場合は角質がたまりくすんだり、薄皮を重ねたようなゴワつきが出てきます。またあとも治りにくくなります。スキンケアとしては適度なピーリングを定期的に行うことが効果的です。ただしホームケアではやりすぎてしまうなどのトラブルも考えられるため、美容クリニックを利用していただくことがオススメです。

逆に顔を洗いすぎたり、角質ケアばかりしているとターンオーバーが早まってしまいます。ターンオーバーが早く乱れた肌は、核を持ったまま（不全角化）表面に押し上げられた状態となり、未熟な細胞のまま表面に上がりゴワゴワしている状態ですので、水分を保持することが難しく乾燥したりします。ワセリンやクリームで表面をなめらかにし、丁寧に保湿と保護をして洗いすぎないようにすると正常化につながります。

真皮の線維芽細胞は細胞分裂が乏しい

ターンオーバーのおかげで表皮は生まれ変わっていますが、その奥にある真皮線維芽細胞は残念ながら細胞分裂が乏しいのです。加齢によりコラーゲンは減り、肌のハリは失われていきます。紫外線を浴び続けると、肌の弾力が低下しますので、ＵＶケアは大切です。日頃から日傘や帽子、日焼け止めを上手に活用しましょう。また、真皮まで深い傷ができてしまうと、元通りの修復は難しく、傷あとが残りやすくなります。日常生活ではなるべく傷を作らないように心がけ、もし傷を作ってしまったら早めの手当てをすることが重要です。そして表皮のターンオーバーをできるだけ正常に保ち、健康で丈夫な表皮を作っておくことが傷や紫外線を最小限にガードすることにも役立つのです。

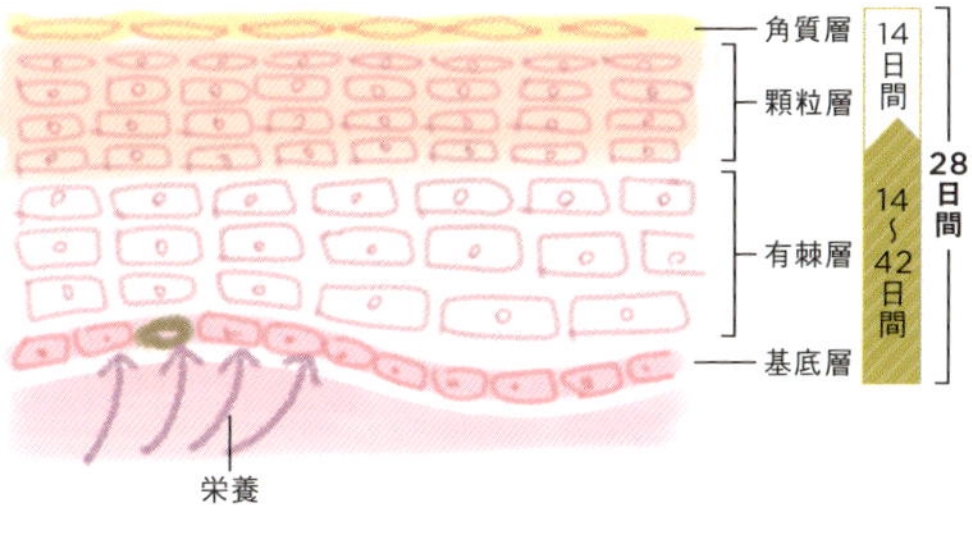

しみが真皮まで入り込んだり、傷がターンオーバーでも治らなくなることも…

メラニンとしみって何？

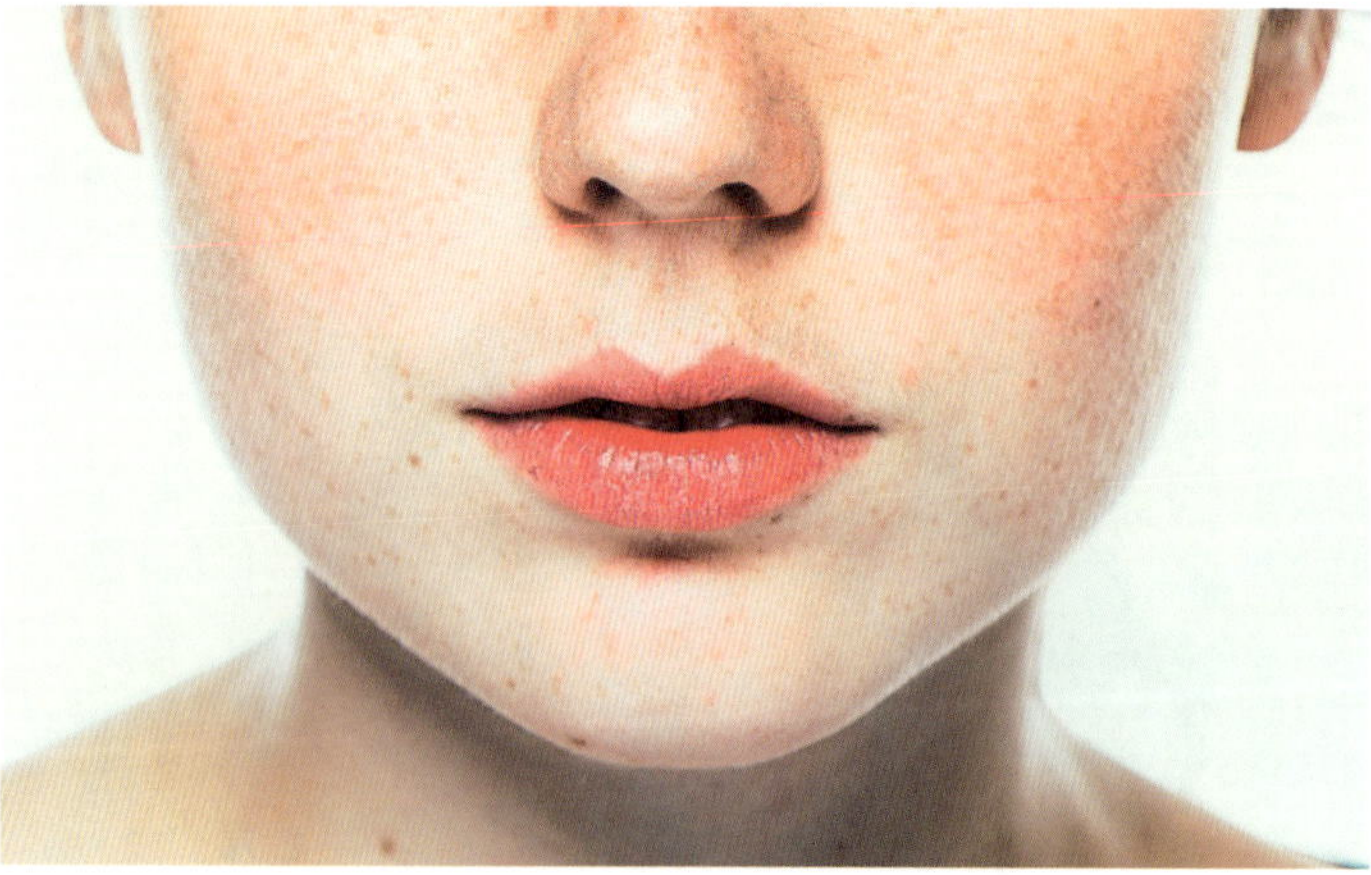

メラニンは悪者じゃない!?
自分のケアで予防できる

メラニンはしみのもとになるというイメージが強いため、肌にとって悪いものと考えられがちですが、実は肌を紫外線から守る大切な働きをするものなのです。

メラニン（メラニン色素）とは？

メラニンは人間だけでなく、他の動物、植物、また一部の菌類などに形成される色素で、黒色メラニン（ユーメラニン）と肌色メラニン（フェオメラニン）の2種類があります。黒人・白人・黄色人種で肌の色や髪の色に違いがあるのは、黒色メラニンと肌色メラニンの量が異なるためです。黒色メラニンの量が多いほど、肌や髪の色が黒く濃くなります。加齢によって黒髪が白髪になっていくのは、メラノサイトを生み出す幹細胞の衰えにより、毛根でメラニンが生成されなくなるためだと考えられています。

ユーメラニンとフェオメラニンの図。一般的に「メラニン」と呼ばれているものは、ユーメラニンとフェオメラニンの混合体のことを指します

教えてくれた先生

赤坂ビューティークリニック
院長
青山秀和先生

メラニンの働き

メラニンは、表皮の基底層にあるメラノサイトによって生成されます。メラノサイトは紫外線などの刺激を受けるとメラニンを作り出すのですが、これはメラニン色素を含む表皮細胞でバリアーゾーンを形成し、肌細胞が紫外線の刺激を受けないようにするためです。こうすることで、紫外線によるＤＮＡの破壊や皮膚癌の発生を、未然に防いでいるのです。つまり、メラニン色素は肌トラブルや病気を防ぐためになくてはならない物質といえます。

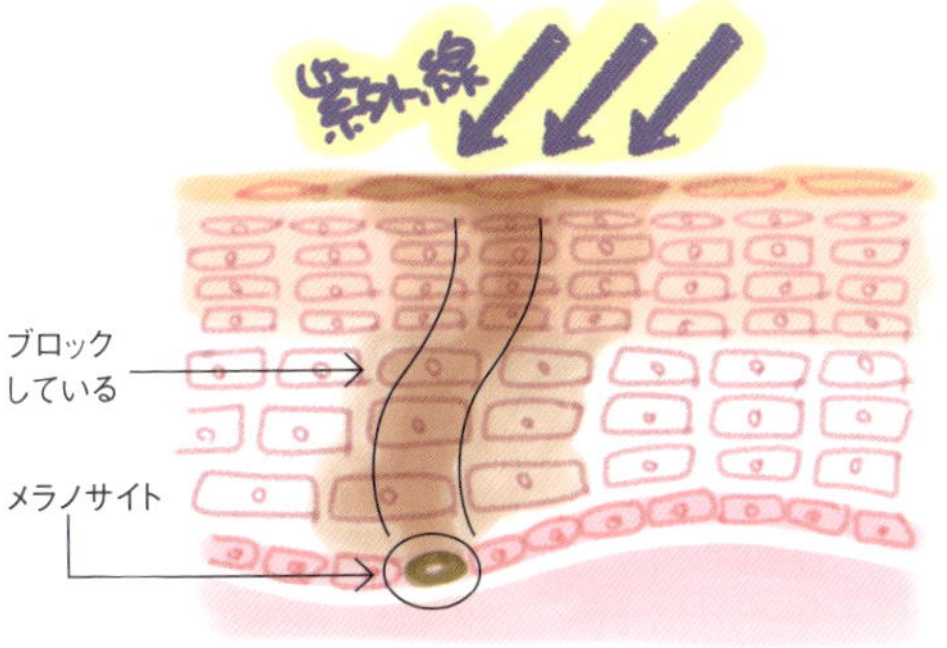

表皮の一番下にある基底層のメラノサイトは、メラニン色素を生成し、それを周囲の表皮角化細胞に供給することで、傘のような役割をし、真皮に紫外線が届かないようにブロックしています

メラニン色素としみの関係

では、「メラニン色素＝しみ」と考えられている理由はなんでしょうか？　それは、過剰に生成されたメラニンが色素沈着を起こし、しみとなるためです。

通常、生成されたメラニン色素はターンオーバーにより排出されるため、色素沈着を起こすことはありません。しかし、紫外線などの刺激を過剰に受けるとメラニン色素も過剰に生成されるため、排出しきれなかったものが残りしみとなってしまうのです。また、ターンオーバーの崩れもメラニンの排出を滞らせるため、やはりしみの原因となってしまいます。

メラニンの働きを正常なものにするためには、肌に紫外線や摩擦などの刺激を与えないことと、ターンオーバーを乱さない生活習慣を保つことが大切なのです。

年代別の肌とスキンケア

スキンケアに大切なことは
「過不足がない」こと。
年齢とともに肌の新陳代謝も
皮脂の分泌量も変化します。
そのときの肌の状態に合わせて、
「必要なものを必要な分だけ」
といった適切なスキンケアを
することが重要です。
ここでは年代ごとのスキンケアを
解説していきます。

20代

教えてくれた先生

マオクリニック
院長
岡田昌子先生

20代のスキンケア

肌が丈夫なので、素肌でも十分に美しい20代ですが、この時期に誤ったケアを続けたり、基礎的なスキンケアを怠ると後で大変なことになります。

この年代に多いのは、香料や刺激の強いメイクアップ化粧品や過度なクレンジングによる肌への負担が招く肌トラブルです。クレンジングできちんとメイクが落とせていないことによる肌荒れ、あるいは過度なクレンジングで皮膚を乾燥させ、傷つけるといったことが多いようです。

洗顔やクレンジングでゴシゴシとこするような摩擦は絶対に避け、泡で丁寧に落とすことを身につけましょ

30代

う。先のことを考えず、見た目のきれいさだけを重視した過度なメイクや誤ったクレンジングが後々の肌にダメージを与えます。肌が元気なうちに正しいスキンケアを学びましょう。

30代のスキンケア

少しずつ肌の衰えが表面に現れるようになってきます。生活リズムの変化にともないホルモンバランスも大きく変化する時期ですので、その影響が徐々に肌に現れ始めます。これまで気にならなかった紫外線や摩擦といった外的な刺激に対しても肌が弱くなり、あらゆる肌トラブルに敏感になります。

ホルモンバランスをなるべく乱さないように、規則正しい生活とバランスのとれた栄養を摂取することは肌のために最も重要です。腸内環境を整え、免疫力を高めることが肌のバリア機能を高めることにつながります。保湿やＵＶケア、やさしく丁寧な洗顔といった基本的なことを大切にし、さらにビタミンＣといった抗酸化力の高い食品を積極的に摂り、体の内側からも肌を守るように心がけましょう。

40代

40代のスキンケア

　保湿力が低下し、ターンオーバーの機能も乱れがちになります。月経不順や体調不良でホルモンバランスも大きく乱れがちです。これらの影響で肌の衰えを実感しやすく、特に線維芽細胞によるコラーゲンやヒアルロン酸の産生量は減り、表情筋も衰えハリ不足やたるみ、くすみなどが気になるようになります。

　表情筋のエクササイズを行ったり、栄養成分をサプリメントで補う、ホットタオルや指圧で血行をよくするなど、肌の様子を見ながら試してみてください。

　さらに美しく若々しい肌を保つためにも美容クリニックは積極的に利用するとよいでしょう。ピーリングやレーザー治療などを定期的に行ったり、目元や口元などの肌が薄い部分を特に重点的にケアすることで、見た目年齢を実年齢よりも若く保つことが可能です。また、この年代になるとケアをしている人と、していない人の差が見た目にははっきりと現れるようになります。

50代のスキンケア

　しわ、たるみ、くすみが本格的に気になってきますが、これまでのスキンケアの差も如実に現れます。更年期にともないホルモンバランスが乱れ肌の調子も不安定になり、肌質がこれまでとは大きく異なる方も少なくありません。イソフラボンを含む大豆製品をしっかりと摂り、更年期障害の方はサプリメントで補うとよいでしょう。また、40代のスキンケア

でも述べましたが、表情筋のエクササイズを行ったり、ホットタオルや指圧で血行をよくするなどしてもよいと思います。

スキンケアでは水分と油分をバランスよく補い、肌の新陳代謝機能やバリア機能を衰えさせないよう保湿をしっかりしたり、サプリメントを摂取するなどのサポートをすることが重要です。またちょっとした体の疲れや不調が肌に影響を与えやすくなっているので、十分な栄養と睡眠を確保しましょう。特に成長ホルモンは睡眠中に最も多く生成されます。成長ホルモンの分泌は年齢とともに減少しますが、年齢にかかわらず質のよい睡眠が活性酸素を除去し、肌の生まれ変わりを助けます。

年齢とともに変化する肌質や体質をしっかりと理解し、マンネリ化しがちなスキンケアからは卒業し、そのつど肌に必要なケアをしてあげられるようにしましょう。

50代

LESSON
02

肌のきほんの「き」保湿1
とにかく保湿が大切!

やみくもに化粧水をつけても×
水分が浸透するとは?

美しい肌の条件に「うるおい」は欠かせません。美肌効果を期待して、高価なクリームや美容液を次々と購入している方も多いのではないでしょうか? まずは「保湿のしくみ」を理解して、正しいスキンケアでうるおった素肌を目指しましょう。

肌のうるおいは、
角質層(角層)で守られている

角質層はわずか約0・02㎜(食品包装用透明ラップと同程度)の厚さのなかで、角質細胞がブロックのように10~20層積み重なり、外部からアレルゲンなど異物の侵入を防ぎ、同時に内部の水分の蒸発を防ぐという役割を担っています。手のひらや足の裏などでは角層がとても厚く物理的な刺激に強くなっています。

例えば、お風呂に入ったときに水が肌の中に入っていかないのはなぜでしょう。肌には外部からの異物の侵入をはばむバリア機能が備わっており、細胞同士を密

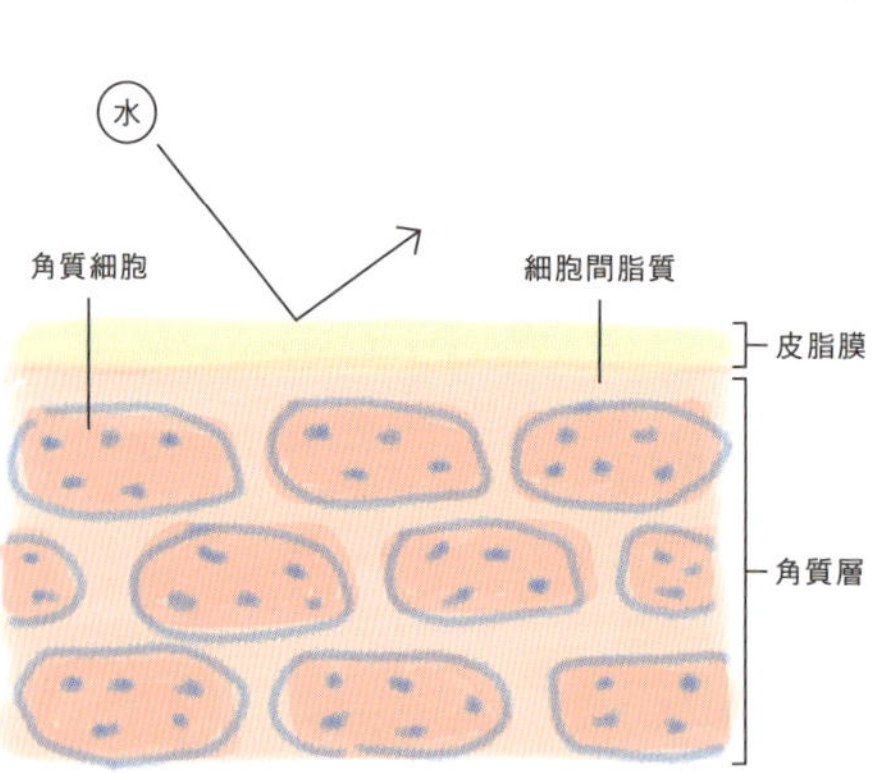

肌はバリア機能で水や異物をはじいています

教えてくれた先生

銀座ケイスキンクリニック
院長
慶田朋子先生

着させることで、水や異物が肌の中に入り込むのを防いでいます。ですから、化粧水などで肌の外側から水分のみを補給しても、角質層深部に入り込むことはなく、そのままにしておくと蒸発してしまいます。このとき、角質層に含まれる水分を奪っていくので過乾燥となることもあります。

肌の水分を保持するメカニズムとは？

硬いケラチンというたんぱく質でできている角質細胞ですが、人の肌を触ると柔らかく感じるのは、角質層に約30％の水分が含まれているからです。このように十分な水分を含んでこそ、肌のハリ、なめらかさ、柔らかさを維持することができます。

一般に、皮膚のうるおい（水分量）は皮脂、天然保湿因子、角質細胞間脂質という3種の物質によって一定に保たれています。角質層に保持されている水分のうち2〜3％を皮脂膜が、17〜18％を天然保湿因子、残りの約80％は、セラミドに代表される角質細胞間脂質によって守られています。

ところが、これら3つの保湿因子が加齢などの原因で減ってしまうと、角質層の水分も減少し、皮膚がひどく乾燥した皮脂欠乏症になってしまいます。

また、熱い湯に長くつかる、脱脂力の強いボディソープで体を洗いすぎると、皮脂と角質細胞間脂質が流れ出てしまうため、肌は乾燥します。さらに、外気や室内の乾燥も影響します。例えば空気中の湿度が50％以下になると角質層の水分が急激に蒸発しやすくなります。肌のつっぱりを感じたときには、すでに肌の水分量が10％以下になっていることもあり、肌は外部の環境に非常に影響されやすいという特徴があります。こういった生活習慣や暖房の入れすぎなども皮脂欠乏症になってしまう原因の一つと考えられています。

それぞれの保湿因子の働きを知ってスキンケアに生かしましょう

保湿因子の重要性を前に述べましたが、次はそれぞれの保湿因子を詳しく見てみましょう。

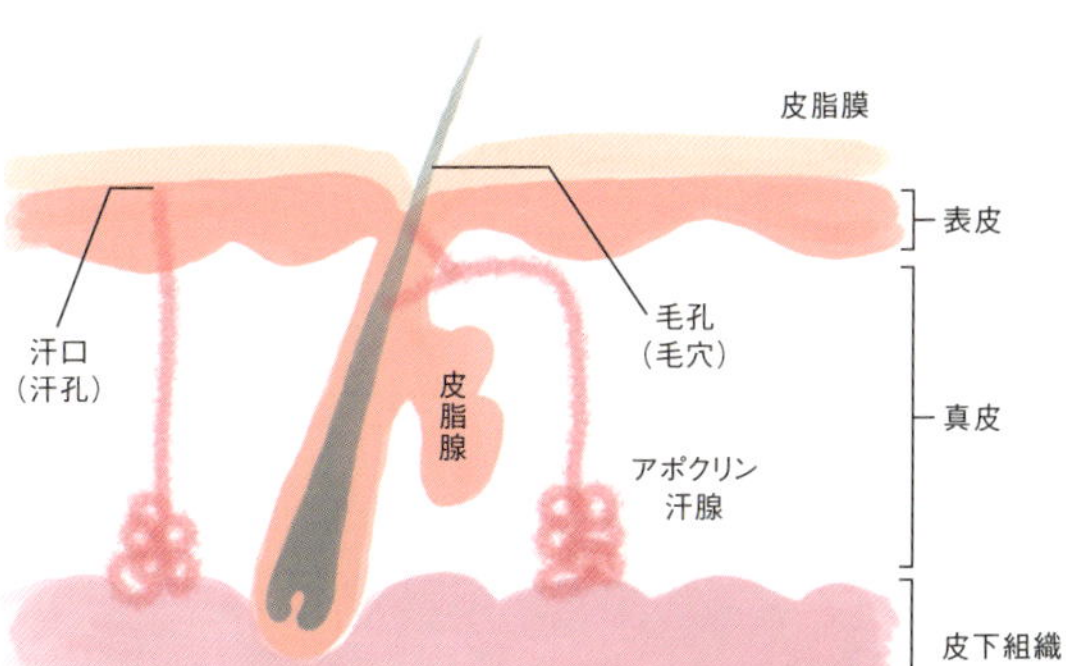

皮脂線から分泌される皮脂と汗などが混ざり合い皮膚膜となっている

皮脂膜は水分を保つ大切なものです。汗と皮脂（皮脂腺から分泌される脂）が混ざり合ったもので、天然のクリームともいわれます。天然の油膜として肌の表面を覆うことで、水分の蒸発を防ぐとともに、摩擦抵抗を減らし、表面をなめらかにしています。また、皮脂膜に含まれる脂肪酸によって弱酸性を保ち、細菌の繁殖を防いでいます。

肌の脂って
実はとっても大切なんです

皮脂は悪者じゃない！ 適度なバランスが大切

皮脂の量と経皮水分蒸散量（TEWL）は、逆相関関係にあるために皮脂の量は多すぎても少なすぎてもいけません。皮脂の分泌が少ないと肌にザラつきやかさつきが出てバリアも弱まります。反対に皮脂の分泌が多すぎると、酸化した肌が脂っぽくベタつき、皮脂が刺激物質に変化し肌の炎症を招き、ニキビの要因にもなります。このように皮脂膜が重要な機能を果たすためには、適度な皮脂の分泌が必要です。

水分を蓄えてキープする天然保湿因子

天然保湿因子はNatural Moisturizing Factorといい、NMFと略されます。ケラチノサイト（角化細胞）が角化する過程でアミノ酸から作り出されます。水分と結合する性質があり、アミノ酸、尿素、乳酸、塩基類などで構成されています。水分を吸着する性質が強く、水分を角質層に供給し、柔軟性と弾力性のある角質層の性質を保つ役割を担っています。

図1

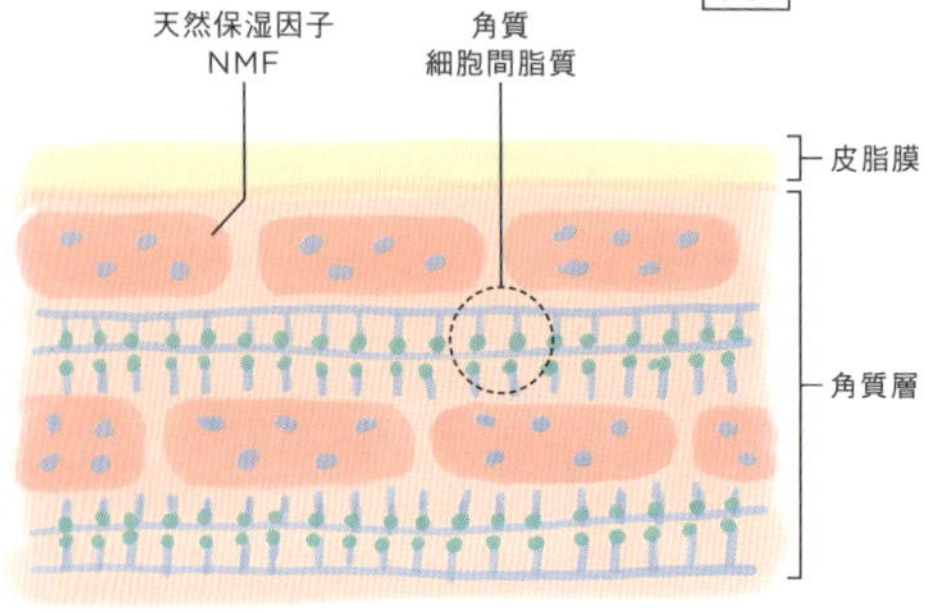

天然保湿因子の構造

肌バリアとなる細胞間脂質の働き

角質細胞の構造は、よくブロックとセメントに例えられます。角質細胞（ブロック）同士を角質細胞間脂質（セメント）が結びつけることで、内部の水分蒸発を抑え、外部の刺激から守るという役割があります（図1）。

角質細胞間脂質は水を抱える親水基と脂質としての性質を持つ親油基があります。水分層と脂質層が交互に重なる形のため、脂質二重層状構造（ラメラ構造・図2）となり、左ページの図のように水をはさみ込んでいます。

水分層と脂質層が交互にあることで、まさに水も漏らさぬしなやかな防御壁になっているわけです。また比熱の高い水分層は、温冷刺激に対しても、優れた緩衝材となります。

この水と脂がきれいに並んだラメラ構造が崩れてしまうと、水分が抜けやすくなってしまいます。乾燥しやすい肌や敏感肌の方はラメラ構造を整えて保湿することがポイントです。

オメガ3は健康だけでなく、美容にも大事な成分。青魚やナッツなどに豊富

角質細胞間脂質はケラチノサイトの角化の過程で作られる脂質で、その成分はスフィンゴ脂質の仲間「セラミド類」が半分を占め、遊離脂肪酸、コレステロール、コレステロールエステルなど複数の脂質で組成されています。

セラミドには6つのタイプがあります。保湿に関係あるのはタイプ2とタイプ1で、タイプ2のセラミドは水分を保持する役割を担っています。角質層の特徴の一つであるバリアとしての働きをしていると考えられているタイプ1のセラミドは、必須脂肪酸のリノール酸が含まれています。動物にリノール酸を除去した食事を与えた実験では、リノール酸の代わりに非必須脂肪酸がセラミドに組み込まれることで、著しいバリア障害を引き起こしたと報告されています。

ただ、コレステロールを増やさないことでも話題になったリノール酸（植物油・ごま・クルミ・高野豆腐などに多く含まれる）ですが、摂取しすぎると、善玉コレステロールを低下させ、動脈硬化を引き起こすことが最近報告されていますので、青魚に含まれるＥＰＡ、ＤＨＡなどに代表されるオメガ3の油もバランスよく摂取する必要がありそうです。

オメガ3は健康だけでなく、美容にも大事な成分です。

セラミドは、基底細胞のケラチノサイトのスフィンゴシンが素となっています。基底層（きていそう）から有棘層（ゆうきょくそう）、顆粒層（かりゅうそう）、角質層（かくしつそう）までの角化の過程でスフィンゴシンは代謝を繰り返し、角質層でセラミドとなります。これをセラミド代謝といいます。

アトピー性皮膚炎患者は、このセラミド代謝が正常に機能せず、正常の3分の1程度のセラミド量しかありません。このことが原因で角質層のバリア機能が低下することが、アトピー性皮膚炎発症の重要な因子となっていることがわかっています。

このように、角質細胞内でNMFが水分と結合し、角質細胞間脂質がしっかりと水分を抱き込むことで角質の水分は保たれているのです。さらにその上にある皮脂膜が肌の表面を覆い、水分が蒸発するのを防ぐフタの役割をしています。このような柔らかく、はかなげな成分で作られた構造に、肌の持つしなやかな強さと、美しさの秘密が隠れているのです。

図2

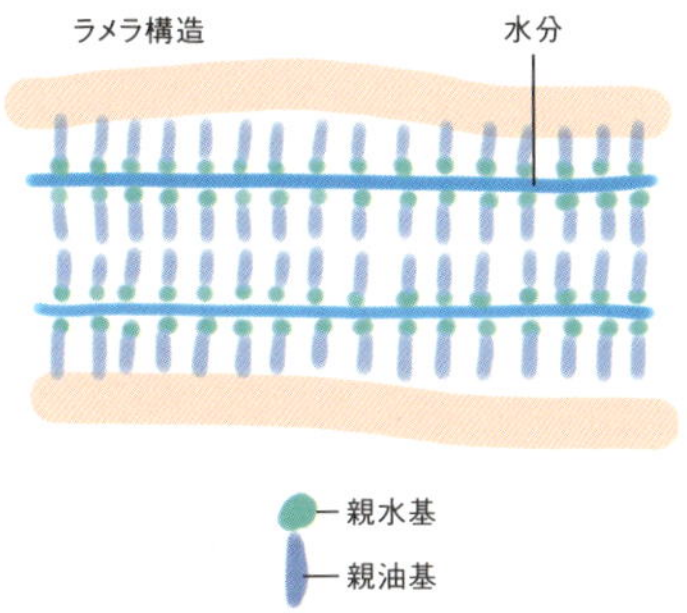

角質細胞間脂質の構造

LESSON✦02
肌のきほんの「き」
保湿❷

肌の水分量を上げよう

肌の水分量は年齢とともに減っていく

健康な肌は、角質層に20～30%の水分を含んでいますが、理想的な肌の水分量は40%といわれています。年齢とともに肌の水分量は減少していくため、水分量を上げていくお手入れが必要となってきます。

セラミドの補給が最も効果的

水分量を上げるには、水分が蒸発しにくい肌を作ることが重要です。つまり、肌のうるおいを保つために重要な役割を果たしている「皮脂」「天然保湿因子（NMF）」「角質細胞間脂質」の3つを正常な状態に保ち、その中に水分がたっぷりと蓄えられるようにすることが大切なのです。

最も保湿に効果があるといわれるのは、細胞間脂質の主成分であるセラミドを補給すること。角質層の水分の約80%は細胞間脂質に含まれていて、その主

教えてくれた先生

札幌シーズクリニック
院長
大久保 真先生

成分であるセラミドは約40%を占めています。つまりセラミドの補給は水分量アップにとても効果的なのです。

セラミドは肌が自ら作り出す保湿物質ですが、加齢や紫外線などさまざまな要因によってセラミドを作り出す力が弱まると、角層の水分が蒸発し、水分量が低下してしまいます。

水分量を上げるお手入れ法

洗顔はしっかりすること

肌の上に油性の汚れが残っていると酸化して肌にダメージを与える上、水分も浸透しにくくなります。夜はもちろん朝も洗顔はきっちり行い、余分な汚れを落としましょう。ただし洗いすぎは厳禁です。

化粧水はコットンでつけましょう

化粧水を手でつけるとムラになりやすく、肌のすみずみまで水分を行き渡らせることが難しくなります。コットンは含んだ水分をそのまま肌に跳ね返して吸収させるという特性があるため、美容成分が肌に吸収されやすいのです。

適度にフェイスマッサージをする

マッサージによって血行が促進されると、美容成分や水分も入りやすくなるため、肌に浸透しやすくなります。強くこすると逆効果ですから、マッサージ用のクリームなどを使用しながらやさしく行いましょう。

睡眠をしっかりとる

睡眠不足はターンオーバー(肌の新陳代謝)が乱れる原因のひとつです。ターンオーバーと水分量は密接な関係があり、睡眠が不足すると水分量も減ってしまうのです。

栄養のある食事と水分を摂る

外側からのケアだけでなく、内側からの栄養補給も水分アップのためには欠かせない要素。肌を作る素となる、たんぱく質、炭水化物、脂質、ビタミン、ミネラルの5大栄養素をきちんと摂取すること。また、体の中からもしっかりと水分補給しましょう。

正しいお手入れと生活リズムが、肌の水分量を上げるのです。

美肌コラム

01

「ミルフィーユ保湿」で肌が速攻生まれ変わる！

手ごわい乾燥の救世主 重ね保湿でスペシャルケア

乾燥は肌の大敵！　乾燥肌は小じわやくすみ、たるみなど、さまざまな肌トラブルの原因となります。

保湿の大切さはわかっていても、肌のうるおいをキープするのはなかなか難しいですよね。そんな手ごわい乾燥に試したいのが〝ミルフィーユ塗り〟。これは乳液と化粧水をミルフィーユのように重ねてつけていくスキンケア方法で、驚くほどしっとり・もっちりして、朝に行えば夕方まで効果が持続すると話題なんです。

ミルフィーユ塗りは、洗顔後、まずは乳液を先につけることがポイント。乳液を肌になじませたら、次は化粧水を肌につけて、手のひらでしっかりと吸収させます。

肌の表面がベタベタしなくなったら、また乳液、化粧水、と繰り返し、肌がもうこれ以上吸収できないというところまでつけていきます。

乳液を最初につけることのメリットは、乳液がブースターの役割をしてくれるということ。油分が肌表面にほどよくなじんで、ゴワゴワの肌を柔らかくほぐしてくれるのです。こうして肌が柔らかくなれば、後からつける化粧水や美容液も浸透しやすくなり、スキンケア効果が高まります。

SKIN CARE 大学

スキンケア大学
編集部

ミルフィーユ塗りに使う化粧品は、さっぱりタイプのものがオススメ。しっとりタイプのものを重ねづけするとベタベタしすぎて、後からつける化粧品がうまく入っていきません。

乳液の代わりに美容オイルを使ってもOK。ホホバオイルや椿油などの植物油にも肌を柔らかくする効果があるので、ミルフィーユ塗りにはもってこいです。

特別なアイテムを使わず、お手持ちの化粧品でしっかりケアできるのもうれしいポイント。少し手間がかかりますが、一度で肌のうるおいを取り戻すことができるので、デートの前や週末のスペシャルケアとしてぜひ取り入れてみてください。

STEP 1

顔に、乳液をつけてしっかり押し込む

乳液

STEP 2

次に、化粧水を乳液の上から重ねて、しっかり入れ込むようにする

1.
2.
乳液
化粧水

STEP 3

両手を顔に押し当て、しっかり肌の奥まで浸透させる

何度か繰り返す

ミルフィーユの層のように
うるおいを重ねて、重ねて…

LESSON

03

肌のきほんの「き」 洗う❶

意外と知らない正しい洗顔方法

洗顔のしすぎに要注意！必要な皮脂まで落とさないで

洗顔のしすぎや間違った洗顔は角質層にダメージを与え、乾燥肌や敏感肌、脂性肌、毛穴、しみなど、さまざまなトラブルの原因となります。

よくやりがちですが、頬から洗い始めるのも、肌を傷める〝やってはいけない洗顔方法〟。肌をいつまでも健やかに保つために、正しい洗顔方法を身につけましょう。

間違った洗顔によって失われるもの

洗顔の目的は、酸化した皮脂やメイクなどの汚れのみを落とすことです。しかし、肌に必要な皮脂や、肌のうるおいを保つ角質層の細胞間脂質（セラミドなど）や天然保湿因子（NMF）まで洗い流してしまうような、過度な洗顔をしているケースが多く見受けられます。

酸化した皮脂は肌に刺激になってしまいますが、必要な皮脂、細胞間脂質、天然保湿因子は、肌を乾燥やアレルゲンなどから守る大切なバリアです。

教えてくれた先生

銀座ケイスキンクリニック
院長
慶田朋子先生

洗いすぎは、洗顔後の保湿ではカバーできない

皮脂や細胞間脂質、天然保湿因子を洗い流しても、「化粧水と乳液で保湿をすればよいのでは？」と思うかもしれません。しかし、ダメージを受けた肌のバリア機能が回復するのには、一晩～数日が必要となります。

バリア機能が低下している間は、乾燥やアレルゲン、紫外線などに弱い状態となっているため、肌が乾燥したり、普段ならかぶれないような成分に反応したり、いつもより紫外線の影響を受けやすくなっています。

肌には自浄作用があり、汗とホコリは、ぬるま湯で十分に落とせます。大切な皮脂を守りながら不要な汚れだけを落とす、正しい洗顔を身につけましょう。そうすれば、ニキビ、乾燥性敏感肌、肌に合う化粧

正しい洗顔方法

❶まずは手を洗う

よく泡立てるために、まず手を洗います

❷洗顔料をよく泡立てる

次に、洗顔料を細かい泡を作るようによく泡立てます。具体的には洗顔料を利き手とは逆の手のひらにのせ、少しくぼめて、手のひらをボウルに見立て、利き手の指先3本で水を混ぜながらよく泡立てます。苦手な方は泡立てネットを使ってもよいでしょう

❸Tゾーンから優しく洗い始める

もちもちの泡が卵1個分ほどの大きさまでできたら、手と肌の間にクッションのように泡をのせ、まずはTゾーンやあごなど、皮脂が多い部分からやさしく洗い始めます。なるべく指が肌に触れないようにしましょう

❹目元や口元は泡をのせるだけで十分

乾燥しがちな目元や口元などは、泡をのせるだけで十分です

❺ぬるま湯で最低20回以上すすぐ

洗顔料をぬるま湯で最低20回以上はすすぎ、洗顔料が肌に残らないようにしましょう。お湯の温度は33～36℃くらいが理想的です

❻清潔なタオルで顔を押さえる

すすいだあとは、清潔なタオルで顔を押さえるようにやさしく水分を取ります

❼洗顔後はすぐに保湿

洗顔後の肌から水分が蒸発するときに角層の水分が奪われる過乾燥になりがちです。3分以内に十分に保湿をするように心がけましょう

品が見つからないなど、さまざまなトラブルが解消することもあるのです。

肌タイプ別の洗顔方法

脂性肌の方は、Tゾーンなど皮脂の多い部分を入念に洗いがちです。

しかし、過剰な刺激につながる洗顔方法はかえってトラブルを引き起こすことがあります。皮脂を取りすぎると、肌が乾燥するばかりでなく、外的刺激から守ろうと、角質が厚くなり、ニキビや毛穴が目立つようになります。

もちろん乾燥肌の方は、もともと皮脂が少ないので、乾燥がひどいときは洗顔料の使用は夜1回のみにしましょう。

それほど乾燥がひどくない場合は、Tゾーンなど脂っぽい部分を中心に軽く泡をのせる程度に洗い、酸化した皮脂や夜に使った化粧品の油分のみを洗い落とすのがオススメです。

夜の間にバリア機能が回復するので、朝に洗顔をしすぎて、せっかく回復したバリア機能を再度低下させてしまわないようにしてくださいね。

クレンジング剤、どう選ぶ?

できるだけやさしい成分の自分に合ったクレンジング剤を

毎日メイクをするという女性にとって、欠かせない日課のひとつ「クレンジング」。クレンジングの役割や成分といった基本について解説します。

クレンジングの役割

メイク落としとも呼ばれるように、クレンジングはメイクを落とすことを役割としています。メイクを落とさずそのままにしていると肌への刺激になり、色素沈着などの肌トラブルを引き起こします。

クレンジングは、メイクをした日には欠かすことのできないお手入れなのです。

クレンジング剤の成分とは?

くずれにくいようさまざまに工夫されたメイクアップ化粧品は油性のものが多く、水やお湯だけの洗顔では落ちません。その油性のメイクを同じ油で浮かせて、洗い流せるようにするのがクレンジング剤です。

油性のメイクを浮かすことができるのは「油」。そして、その油分を水と中和させるのが「界面活性剤」です。クレンジング剤には、この油と界面活性剤が含まれています。界面活性剤は肌に悪いという知識だけが独り歩きしていますが、メイクを洗い流すためには欠かせない成分です。問題は使われている量や洗浄力です。なるべく少ないものを選んだほうが肌にはやさしいのですが、最近のメイクアップ化

教えてくれた先生

札幌シーズクリニック
院長
大久保 真先生

クレンジング剤の種類

クリームタイプ
油分と界面活性剤のバランスがよいものが多く、比較的肌への負担が少ない。

ジェルタイプ
白濁したもの(乳化タイプ)はクリームタイプに近く肌にやさしめ。透明なものは界面活性剤が多く、肌への負担が大きい。

ミルクタイプ
肌へのダメージが比較的少なく、やさしい洗浄力が特徴。水分が多いのでなめらかなテクスチャーのものが多い。

拭き取りシートタイプ
簡単に拭き取るために界面活性剤を多く含んでいる。拭き取りの摩擦で刺激も強く、しみの原因となることも。

ウォータータイプ
油分が少なく、界面活性剤の量は多め。コットンで拭き取るため肌への刺激も強い。

リキッドタイプ
油分が少なく、界面活性剤の量は多め。

オイルタイプ
最もメイクを落とす力が強いタイプ。油分も界面活性剤も多く含むので、肌へのダメージが大きく、乾燥もしやすい。

粧品はカバー力、紫外線カット効果、くずれにくさ、密着感、発色のよさなどをウリにした商品が多く、これらの機能が強化された化粧品は、油や界面活性剤を多く含んだクレンジングでないと落とせないものがほとんどです。

自分が使っている化粧品の成分を踏まえた上で、できるだけ肌にやさしいクレンジング剤を選ぶようにしたいものです。

クレンジング剤はどれを選ぶ?

油性のメイクを浮かすことができるのは油分で、それを水と混ぜて流すのが界面活性剤。この2つのバランスが、クレンジング剤選びのカギとなります。

油分が少ないものは油の代わりにメイクを浮かすための界面活性剤が多く必要になり、逆に油分が多すぎると、その油分を落とすために多くの界面活性剤が必要となるのです。どちらも肌にとっては負担になります。

クレンジング剤にはさまざまな種類があります。上の表で、それぞれの特徴をみてみましょう。

界面活性剤不使用のもの

純粋なオリーブオイルやホホバオイル、コールドクリーム(天然の油脂に石鹸などを加え乳化させたもの)は、界面活性剤を使用していないので肌への負担は少ないですが、水で洗い流せないため拭き取りによる刺激に注意が必要。一度では落ちきらないことが多く、手間もかかります。しっかりメイクのときはオイルタイプ、それ以外はミルクタイプやクリームタイプなど何種類かを使い分けするのもよいでしょう。

クレンジングの後は洗顔不要という商品もありますが、油性と水性の汚れをひとつで落とすことは非常に難しく、それだけ多くの界面活性剤も必要になるため肌への負担は大きいといえます。避けたほうが無難でしょう。

LESSON ✦ 03

肌のきほんの「き」

洗う❸

美肌になる洗顔注意点5つ

知ってるつもりでも間違っている人が多い「洗顔」

洗顔はスキンケアの基本です。洗顔方法が正しくないと、その後にどんなに化粧品でのケアやマッサージを頑張っても、効果が薄くなってしまう可能性があります。それどころか、肌トラブルを招いたり悪化させてしまうことも。まずは今、自分が行っている洗顔方法が正しいやり方かどうか見直してみましょう。

正しい洗顔方法とは？

スキンケアを頑張っているのに、肌の調子がよくない…。そんなときは、ひょっとしたら洗顔方法が間違っているのかもしれません。

汚れを落としたいあまり、ゴシゴシとこすっていませんか？ 熱いお湯でバシャバシャと勢いよくすすいでいませんか？ 脂っぽいのが気になって、1日に何度も洗顔料を使って洗ってしまっていませんか？

どれも肌にとってはNGです。正しい洗顔とは「朝と晩に」「よく泡立てた洗顔料を使って」「泡で汚れを包み込むようにやさしくなじませ」「ぬるま湯で十分すすいで洗顔料を落としきること」です。洗顔時の注意点をみていきましょう。

洗顔時の注意点①「洗顔は1日2回まで」

汗をかいたときや脂っぽさが気になったとき、つい洗顔料を使って洗いたくなりますが、1日3回以上は洗いすぎです。

皮膚には肌の水分を保持したり、外部から異物が侵入するのを防ぐバリア機能があります。皮膚の表面を覆っている「皮脂膜」と、皮脂膜の下にある「セラミド（細胞間脂質）」がその役割を担っています。

洗顔をしすぎると、肌に必要な皮脂や肌のうるおいを保つセラミド、NMF（天

札幌シーズクリニック
院長
大久保 真先生

然保湿因子）を洗い流してしまいます。その結果、水分が蒸発し肌は乾燥、バリア機能を弱めてしまうのです。

洗顔は、朝と晩1日2回で十分。朝は軽めに、肌の新陳代謝が行われる夜は念入りに洗うことがポイントです。メイクをした日の夜は、クレンジングもきちんと行いましょう。

洗顔時の注意点②
「洗顔料をよく泡立てること」

洗顔料をよく泡立てることによって、肌に指が直接触れることや摩擦を防ぐことができます。泡をよく立てずに指で直接肌をこすると、肌に刺激を与えてしまいます。しっかりと泡立てて、キメが細かく崩れない泡を作りましょう。

洗顔時の注意点③
「力を入れすぎないこと」

顔の皮膚は非常に薄く、少しの刺激にも敏感に反応します。角質層の厚さはわずか0・02〜0・07㎜しかなく、コットンの摩擦でも傷がつくほど繊細なものです。

ゴシゴシと力を入れて洗うのは、肌をきれいにするどころか傷つけているようなもの。力を入れず、洗顔料の泡を指でやさしく転がすように洗いましょう。

洗顔時の注意点④
「すすぎのお湯は32℃」

洗顔の際の適温は普通肌の場合、肌より少し冷たい温度である32℃くらいが適温です。顔の皮脂は30℃くらいで溶け出します。つまり30℃以上のぬるま湯で洗い流すことで、皮脂を浮かせきれいに洗い流すことができるのです。

熱めのお湯で洗うと、皮脂を落としすぎて乾燥の原因になります。また冷水だと汚れが浮きにくくなり、毛穴の汚れが落としきれなくなります。

洗顔時の注意点⑤
「シャワーで洗い流すのは危険」

入浴時に洗顔する際、シャワーからのお湯をそのまま顔に当てるのは避けたほうが無難です。浴室内の温度は高くなっているため、角質も柔らかくなっています。その状態でシャワーを直接顔に浴びると、水圧で肌がダメージを受ける可能性があるからです。

またシャワーのお湯の温度は、洗顔には高すぎる場合がほとんどです。乾燥を招く原因になります。

美肌作りの基本となる洗顔。まずは正しい洗顔方法を身につけることから始めましょう。

アイメイクにもご用心！

アイメイクの落とし方の基本

アイメイクを落とす際は「丁寧に落とすこと」を心がけましょう。目元は刺激にとても弱いので、こするのは絶対にやめましょう。

コットンにたっぷりのアイメイク専用リムーバーを含ませ、まぶたの上に置きます。

アイメイクオフのポイント

リムーバーを含ませたコットンは、最低10秒は置いてマスカラとなじませる

コットンでまつげをはさむようにして、力を入れずに下にすべらせる

10秒くらいするとアイメイクが浮いてくるので、そっとなでるように拭き取ります。待つのを面倒くさがってこすってしまうと、皮膚を傷めてしまうので要注意。一度で落ちきらなかった場合は、新しいコットンでもう一度、同じ要領で拭き取ってください。

マスカラはまつげをコットンではさみ込み、力を入れずに下にすべらせると簡単に拭き取れます。目尻のキワなど落としにくい部分は、コットンの角を使いましょう。落ちきったら顔全体のクレンジングへと進んでください。最後は、ぬるま湯で十分洗い流したら終了です。

アイメイク専用リムーバーの選び方

使用しているアイシャドウやアイライナーがウォータープルーフだった場合は、アイメイク専用リムーバーもウォータープルーフタイプに対応しているものを選びましょう。

例えばマスカラの場合、各メーカーによってシリコン樹脂で固めていたり、フィルム状にしていたり、ワックスで固めていたりと、それぞれ製造方法が異なるので、それに合ったリムーバーでないと落とせないケースもあります。

一番よい選び方は、使用しているメイク品と同じメーカーのリムーバーを選ぶこと。同一メーカーのものであれば、自社製品が落ちるように作られているので安心です。

アイメイク専用リムーバーは、総じて洗浄力が強いといえます。オイルを使っているものも多く、肌に刺激が強いものもあります。使ってみて、かゆい、目の周りがつっぱるなどの違和感を感じる場合は、肌がダメージを受けている証拠です。そのリムーバーは使用を中止し、別のリムーバーを使うようにしましょう。

教えてくれた先生

札幌シーズクリニック
院長
大久保 真先生

LESSON ✦ 03

肌のきほんの「き」

洗う⑤

落とさず寝るのはNG！

メイクを落とさずに寝ると、一晩で3歳も歳をとる!?

仕事や家事で忙しく、後でメイクを落とそうと思っていたらつい朝まで寝てしまった…。そんな経験がある人は多いと思います。しかし、それは肌の老化を加速させる原因のひとつです。メイクを落とさずに寝てしまうと一晩で3歳も歳をとる、ともいわれています。もちろん本当に3歳も歳をとるというわけではありませんが、それほど肌にはよくないことなのです。

メイクアップ化粧品、特にファンデーションには肌との密着性を高めるために、油性の成分や顔料が使用されています。それらは放置しておくと汗や皮脂と混ざり合い活性酸素を出し、過酸化脂質に変化していきます。その汚れが毛穴に入り込むとターンオーバーがスムーズにいかなくなり、結果、肌の老化へとつながってしまいます。

顔ダニ発生の原因にも

毛穴に詰まった油や皮脂は、ニキビや肌荒れなどさまざまなトラブルを引き起こします。98％の割合で人の顔に生息しているという顔ダニの大好物は、こうした皮脂であることが知られています。

顔ダニは、わずか10～14日で卵からかえり、繁殖します。顔ダニはある程度であれば多くの人にいるのでそれほど気にする必要はありませんが、量が増えすぎると皮膚炎を引き起こします。顔ダニを繁殖させないためにも、眠る前にはしっかりとメイクを落としておくことが大切です。

落とさず寝てしまった翌朝の対処法

それでもうっかりメイクを落とさずに寝てしまった場合は、まずお風呂に入るか、蒸しタオルを当てましょう。毛穴を開き、汗をかいて老廃物を排出させ、皮膚のサイクルを正常に戻しましょう。入浴が難しい場合は蒸しタオルで顔を3分ほど蒸し、毛穴を開いてあげましょう。そのあとで、クレンジング&洗顔で汚れをきれいに落とす、十分保湿する、栄養のいい食事やサプリをとる、この3つをしましょう。

洗わずに寝てしまったときの対処

まずは蒸しタオルか入浴

たっぷり3分は蒸しタオルを当て、毛穴を開かせる

▼

クレンジング＆洗顔

▼

たっぷり保湿

▼

栄養・サプリをとる

教えてくれた先生

医療法人厚成会
セイコメディカル
ビューティクリニック 院長
曽山聖子先生

LESSON 04

肌のきほんの「き」＋αケア①

美容液を正しく使って差をつける

教えてくれた先生

西麻布ヒフ・形成外科
院長
藤井佳苗先生

美容液の種類と選び方

美容液は、その目的によって種類もさまざまです。そんな中でも、主流はやはり「保湿美容液」です。乾燥しやすい目元や口元を集中的に保湿することで、結果的にしわやたるみ対策にもなります。他に、美白美容液、ニキビ用美容液、しわ用美容液、しみ用美容液、化粧下地兼用美容液など、さまざまなものがあります。

美白美容液では、アルブチンやビタミンＣ誘導体などの美白有効成分が、メラニンの合成抑制と、すでにできてしまったメラニンを定着させないように働きかけます。しわ用美容液では、肌のターンオーバーを促進するＥＧＦや、ＦＧＦ、コラーゲン、プラセンタなど、併せてとると相乗効果があるとされる有効成分が凝縮されています。

それぞれ目的に特化した有効成分が高濃度に配合されていますから、肌に合うものを探してみてください。

美容液の効果的な使い方

基礎化粧品は医薬品ではないのであまり神経質に考える必要はありませんが、美容液をあれもこれもと複数重ねてつけるのはＮＧです。一度につける美容液は一種類にとどめ、量にも気をつけましょう。気になるものが複数あれば、朝と夜で使い分けするのが効果的です。例えば、朝は化粧下地兼用美容液、夜は美白美容液など。化粧下地兼用美容液は、肌の表面を整えメイクのりがよくなるのに加え、紫外線対策にも効果のあるものが多いので、朝のスキンケアにはオススメです。夜は、肌の再生が最も活発になる「お肌のゴールデンタイム」です。このタイミングを最大限に生かし、昼間は使いにくい、こってりとしたテクスチャーのものをつけるのもよいでしょう。

セラミド配合美容液は使い方によって保湿効果に差が出ることもあります。スキンケアに関する知識を深めて、上手な保湿ケアを行いましょう。

セラミド配合美容液の正しい選び方

肌の水分保持機能のカギを握るのが「セラミド」という成分。このセラミドを配合した美容液はたくさんあるので、選ぶポイントを紹介します。ポイントは、「種類」「配合量」「テクスチャー」など。まずは含まれているセラミドの種類から見ていきましょう。

化粧品に配合されているセラミドには大きく分けて天然セラミド、ヒト型セラミド、植物性セラミド、合成セラミドなどの種類があります。このなかで美容液は、保湿力が高く刺激の少ない「ヒト型セラミド」が配合されているものがオススメですね。特に最近ではナノ化され細かい粒子になったセラミドが開発されているので、より浸透力を重視したい場合にはそういったものを試してみましょう。続いてセラミドの配合量についてです。セラミドは比較的高価な原料ということもあり、値段の安いものにはセラミドが微量しか含まれていないこともあります。

最後にテクスチャーについてです。毎日のケアで使うものなので自分好みのテクスチャーを選んでよいですが、肌荒れや敏感肌でしみる場合は水っぽいものよりも柔らかいクリームタイプがよいでしょう。

またセラミド単体で配合されているものよりも、肌のハリや弾力の強化、しわ対策に効果の期待できる「ヒアルロン酸」や、肌の酸化を防いでくれる「ビタミンC」が一緒に配合されているものを選ぶとよいでしょう。

セラミド配合美容液の正しい使い方

セラミド配合美容液は、次のように使うと効果的です。

化粧水をなじませた後、美容液を適量手にとり頬や額など顔全体にまんべんなくつけ、顔の中心から外側へと向かって顔全体になじませます。最後に手のひらで30秒ほど顔を包み込むようにして温めると、より浸透しやすくなるでしょう。ただし、くれぐれも必要以上に肌をこすらないようにしましょう。

またセラミド配合美容液は比較的高価であることが多いため、使うのがもったいなくて少なめに使いたくなります。しかし化粧品というものは、説明書に書かれている規定量をしっかりと守ってつけることで初めて効果が出るものです。正しく使うことで、セラミド配合美容液の保湿効果を最大限に高めることができるのです。

LESSON✦04

肌のきほんの「き」
+αケア❷

乳液を使いたいワケ

乳液は使ったほうがいい？

乳液は、ほとんどが水分でできている化粧水とは違い、20～30％の油分を含んでいます。でも、それは化粧水や美容液の成分を肌に閉じ込めるフタの役割を担っているから。そして、乳液自体にもうるおいを与える効果があるため、「肌にうるおいを与える+フタをして乾燥を防ぐ」という2つの効果を持っています。洗顔、化粧水に続いて乳液をつけるところまでが、スキンケアの基本となり、どれも外せない要素です。さらに、乳液の前に美容液を、乳液のあとにクリームをプラスすることもできます。

乳液のベタつきが気になる方は、その乳液が合っていないのか、量が多すぎる可能性が考えられます。脂性肌の方でも、乳液なしでは肌は乾燥してしまいますから、さっぱりタイプの乳液を選んで、化粧水の後に適量を使用することをオススメします。

乳液の種類

乳液の種類は、「保湿乳液」「UV乳液」「ティント乳液」の3つに分けることができます。保湿乳液は、いわゆる一般的な乳液全般のことです。UV乳液は、保湿効果に美白効果を加えた乳液です。具体的には、紫外線をカットすることと、メラニンの合成を抑えてしみやくすみを防止するWの効果を謳うものが多いようです。ティント乳液は、保湿効果に化粧下地としての役割を加えた乳液です。スキンケア後にメイクをする場合、メイクの工程を短縮でき、とても便利です。なかには、紫外線をカットする効果のあるものもあります。

乳液の効果的な使い方

乳液は、基本的に洗顔後のスキンケアに毎回取り入れることをオススメしますが、脂性肌の方ならTゾーンには少なめにするか、つけなくてもよいと思います。また、ケア後にメイクをする朝と、ケア後に就寝する夜でタイプの異なる乳液を使い分けるのは効果的です。就寝中は肌から水分が失われる一方なので乳液をたっぷりつけましょう。

教えてくれた先生

西麻布ヒフ・形成外科
院長
藤井佳苗先生

LESSON◆04

肌のきほんの「き」
+αケア❸

クリームの種類と効果は？

オススメの配合成分はこの3つ

どんなに高価で、コスメサイトで評価が高いものでも、自分の肌に合わないスキンクリームでは使っても意味がありません。最も多いのは、「脂性肌だと思っていたら、実は乾燥肌だった」という誤解。必要以上に洗い流してしまうと、テカリも乾燥もさらにひどくなってしまいます。そこでオススメなのは乾燥肌に効果があるといわれるヒアルロン酸、コラーゲン、セラミドが含まれているスキンクリームを使うこと。ヒアルロン酸は保水力に優れており、みずみずしさを保ってくれます。コラーゲンは肌のハリをキープして、しわが気にならない、なめらかな肌を維持するのに役立ちます。そして最近注目されているセラミドは、「これなしでは美肌はありえない」とまでいわれるもの。細胞と細胞をつなぎ合わせている成分で、細胞に作用するコラーゲンやヒアルロン酸をどんなにたっぷりと与えても、セラミドがなければ意味がないのです。

つけ方にも工夫をして 乾燥知らずの肌へ

まずは化粧水をしっかりと肌に浸透させます。化粧水をバシャバシャつけてからすぐに乳液や美容液をつける人がいますが、それはＮＧ。化粧水がなじんでいないまま別のものをつけても意味はありません。化粧水をつけたあと5分ほどおいてから乳液や美容液をつけましょう。それからさらに5分ほどおいてからクリームをつけますが、小指の先くらいの量で十分。つけすぎるとテカリやベタつきの原因になります。頬、おでこ、あごにちょこちょことのせてからゆっくりと全体に伸ばします。仕上げに手のひらと指全体を使って顔を包み込むようにハンドプレスをすると、体温によって肌になじんで乾燥しにくくなります。

教えてくれた先生

赤坂ビューティークリニック
院長
青山秀和先生

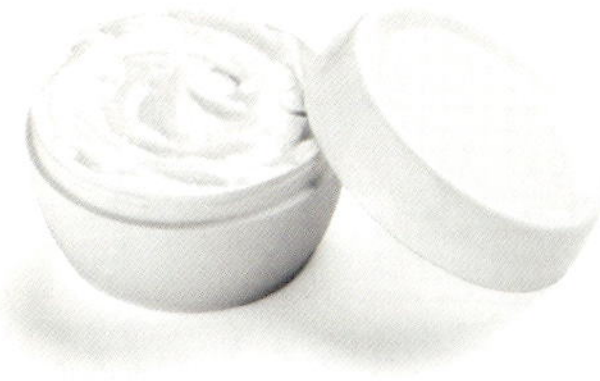

クリームの正しいつけ方

化粧水をつけた後は、5分ほどおいてなじませる

▼▼▼

頬、おでこ、あごに少しずつのせてからなじませる

▼▼▼

仕上げに手のひらと指全体を使って顔を包み込む

意外と知らない、夜の正しいお手入れとは

朝と夜、同じお手入れしていない？ 夜には夜の必要なケアをしましょう

就寝前のスキンケアをただなんとなく行っているという方も多いのではないでしょうか。そこで、今さら聞けない夜のスキンケア方法をおさらいしていきましょう。

夜のスキンケア方法

夜のスキンケアは、クレンジング→洗顔→スペシャルケア→化粧水→美容液→乳液・クリームという順番で行います。以下に、それぞれのケアのポイントについて説明します。

●クレンジング…マッサージするようにメイクとなじませ、洗い流します。落ちにくいアイメイクはポイント用のクレンジングを使いましょう。

●洗顔…クレンジングの後は、洗顔料を使ってW洗顔を。メイクの汚れを落とした後ですので、刺激の強い洗顔料は避け、よく泡立ててから洗いましょう。比較的低刺激なアミノ酸系やグルコシド系の弱酸性の洗顔料の使用が望ましいです。

●スペシャルケア…マッサージやパックなどのスペシャルケアは、洗顔後に行います（ただし、使用頻度や回数、説明書に具体的な方法が書かれている場合はそちらに従ってください）。

●化粧水…汚れを落とした清潔な肌に

夜のスキンケアの流れ

クレンジング
▼
洗顔
▼
スペシャルケア
▼
化粧水
▼
美容液
▼
乳液・クリーム

教えてくれた先生

四谷三丁目皮膚科
院長
山田美奈先生

うるおいを与えます。乾燥が気になるときはコットンを使った化粧水パックなどで、たっぷり水分を補給しましょう。

●**美容液**…保湿成分はもちろん、しわやしみ、美白など肌の悩みに合った美容成分が配合されているものを使用しましょう。

●**乳液・クリーム**…与えた水分をしっかり閉じ込めるために、乳液やクリームを塗ります。乳液は油分と水分の両方を「与える」ことが目的なのに対して、クリームは外の刺激から肌を「保護する」ことが目的です。そのため、乳液の後にクリームでフタをするのが望ましいです。

また、寝ている間に日中のダメージを回復し、肌の生まれ変わりをサポートする夜専用のナイトクリームでケアするのもオススメです。

洗顔やメイク落としのタイミングは?

クレンジングや洗顔は、バスタイムを活用しましょう。体が温まると毛穴が開きやすく、汗と一緒に汚れや皮脂も排出されやすくなるため、毛穴の奥の汚れまでしっかり取り除けます。

また、洗う順番も大切です。クレンジング後は、髪→体→顔の順に洗いましょう。シャンプーやトリートメントは肌に残りがちですので、ヘアケアは最初にすませてしまいましょう。

朝と夜のスキンケアの違いやポイント

朝のスキンケアは、紫外線や乾燥、ホコリといった日中に受ける外的刺激から肌を守ることを意識したケアがメインです。一方、夜のスキンケアでは、日中に受けたダメージから肌をいたわり、回復を促すケアが中心となります。

そのため、夜のスキンケアでは、肌の負担となる汚れをしっかり落として、栄養やうるおいをたっぷり与えることが大切です。また、肌を回復させるゴールデンタイムを生かすためには睡眠も重要なポイントです。良質な睡眠をとれるように、睡眠前にはバスタイムや照明、アロマの香りなどを活用して、昼間の高ぶった神経を休めましょう。

LESSON 04

肌のきほんの「き」
+αケア5

季節ごとにきちんとやりたいUVケア

日射しが強くない日もケアは必要

よく晴れた日や日差しが強い季節には、UVケアをしっかりしなくてはと誰もが思いますが、実は、曇りや雨の日、日差しがそれほど強くない季節でもUVケアは欠かせません。紫外線から肌を守るために知っておきたいことがいくつかあります。

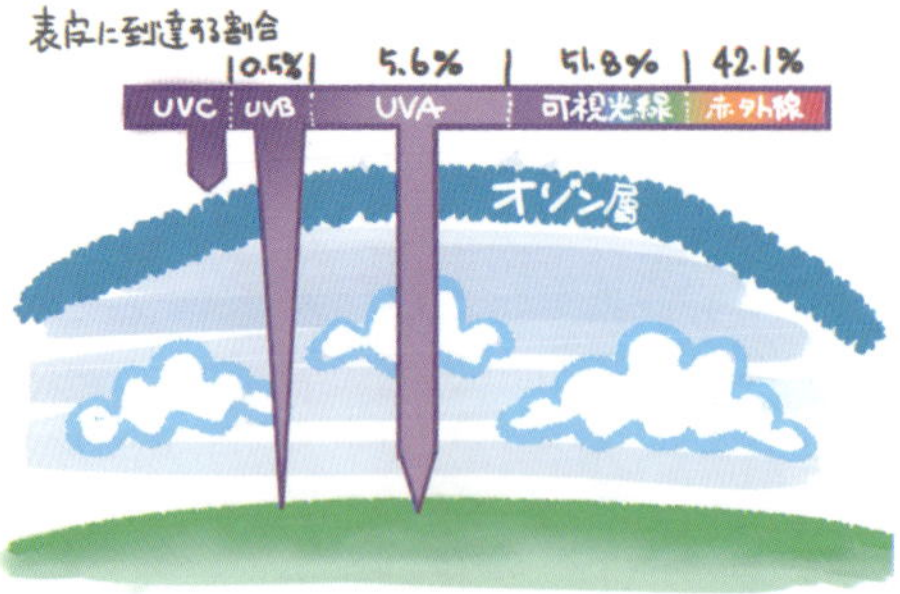

紫外線の種類

太陽光は、波長の長いものから赤外線、可視光線、紫外線に分けることができます。紫外線は、生物的な作用の違いから、波長の長いほうから順にA・B・Cと分類されます。地上に届いているのは280〜320nmの紫外線B波（UVB）と320〜400の紫外線A波（UVA）です。紫外線C波（UVC）は、短波長紫外線と呼ばれ、波長が280nm以下と短いため、オゾン層を通過する過程で散乱あるいは吸収されてしまいます。しかし、最近懸念されているようにオゾン層の破壊によってオゾン層が薄くなり、ぽっかり穴があいてオゾンホールができてしまうと、これまで地上にはほとんど到達しなかったUVCが届くのではないかと心配です。

実は紫外線は、波長が短いほど有害作用が強く、3種類の紫外線のうちでは、UVCが最もその物理的作用が強いとされています。具体的には細胞組織そのものを損傷する可能性が指摘されています。実際にはあり得ませんが、仮にUVCを浴びると、重度の熱傷のような状態になってしまうとされています。

季節による紫外線量の変動

UVBは季節によって変動が激しく、5月頃からだんだん増え始め、6〜8月に最大となります。夏に比べて、春・秋はその半分程度、冬には5分の1程度になります。一方、UVAが一番強くなるのは5月で、一番少ないのが12月です。それで

教えてくれた先生

山手皮フ科クリニック
院長
豊福一朋先生

も5月の半分程度はありますので、冬でも油断はできません。2月でも紫外線量は真夏の80%もありますから、紫外線対策は1年中必要であるといえます。

また、雨の日には紫外線が全くないと思っている方も多いようですが、薄曇りの日でも紫外線は晴れのときの60~80%、大雨の日でさえも30%もあります。また、紫外線の反射率も知っておきましょう。

雪面 80~90%、水面 20~80%、砂浜 10~20%、コンクリート・芝 数%

ご覧の通り、かなり高い反射率ですから、日陰にいても反射した日光によって首を日焼けしてしまうことはよくあります。日光を直接浴びていないからといって油断はできません。紫外線防止対策は、日焼け止めだけでなく、日陰に入る・日傘をさす・つばのある帽子をかぶる・目の詰まった黒い色の衣類を着る・サングラスをかけるなどの対策を考えましょう。

帽子の場合、つばが7cmあれば、紫外線の60%はカットできますし、日傘は一般的なもので90~95%の紫外線をカット。日傘と肌の距離を30cmにするだけで紫外線を40%も遮断することができます。

SPFとPA

「近所だから素顔で平気」「洗濯物を干すだけだから」と日焼け止めも塗らずに外に出るのは危険。紫外線は、たとえ短い時間でも体内に蓄積され、ある日しみとなって肌に現れるので注意が必要です。

日焼け止めの容器には、必ずSPFとPAという表示があります。SPFは、Sun Protection Factorの略で、「日焼け止めを使用することによって、何も使用しない場合の何倍量の紫外線をカットできるか」を示したものです。SPF値が大きいほど紫外線カットの効果も高くなります。

SPF30もあれば、90%以上の紫外線をカットすることが可能です。SPF80(日本の基準では50が最大)までいかなくても、日常生活を送る分には、SPF15~20ぐらいのものをしっかり塗れば問題ありません。汗や皮脂、服のこすれなどではがれ落ちるので、3、4時間ごとには塗り直す必要があります。

またSPFはUVBに対する防御指数であるのに対し、PAは、UVAに対する防御指標で、Protection Grade of UVAの略です。PA値8以上(+++)は、十分なUVA防止効果がある、PA値4以上8未満(++)は、かなりのUVA防止効果がある、PA値2以上4未満(+)は、UVA防止効果があるということを示しています。

美肌コラム
02

気になる美容オイル、本当に肌にいいの？

ブームになった美容オイルその価値は？

最近、女性の間でブームが広がっている美容オイル。美容オイルは、美容液として使えるのはもちろん、マッサージをするときや、メイク直しのときにも使える便利なコスメのひとつです。今回は、その美容オイルに注目してみましょう。

美容オイルの役割

保湿のために、化粧水をたっぷり使っている方は多いと思いますが、実はそれだけでは、十分な保湿とはいえないのです。肌は角質細胞という細胞が並ぶことで構成されていて、その細胞の隙間を埋めている角質細胞間脂質と呼ばれる脂質があります。角質細胞を守る役割を持っているため、細胞間脂質がもろい状態では、保湿をしてもすぐに水分は蒸発してしまいます。

細胞間脂質は油分と相性がよいので、美容オイルを与えると細胞間脂質のすみずみまでなじんでいきます。すると細胞にうるおいのバリアを張り、肌の状態をキープすることができます。オイルには細胞間脂質の乱れを抑える効果もありますので、乾燥肌の方はもちろんのこと、脂性肌

教えてくれた先生

西麻布ヒフ・形成外科
院長
藤井佳苗先生

の方が使えば、余計な皮脂の分泌を抑えることができて、肌質が改善される場合もあります。

美容オイルの種類

アルガンオイル、ホホバオイルといった美容オイルが、何の油なのか知らない方も多いはず。アルガン、ホホバというのは木の種類で、どちらのオイルも、植物の実から採れる油です。その他、いろんな植物から採れるので、美容オイルの種類も実にたくさんあります。しかも植物によって性質や効果もさまざまなのです。ここではその一部をご紹介しますので、左の一覧をご覧ください。

美容オイルの使い方

オイルを美容液の代わりとして使っている方も多いのですが、そうでない方でも、化粧水、乳液、美容液などの毎日のスキンケアの最後に、1、2滴のオイルを塗るだけで、肌にバリアが張られたような状態になります。脂性肌の方の中には、「油分のあるものを使うと、ますます肌がベタつきそうで怖い」といって、化粧水しか使わない方も多いのですが、そんな方でも、化粧水のあとにオイルを1滴使うだけで、肌の保湿力が持続するため、過剰な皮脂を抑えることができます。

オイルを直接肌にのせることに抵抗があれば、化粧水や乳液に混ぜて使うのもいいでしょう。また、リキッドファンデーションに混ぜればメイクの持ちがよくなり、化粧直しの際に使うミストに混ぜれば、その後のお化粧ののりがよくなります。肌が柔らかくなることで、その後につける化粧水や美容液の浸透がよくなるので、化粧水の前にブースターとして使うのもアリです。このようにさまざまな場面で使える美容オイルですが、肌だけでなく、髪や爪などを含めた全身にも使えるので、1本持っておくと、とても重宝するでしょう。

主な美容オイルの種類

[ホホバオイル]

ホホバオイルの中には、ワックスエステルという成分が含まれていますが、これは肌の角質層にも含まれている成分なので、なじみがよいのが特徴です。オイル特有のベタつき感が少なく、さらっとしているので、マッサージを行うときにも適しています

[アルガンオイル]

ホホバオイルよりも少し重めのテクスチャーですが、ビタミンEが豊富に含まれているので、しわやしみのできにくい、若々しい肌を作ります

[椿オイル]

椿の実から採れる油。酸化しにくいオレイン酸を多く含んでいるという特徴があります。日本でも古くから親しまれ、スキンケアだけでなく、ヘアケアとしても使える優れたオイルです

[マカダミアナッツオイル]

肌への浸透率が高く、しっとりとなじみやすいことで人気があります。老化防止をサポートするパルミトレイン酸を多く含み、エイジングケアによいと注目されています。

その他にも、これらをブレンドしたものや、馬油などの動物性オイルなどさまざまなオイルがありますが、肌の悩みに合わせて選ぶのもいいですし、それぞれ香りも違います

chapter 2

SKIN TYPE LESSON

肌タイプ別講座

自分の肌に合ったケアをしよう

自分の肌タイプを知って効果的なケアをしよう

自分の肌タイプ、知っていますか？ 皆さんのなかには、「私は敏感肌だから」「乾燥肌だからクリームは高いのを使わなくっちゃ」など、自分の肌タイプがわかっていると思っている人は多いでしょう。でも、それって思い込みではないでしょうか？ 「乾燥肌」と思い込んでいた人が実は「混合肌」だった、などということは実際とても多い、とドクターたちはいいます。本当に自分に合ったケアをするために、まずは思い込みを排除して、自分の肌タイプを正しく知りたいもの。そして、効果的なケアを始めましょう。

まずは、自分の**肌タイプ**を知ろう!

自分でできる! 簡単肌タイプチェック

皆さんは自分の本当の肌質をご存じですか？「たぶん」という方が多いのではないでしょうか。では、改めて確認のためチェックしてみましょう。

簡単! 肌タイプチェック方法

チェック方法はいたって簡単です。洗顔後、何もつけずにそのまま10分間待つと、自分の本当の肌質が現れます! つっぱり感、小じわ、皮脂の状態から判定してみてください。

❶洗顔後、タオルドライしてから何もつけない

洗顔後にタオルで水分を拭き取り、何もつけずに10分待ちましょう。洗顔直後のつっぱり感は肌表面の水分蒸発によるものなので気にせずに!

❷10分後、ヒリつき、つっぱり感、目元の小じわはありますか?

顔全体をはじめ、頬や口元など部分的なつっぱり感をチェックしてください。かゆみやヒリつきなどの違和感の有無もチェックしてください。さらに目の下や目尻に小じわが目立っていないか、鏡で確認してください。

❸脂取り紙をTゾーンと頬に10秒、脂は?

脂取り紙をTゾーンと頬にそれぞれ、10秒ずつ押し当ててください。脂取り紙にうっすらとでも脂がつくかどうかチェックしてください。

チェック結果からの肌タイプ別特徴

混合肌タイプ

- 部分的にツッパリやヒリつきを感じ、目元の小じわもやや気になる。
- Tゾーンのみ脂がつく。

乾燥肌タイプ

- ツッパリやヒリつきを感じ、目元の小じわも気になる。
- Tゾーン・頬ともに脂がつかない。

普通肌タイプ

- 洗顔後～10分以内はつっぱりやヒリつきはない。目元の小じわも気にならない。
- Tゾーン・頬ともに脂がつかない。

脂性肌タイプ

- つっぱりやヒリつきはなし、目元の小じわも気にならない。
- Tゾーン・頬ともに脂がつく。

結果は?

みなさんはどのタイプでした？　自分が思っていた肌質と違った方も多いと思います。肌質は、季節や体調などによっても変わる場合があります。化粧品が合わないと感じたときは肌質を再チェックしてみましょう。そして、それぞれの肌質に合った化粧品を選びケアをするようにしましょう。

肌TYPE 01

乾燥肌

乾燥肌を引き起こす3大原因は?

肌の持つバリア機能が乾燥肌は弱まる

皮膚は通常、皮脂がつくる皮脂膜、NMF（天然保湿因子）、セラミドなどからなる角質細胞間脂質の3種類の物質がバリアを作り、紫外線などの外部刺激やアレルゲンなどから肌を守り、肌内部の水分が蒸発しない仕組みを作り出しています。しかし、乾燥肌はバリア機能を壊してしまう原因となります。それでは、バリア機能が壊れる主な理由とは何でしょう?

乾燥肌を引き起こす3つの要因

①皮脂量の低下

皮脂膜となるべき皮脂の分泌量が低下すると、ダイレクトに刺激が角質層に伝わりやすくなります。皮脂は皮脂腺から1日に約1～2g分泌されますが、環境や体質で変わります。皮脂の分泌を促す男性ホルモンが少ない小児や女性、老人では皮脂量は少なくなります。分泌量のピークは男性で30代、女性は20代に迎え、その後は減少していきます。また血行不良などで代謝が低下すると皮脂の分泌量も減少します。また皮脂腺は体の部位により数が違い目のまわりや口元は少なくなっています。

②天然保湿因子（＝NMF）量の低下

角質細胞内に存在するNMFはアミノ酸類、乳酸、尿素、クエン酸塩などからなり、水分を抱え込む性質をもっています。このNMFによって細胞内の水分量は一定に保たれるのです。NMFは日焼け、加齢、睡眠不足、ストレスなどで低下してしまいます。

③角質細胞間脂質の減少

角質細胞をレンガに例えると、レンガとレンガの間を埋めるセメントの役割を担っているのが角質細胞間脂質です。このセメントが足りないと、雨漏りしやすくなるように、バリア機能が低下するのです。

角質細胞間脂質はセラミドが大部分を占め、他の脂質と一緒に立体構造（ラメラ構造）となり水をはさみ込み保水します。角質細胞間脂質が足りなくなると保水機能も低下します。アトピー性皮膚炎の方は、セラミドの量が通常の方と比べて3分の1ほどしかないことがわかっています。これは穴があいた傘のように、いろんなアレルゲンが肌に進入しやすいのです。

教えてくれた先生

銀座ケイスキンクリニック
院長
慶田朋子先生

肌TYPE 01

乾燥肌

乾燥肌のためのクレンジング

クレンジングが肌に与えるダメージとは

油性の成分を洗い落とすクレンジングは、角質層に以下の2つのダメージを与えるので、スキンケアの中でも最も注意が必要なスキンケアステップです。

①摩擦によるダメージ

②クレンジングの洗浄成分（界面活性剤）によるダメージ

現在、「クレンジング」といえば、洗い流せるタイプが主流。これらはとても便利ですが、メイクを浮かせるオイル分が水に溶けるようにするため、多くの界面活性剤が使われています。界面活性剤は、メイクや汚れだけではなく、肌の保湿能力の80％を担う角質層の細胞間脂質（セラミドなど）も洗い流してしまいます。

ダメージを最小限に抑える工夫が必要

そこで、「しっかりメイクは落としつつ、ダメージを最小限に抑える」工夫が必要です。

①こすらないで落とせるクレンジング方法

第一に、「こすらないでメイクを落とすこと」がとても重要です。肌のためにマイルドなクレンジング剤を使っても、なかなかメイクが落ちず、こすって角質層を傷つけたのでは本末転倒。なるべくこすらず、短時間でメイクを落とすことを念頭に、適したクレンジング剤と方法を選びましょう。

②クレンジング剤を使い分ける

メイクが濃い部分に合わせて選んだクレンジング剤で顔全体をクレンジングするのは、お肌にとって大きな負担です。

「その部分のメイクを落とすのに必要最低限の洗浄力」のものを、パーツごとに使い分けましょう。例えばウォータープルーフの落ちにくいマスカラを落とすためには洗浄力の強いクレンジング剤が必要となります。その際は、なるべくまつげ以外のパーツに付着しないようにオフすることが重要です。

綿棒やコットンを駆使して細かく丁寧にまつげのみにクレンジングをつけたり、下まぶたにコットンを置いたり、目元にワセリンやクリーム、オイルを塗って保護するなど、クレンジング剤で受けるダメージを最小限に。

乾燥がひどい場合はクレンジング剤を使わない

よほど落ちにくいものでなければ、ファンデーションなどのベースメイクは、石鹸だけで十分落ちます。最近はお湯で落とせるマスカラが増えていますが、落とすときの負荷が軽い商品を選べば、強いクレンジングが必要な場面はそれほど多くないはずです。

教えてくれた先生

松下皮フ形成外科
院長
松下博明先生

乾燥肌のための保湿

乾燥肌にとって、化粧水だけでは保湿は不十分

皆さんは普段、美容液を使っていますか？乾燥肌の方に限らず、多くの方は化粧水を使用されていますが、実は化粧水だけでは万全の保湿とはいえないのです。化粧水の一番の役割は、肌への水分補給をして肌を整えることです。保湿効果がゼロというわけではないのですが、水に溶ける保湿成分は限られていることから、化粧水それ自体に保湿成分を大量に配合することができません。化粧水はそのメインの役割として、水分補給という枠から外れることはなく、保湿はあくまでサブの働きなのです。

一方、美容液は化粧水によって補給された水分の保持と、美容成分補給という重要な役割を担っています。また、美容液には、肌のトラブルを改善するという役割もあります。化粧水で補われた水分を保持し、保湿を完璧なものにする美容液。乾燥肌対策は、美容液をいかに活用するかにかかっているといっても過言ではないのです。

乾燥肌の保湿美容液の使い方

保湿美容液は、化粧水で肌を整えた後に使い、乳液やクリームでその上からフタをするのが基本的な流れになります。化粧水で整った肌の上につければ、美容液の有効成分がしっかりと浸透します。ただし、化粧水の前につけたほうが効果的な美容液もあります。例えば、化粧水の前に使うことによって、古い角質を取りのぞいてくれ、その後の化粧水の浸透力が非常にアップするという美容液があります。使う順番はその美容液のメーカーやブランドによって異なるので、使用方法は必ず確認しましょう。

また、乾燥肌の方が保湿美容液を使う際に、ぜひ注意してほしい点があります。それは、いくら保湿が大事だからといって、一度に大量に美容液を浸透させようとしてはいけないということ。なぜなら、肌の角質層に浸透できる量は限られているからです。また、保湿美容液をつけすぎると、肌にもともと備わっている保湿成分である皮脂の分泌のバランスが崩れてしまう可能性もあるので、乾燥肌にとっては特に気をつけなくてはいけません。適量を使用するようにしましょう。

少量でも浸透力を高めることのできる保湿パックもおすすめです。適当なサイズにカットしたコットンに美容液を浸して、15分ほどパックをします。この保湿パックでは、普通につけるよりも浸透力がアップするでしょう。乾燥肌の徹底保湿、ぜひ試してみてください。

教えてくれた先生

赤須医院
院長
赤須玲子先生

肌TYPE 01

乾燥肌

「カン違い保湿」に注意!?

イメージ先行の「カン違い保湿」は逆に角質層のバリア機能を低下させることも

保湿についての考え方には、大きく分けると以下の2種類があります。NMF（天然保湿因子）が減少してしまっている乾燥肌の人だからこそ、カン違いの保湿には気をつけたいものです。

「水分を長時間補う」のはNG!?

長時間の入浴など、肌が濡れている状態が続くと、角質層の細胞間脂質やNMF（天然保湿因子）が流出してしまいます。

細胞間脂質やNMF（天然保湿因子）を補う作用や、生成力を高める作用のある成分が十分に入っていない化粧水で長時間パックをすると、肌がふやけて角質層の保湿成分が流出し、逆効果になってしまうことがあります。

「油分でしっかりフタ」も逆効果になる可能性が

また、肌になじみやすいオイルを過度に肌に塗ると、セラミドを主成分とした細胞間脂質のバランスが崩れ、バリア機能が損なわれてしまうことがあります。

ちなみに、乾燥肌に対して皮膚科で処方されるワセリンは、ほとんど角質層に浸透しないため刺激もなく、皮膚の保護剤として安心して使用できます。

「乾燥肌だからフルラインナップで化粧品を使う」は肌トラブルの原因に?

乾燥肌はバリア機能が弱った状態で、異物が肌に入り込みやすくなっています。たくさんの化粧品を使用することは、それだけ化学物質などを肌につける回数や量が増えるということになるため、場合によってはアレルギーや炎症を引き起こし、色素沈着（しみ）の原因になります。肌が乾燥しているときは、なるべく使用する基礎化粧品の種類を少なくし、シンプルなケアをする方が安心です。

教えてくれた先生

松下皮フ形成外科
院長
松下博明先生

乾燥肌に効く！ ストレスにもご用心

ストレスが肌の乾燥を招く理由

ストレスによる体への影響はさまざまですが、実はストレスは肌にも大きな影響を与えています。

ストレス&乾燥は肌荒れや老化の原因に！

ストレスを受け、バリア機能が弱くなると水分を保てなくなるだけでなく、外部からの刺激にも敏感に反応。そのため、肌荒れしやすくなるのです。

肌の水分保持力は加齢によって低下しますが、さらにストレスによって乾燥状態が悪化すると、肌がゴワつき、しわやたるみなどの肌老化を招きます。

保湿ケアだけでなくストレスケアも

乾燥対策としてどんなに保湿ケアをしても、ストレスが原因で肌が乾燥してしまう場合もあります。そのため、しっかりとストレスケアを行うことも重要です。ストレスを上手に解消することはもちろん、たっぷりの睡眠や規則正しい食事、適度な運動を行うなどして生活習慣を整え、心身ともに健康な状態を目指していきましょう。

教えてくれた先生

しのぶ皮膚科
院長
蘇原しのぶ先生

ストレスが肌の乾燥を招く理由

［女性ホルモンの減少］

ストレスを受けると、女性ホルモンである「エストロゲン」の分泌が減少します。このエストロゲンは肌を美しく保つために必要なホルモンで、肌のうるおいをサポートする役割も果たしています。エストロゲンが減少することで、肌のうるおいやハリが失われ、乾燥を招いてしまうのです。

［冷えによる皮膚への負担］

ストレスは代謝機能の低下を招きます。これにより体の冷えを引き起こします。冷えはターンオーバーの乱れ、水分量の低下につながるので、結果として皮膚を乾燥させてしまうのです。

［肌のバリア機能の低下］

ストレスや疲れがたまると、血管が収縮し、肌の温度が下がるため、皮膚のターンオーバーが乱れがちです。すると角質細胞も未成熟なままになり、面積も小さくなります。角質細胞の面積が小さいと肌内部でうるおいを担うセラミドなどの保湿成分を十分に作ることができず、肌のバリア機能や保水能力も低くなります。これが皮膚の乾燥とつながってしまうのです。

肌TYPE 01

乾燥肌

乾燥肌に効く!

食事・栄養素

乾燥肌にいい栄養素

種類	効能・効果	多く含まれる食品
ビタミンA	•皮膚や粘膜のうるおいを維持する •新陳代謝を活発にする	レバー、ウナギ、アナゴ、サバ・イワシなどの青魚、乳製品、卵、緑黄色野菜、ノリ、ワカメ、緑茶など
ビタミンB	•新陳代謝を活発にする •肌が乾燥することで起きる炎症を抑える	豚肉、レバー、卵、大豆、納豆など
ビタミンC	•乾燥肌を防ぐために必要な肌のコラーゲンの生成を促す •抗酸化作用(皮膚の老化や炎症を進める血液中の増えすぎた活性酸素を除去する働き)	パプリカ、レモンなどをはじめとする野菜、果物
ビタミンE	•血行を促進し、肌の新陳代謝を活発にする抗酸化作用 •しわやたるみなどの老化を引き起こす過酸化脂質を分解する	ごま、アーモンド、ナッツ類、大豆、アボカドなど
セラミド	•皮膚の角質層に存在する脂質 •皮膚を外部の刺激から守り、角質層の水分を保持する	コンニャク、しらたき、大豆、黒豆、小豆、ひじき、ワカメなど
α-リノレン酸 亜鉛	•細胞分裂の手助けとなる •α-リノレン酸は細胞膜を作る原料になり、亜鉛は細胞分裂に必要な酵素を働かせる助けとなる •α-リノレン酸は、セラミドを作る原料となる	アマニ油、エゴマ油、魚油、亜鉛、牡蠣、赤身の肉、卵黄、たらばがに、タラコ

乾燥肌によい働きとは?

乾燥肌の方の肌は、皮脂の分泌や、角質層の水分、天然保湿因子の量などが少なくなることで、皮膚の表面が乾燥してしまった状態。この原因を予防したり、改善したりする栄養成分をしっかり摂ることで乾燥肌対策ができます。また、毛細血管の血行をよくすることでも、皮膚の乾燥を防ぐことができます。よって、新陳代謝を活発にし、血行促進作用のある栄養素も乾燥肌対策になるのです。

乾燥肌にはこの栄養素!

一般的に、肌によいといわれている栄養素はたくさんありますが、特に乾燥肌によいといわれる栄養素としては、ビタミンA、B、C、E、セラミド、α-リノレン酸、亜鉛などが挙げられます。上の表で、それぞれの栄養素の働きをチェックしましょう。乾燥肌によい栄養素は、どれも身近で手に入る食材ばかりです。ぜひ普段の食事メニューに積極的に取り入れましょう。

教えてくれた先生

赤坂ビューティークリニック
院長
青山秀和先生

乾燥肌に効く!

美肌レシピ

ビタミンEたっぷりのアーモンドで乾燥に対抗!

香ばしアーモンドの甘チリソースで!グリルチキン

[含まれている美容成分]

ビタミンA　ビタミンE　カルシウム　鉄分　亜鉛
食物繊維　ポリフェノール　アリシン　オレイン酸

材料(作りやすい量・2人分)

鶏もも肉……2枚
塩……各少々
《a》
にんにく(みじん切り)……1片
タマネギ(みじん切り)……大さじ1
スライスアーモンド……20g
《b》
トマトケチャップ……大さじ3
スイートチリソース……大さじ2
米酢……大さじ1
ウスターソース……小さじ1
塩……少々
エクストラバージンオリーブオイル……大さじ1

作り方

1 鶏肉は筋を取り除き、分厚い部分に包丁を入れて平らにし、軽く塩を振る。グリルパン(またはフライパン)に油(分量外)を入れ、皮めからしっかりと焼く。
2 鶏肉を焼いている間に、ソースを作る。鍋にオイルを入れ、指で崩しながらスライスアーモンドを加えて弱火で素揚げにする。
3 アーモンドの香りが出てきたら、《a》の残りの具材を加える。中火でしっかりと炒め、しっとりと炒めたら《b》を加えて炒め合わせる。
4 盛りつけた鶏肉にソースをかける。

発酵食パワー×ビタミン満載のサラダ

えびとブロッコリーの味噌マヨヨーグルトサラダ

材料（作りやすい量・2人分）

ブロッコリー……小1株
茹で卵……1個
むきえび……10尾くらい
《a》
マヨネーズ……大さじ1/2
ヨーグルト……大さじ1/2
味噌……小さじ1/4
塩・こしょう……適量

作り方

1 ブロッコリーは食べやすい小房に分ける。茹で卵は横半分に切り、それぞれ4等分くらいの大きさに切る。
2 鍋に湯を沸かし、塩少々（分量外）を加えてブロッコリーを茹でてザルに上げ、水気をしっかりときる。同じ鍋でえびも茹で、しっかりと水気をきって冷ます。
3 《a》を混ぜ合わせて2を和え、茹で卵も加える。仕上げに塩・こしょうをふる。

［含まれている美容成分］

ビタミンA　ビタミンB群　ビタミンC　ビタミンD
ビタミンK　カルシウム　カロテン　葉酸

美肌成分たっぷりの卵で簡単に乾燥肌予防

水菜とタマネギの卵スープ

材料（作りやすい量・2人分）

水菜……50g
タマネギ……1/2個
水……400cc
コンソメ（顆粒）……小さじ2
卵……2個

作り方

1 水菜は5cmの長さに切る。タマネギは薄くスライスする。
2 鍋に水を入れて火にかけ、沸騰したらコンソメを加える。タマネギを加えてサッと煮る。
3 水菜を加えたらすぐ、溶いた卵を回し入れて火を消す。

［含まれている美容成分］

ビタミンA　ビタミンB群　ビタミンC　ビタミンD
カルシウム　カロテン　アリシン　鉄分

トマト&乳製品&卵はトリプル乾燥肌救世主

夏野菜のミニココットキッシュ

［含まれている美容成分］

- ビタミンA
- ビタミンB群
- ビタミンC
- ビタミンD
- カルシウム
- アリシン
- カリウム
- リコピン
- オレイン酸

材料（作りやすい量・2人分）

ミニトマト……5個
ナス……1本
タマネギ……1個
オリーブオイル……大さじ1
塩……少々
卵……1個
生クリーム……100cc
こしょう……少々
カルダモンパウダー……少々
クミンシード……少々
パルミジャーノレッジャーノ（すりおろし）……大さじ2

作り方

【下準備】
1. ミニトマトは洗ってへたを取り、半分に切る。 2.ナスは洗ってへたを切り、縦半分に切って、斜めに1mm程度の厚さに切る。
3. タマネギは皮をむき、薄切りにする。

1 フライパンにオリーブオイルを熱し、タマネギを入れて塩をふり、しんなりとするまで炒める。ナスを加えて塩をふって炒め、しんなりとしたらバットにあけて粗熱をとる。
2 卵をボウルに割り入れ、生クリームを加えて混ぜ合わせる。タマネギとナスをボウルに加え、塩、こしょう、カルダモンパウダー、クミンシードを加えてさっと混ぜ合わせる。
3 2の生地をミニココットに流し入れ、トマトをのせる。 パルミジャーノレッジャーノをのせ、200℃のオーブンで20分焼く。

野菜が主役の女子的ハンバーグ!

野菜たっぷり♪ヘルシーな蒸しバーグ

[含まれている美容成分]

ビタミンA　ビタミンC　カルシウム　カリウム　ポリフェノール　カロテン　食物繊維　オレイン酸　リコピン　亜鉛

材料（作りやすい量・2人分）

牛ひき肉……250g
塩……少々
タマネギ（みじん切り）1/2個
《a》
卵……1個（Sサイズ）
牛乳・トマトケチャップ……各大さじ1
パン粉……大さじ3
塩……ひとつまみ
ナツメグ……3振り

ナス……1本
パプリカ（黄）……1/2個
ピーマン……2個
タマネギ……1/2個
セロリ……10cm分
しめじ……1袋
トマト……1個
《b》
コンソメ（顆粒）……小さじ2
水……100cc
塩……少々

作り方

1 牛ひき肉をボウルでほぐし、塩少々を混ぜる。タマネギを、《a》を加えて良く混ぜ合わせる。6等分し、丸める。
2 その他の野菜をすべて1.5cm角に切る。ナスはあく抜きをする。鍋にオリーブオイル大さじ1（分量外）をひき、塩（分量外）をふり、トマト・しめじ以外の野菜を鍋で炒める。
3 野菜がしんなりしたら炒めた野菜の上に1のハンバーグをのせ、まわりにしめじを散らす。《b》を混ぜ合わせたものを回し入れ、フタをして5分蒸し焼きにする。
4 皿に盛り、ハンバーグの上に刻んだトマトをかける。

お肉のビタミンB群&クエン酸パワーで肌も疲れ知らず

蒸し鶏の梅とろろ和え

材料（作りやすい量・4人分）

鶏むね肉……1枚
日本酒……大さじ1
梅干し……2粒
とろろ昆布……適量

作り方

1 鶏肉に日本酒を振って軽くラップをし、電子レンジで3分加熱し粗熱が取れるまでおく。
2 1の粗熱が取れたら粗めに裂く。
3 2に梅干しを入れてつぶしながら和える。
4 盛りつけて最後にとろろ昆布を添える。

[含まれている美容成分]

ビタミンA　ビタミンB群　カリウム　クエン酸

肌TYPE
02
脂性肌

脂性肌の原因とトラブルを知ろう

脂性肌でも乾燥している場合も

どうも乾燥肌の対局に位置するのが脂性肌と誤解してしまいそうですが、実はそうではありません。

脂性肌は、簡単に言ってしまうと「何らかの原因で皮脂の分泌が過剰になっている肌」のことです。一方、肌の水分量が低下（30％以下）している肌を「乾燥肌」といいますが、脂性肌でも乾燥しているケースがあり、そういったケースを最近では特に「脂性乾燥肌（オイリードライ肌）」といったりもします。脂性肌に長年悩んでいる方の中にはこの「乾燥」が見落とされている場合があるので、注意が必要です。

脂性肌のメカニズム

脂性肌のメカニズムを簡単にご説明します。脂性肌とは、皮脂の分泌が過剰になっている肌のことですが、この皮脂の分泌を司っているのが男性ホルモンの一種「テストステロン」やステロイドの一種「アンドロゲン」です。

これらのホルモンは、皮脂腺を増やしたり、皮脂を合成したりと、皮脂腺の分泌活性を高める役割を担っています。しかし、ストレスや生活習慣、遺伝的要因などにより分泌が過剰になると、それにより皮脂の分泌も過剰になり、結果的に脂性肌になってしまうと考えられています。

これらのホルモンが分泌されるピークは思春期と、30代後半～40代にかけての二度あり、これらの時期は脂性肌になりやすい時期といえます。特に思春期に脂性肌の傾向の強い女性では、アンドロゲンの影響で40歳くらいまで脂性肌の肌質が続きやすいといわれます。また、ホルモンとは別に、遺伝的に皮脂腺が大きいケースや、加齢によって毛穴が開き皮脂が出やすくなっているケースでも、脂性肌になりやすいようです。

肌トラブルその①～テカテカ肌～

自分は脂性肌だと自覚するきっかけにもなった最初のトラブルが「肌のテカり」や「ギラつき」、「ベトベト感」という方は多いのではないでしょうか。特に思春期の肌では、ホルモンバランスの乱れとともに、急激に男性ホルモンの分泌が活発になり、皮脂の分泌が過剰になりやすい時期です。そして新陳代謝も活発なため、洗顔が不十分で皮脂や汚れを肌に蓄積してしまうケースも多いようです。

教えてくれた先生

小林メディカルクリニック東京
院長
小林暁子先生

男女を問わず、10代のこの時期に、適切なスキンケアを知っているのと知らないのとではその後の肌の状態も大きく違ってきます。この時期に始まったトラブルを、解決できないまま引きずっていると他のトラブルへ発展しかねません。

肌トラブルその②
～ニキビ～

ニキビは、アクネ桿菌《かんきん》という細菌が、肌表面や毛穴に溜まった皮脂を栄養にして、異常増殖している状態です。アクネ桿菌自体は、正常な肌にも存在しますが、脂性肌ではアクネ桿菌がはびこりやすい環境になりがちです。10代のニキビを「思春期ニキビ」と呼び、原因は主に成長期のホルモンバランスの乱れで、多くは時間がたてば自然に落ち着いてきます。それ以降のニキビを「大人ニキビ」と呼び、原因はホルモンバランスの乱れのほかにもさまざまで、一筋縄では治りにくいのが特徴です。

また、色によって、「白ニキビ」「黒ニキビ」「赤ニキビ」とも呼ばれます。白ニキビはニキビの初期段階で、毛穴が皮脂などで詰まった状態ですが、まだ炎症は起こしていません。この段階で解消できるとあとも残らずいいのですが…。そして、黒ニキビは、白ニキビの次の段階で、皮脂などで詰まった毛穴が表面に出てきて、入り口付近に溜まった皮脂が酸化され、黒ずんで見えている状態です。赤ニキビは、内部に皮脂の塊が閉じ込められていて、痛みを伴うことも多く、炎症を起こしています。触ったり潰したりはしない方がよいですが、潰れてしまった場合は、まず手をきれいに洗い、出てきた汁を除去したらニキビあとを消毒し、ワセリンなどでふさぐとよいと思います。出てくる汁は、芯（皮脂の塊）と滲出液《しんしゅつえき》、アクネ桿菌が含まれています。

肌トラブルその③
～毛穴の黒ずみ～

毛穴の黒ずみも、脂性肌の方にはごくごくスタンダードかつ根深いトラブルです。黒ずみの正体は、黒ニキビと同様、毛穴に溜まった皮脂や汚れが酸化して黒っぽくなっているものです。そして、一度いちご鼻になってしまうと、ピーリングや洗顔で毛穴をきれいにしたとしても、広がった毛穴が黒ずみを蓄えるのは時間の問題です。よって、毛穴の黒ずみケアには、肌にハリを持たせ、毛穴を引き締める…つまりは黒ずみを消すことに固執せず、肌全体のことを考えたケアが大切です。

脂性肌の原因

[食生活]

脂質の過剰摂取は避けた方がよいと思います。特に、飽和脂肪酸を多く含むバターや牛脂、ラード、肉類、ショートニングなどは摂りすぎないように気をつけてください。皮脂を分泌する皮脂腺は、体内の不要な脂を排泄する器官ですが、飽和脂肪酸は融点が高いため、毛穴詰まりの原因ともなります。

[生活習慣]

睡眠不足や不規則な生活、ストレスなど、思い当たるところがあれば改善するとよいでしょう。皮脂の分泌に直接関わっているのは「男性ホルモン」で、生活習慣を正すことで全体のホルモンバランスが整えば、男性ホルモンの働きも正常に戻り、皮脂の分泌も正常にコントロールされるというわけです。一見回りくどいようですが、生活習慣の見直しはとても重要です。

[不適切なスキンケア]

意外に多いのが、過剰に分泌された皮脂や汚れを「取りすぎている」ケースです。難しいところですが、ある程度の皮脂は必要!ということを念頭に置いてケアすることが大切です。

脂性肌に効く！

クレンジングと洗顔

クレンジング

皮脂が多い脂性肌の人は、肌表面に汚れが付着しやすくなり、菌が増殖していることも考えられますので、しっかりと落とすことが大切です。肌への負担になるメイクも、夜22時までに落とすことが理想です。

クレンジング剤ですが、しっかり皮脂を落としたいがためにオイルタイプのものを選びがちですが、皮脂の取りすぎはやはり肌へのダメージになりますので、クリームタイプかミルクタイプのものを選ぶようにしましょう。

洗顔料

洗顔料は、固形石鹸の方がクリーム状の洗顔料よりも添加物が少なくてオススメです。また、皮脂や汚れをよく落とすというキャッチコピーで「スクラブ入り」や「メンソール入り」、「パウダー系」の洗顔フォームがよく市販されています。しかしスクラブでむやみやたらに力を入れて洗顔すると肌を傷つける恐れがありますし、メンソール入りのものは、スースーして気持ちがよいかもしれませんが、顔についた水分が蒸発するときに肌内部の必要な水分も一緒に蒸発してしまい、肌の乾燥を招きますので注意してください。

ただし、皮脂や汚れが肌に残ってしまうと、時間の経過によって酸化し、肌荒れや老化のもとになりますので、汚れはしっかりと落としましょう。

洗顔方法

脂性肌の人は、しっかり皮脂を落とそうと、つい強い洗浄力のクレンジング剤や洗顔料で過剰に洗いがちですが、乾燥している部分の必要な脂まで取り去ってしまうことになります。気になるTゾーンやUゾーンだけに使用するなど、顔の中でも使い分けましょう。肌を傷めるゴシゴシ洗いも厳禁です。

脂性肌に限らず、正しい洗顔の基本は、洗顔料をきめ細かによく泡立ててやさしく丁寧に洗うことです。皮膚を強くこすると肌表面の角質が必要以上にはがれてしまいます。無理やり角質がはがされ、必要な油分までが取り去られたことでバリア機能が弱くなった肌は、保湿力も低下し、それを補うために、また皮脂を活発化させて肌を守ろうとしてしまうので、やさしく洗いましょう。さらに石鹸の泡が残らないように、人肌ぐらいのぬるま湯でしっかりとすすぐのも効果的。また、熱いお湯で洗うと必要な皮脂までが取り去られ、肌の乾燥を招きますので注意が必要です。

教えてくれた先生

THE CLINIC
森 智恵子先生

肌TYPE 02

脂性肌

脂性肌に効く! お手入れのヒント

脂性肌でも保湿は大切

皮脂が多いから保湿は必要がないと思っている方が多いのですが、皮脂がたくさん分泌されていても肌内部に水分が足りていない人は意外に多いもの。脂性でも「保湿」はしっかりしてください。あまりこってりしたものを塗ると肌がベタつきますので、洗顔後は引き締め効果のある収れん化粧水やさっぱりした化粧水をたっぷりつけ、その後油分を含んだ美容液などをつけましょう。ただし、洗顔のしすぎや保湿不足によって肌を乾燥させてしまうと、うるおいを補うために皮脂を余計に分泌しますので、注意しましょう。

また、皮脂腺が少なく乾燥しがちな目元・口元は、セラミドやヒアルロン酸が配合された美容液やクリームでうるおいを補った方がよいでしょう。

乾燥しやすい個所をきちんとケア

目の周りは皮脂腺が少ないうえに、皮膚が薄く乾燥しやすいので、まぶたの際まで丁寧に保湿してあげてください。また、意外と見落としがちなUゾーン(頬からあごを通って、反対側の頬までのU字型の部分)も保湿を忘れないでください。

脂性の方は、油分を与えることを怖がる方が多いと思いますが、肌の中でも皮脂が多く出て脂っぽいところ、逆に皮脂があまり出ていなくて乾燥しているところを見極め、必要な部分にはセラミドなどの保湿成分が含まれたクリームなどで、油分を与えてください。混合肌のスキンケアのコツは、毎日の肌の状態を見極めて、その日に合ったスキンケアをすることです。

脂性肌を改善するために

皮脂の分泌を抑える食べ物を摂るように心がけましょう。特に摂取したいのは、ビタミンB_2とB_6です。

B_2とB_6が含まれる食べ物は次のとおりです。

ビタミンB_2…ウナギ・海藻・卵・ヨーグルト・レバーなど

ビタミンB_6…小麦胚芽・大豆、マグロ、サバなどの魚・レバーなど

また体質によりますが、ナッツ類、揚げものなどの油・脂肪の多いもの・ラード・マーガリン、バター・精白した砂糖やこれらを使用した食品、アルコールや、香辛料などの刺激物は皮脂を増やすともいわれているので、これらを食べて肌が脂っぽくなるようなら該当の食べ物を控えるのも一案です。

教えてくれた先生

THE CLINIC
森 智恵子先生

肌TYPE
03
混合肌

混合肌ってどんな肌？

TゾーンとUゾーンでタイプの違うケアを

混合肌は、部分によってタイプの違う肌のことをいいます。特徴としては、「額や鼻筋はテカテカするのにあごや頬は乾燥する」「洗顔後、部分的につっぱる」「Tゾーンばかり脂浮きがすごい」「季節によって肌質が変わる」といった点があげられます。

肌質はいろいろで、「普通+脂性」、「普通+乾燥」、「脂性+乾燥」のいずれの組み合わせでも混合肌と呼ばれます。厳密には、肌は部分的に違うものなので、肌質の違いが顕著に現れて肌トラブルやケア方法が変わってくるような方を、一般的に混合肌と呼びます。

肌トラブルは普通肌に次いで、軽度な場合が多いのです。しかし、きちんとケアしようと思うと、多少手のかかるタイプではあります。なんといっても肌質が複数あるのですから、その部分に合ったケアが必要になってきます。特に肌タイプの違いが出るTゾーンとUゾーンでケアの方法をご紹介します。

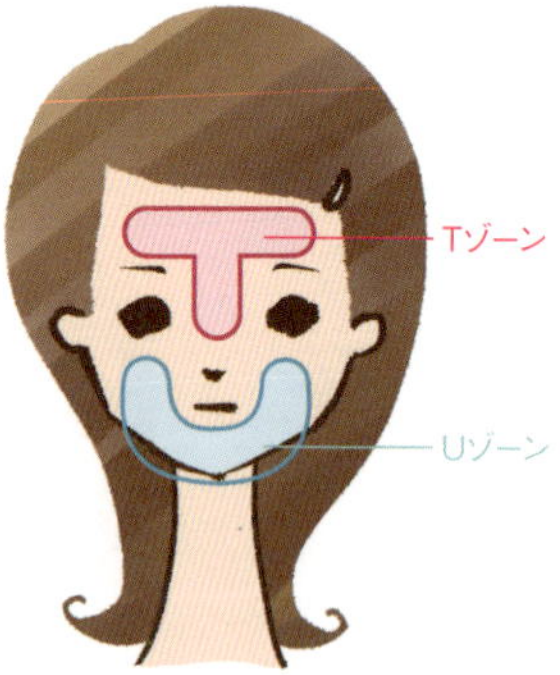

乾燥しがちなUゾーン

Tゾーンと比べて皮脂腺の少ないUゾーンは、乾燥しがちで荒れやすい部分です。皮脂の分泌が不十分だと、肌がしっかり保護されていない状態なので、外部からの刺激に弱くなります。そんなUゾーンで多いのが「ニキビ」。特に大人になってからのニキビができやすい部分です。原因はさまざまで、ストレスやホルモンバランスの乱れ、内臓疾患なども考えられます。ニキビ単体を治すのと並行して、生活習慣などを見直すことが鍵になります。他に多いトラブルとしては、肌荒れや皮膚炎です。対策としては、とにかく洗顔後の保湿をしっかり行うこと。Tゾーンと同じにケアするのではなく、油分もしっかり補って保護してあげることが大切です。

オイリーになりやすいTゾーン

混合肌に最も多いのが「Tゾーンがテカる」、「Tゾーンが黒ずむ」といった悩みです。そもそもTゾーンは皮脂腺が多い部分のためオイリーになるのは必然ともいえます。症状としては脂性肌と共通していますが、混合肌の方の場合は特に、「乾燥」という要因が潜んでいるケースがあります。基本的にTゾーンは皮脂の分泌が多い部分なので、皮脂の毛穴詰まりに気をつけた洗顔、そして油分の補給は控えた保湿を行うことが大切です。ただし、「インナードライ」の場合は少し注意が必要。インナードライとは、肌の内部の水分が不足している状態のこと。こうなると、肌は水分を逃がさないように、皮脂をたくさん分泌しようとします。対策としては、必要な皮脂をしっかり残しつつ保湿を行うこと。肌の内側まで届ける保湿を心がけましょう。

教えてくれた先生

小林メディカルクリニック東京
院長
小林暁子先生

肌TYPE 03

混合肌

混合肌になる原因とは？

原因を知って改善させよう

「混合肌って生まれつき？」「私は運が悪かったのね…」と悲観してはいけません。この肌質の違いやその度合いは、年齢や体質もありますが、普段の暮らしや毎日のスキンケア方法によって深刻化させてしまっている場合が大きいのです。では一体どんなことが原因で混合肌を深刻化させているのか？「外的要因」と「内的要因」に分けて解説していきます。

混合肌の原因その① 外的要因

外的要因としてよくいわれるのが、「紫外線」、「エアコンによる乾燥」、「喫煙やアルコール」、「食生活」、「間違ったスキンケアや化粧品の不具合」、「季節の変わり目」などです。肌の状態は、外部からの刺激を常に受けて変化しています。紫外線対策はスキンケアの基本中の基本…言うまでもないかもしれませんが、肌にとって大きな刺激の1つですから、しっかりケアしてください。Tゾーンは特に紫外線を浴びやすいため、紫外線や外部の刺激から肌を保護するため、皮脂の分泌も活発になります。ただし、混合肌や脂性肌でTゾーンの皮脂の分泌が過剰になっている場合、紫外線が肌の表面にある皮脂を酸化し、肌を傷つけたり、皮膚炎を引き起こしたりすることもあります。ほかにも、エアコンや過剰なスキンケア、肌に合っていない化粧品などは、すべて肌にとって強い刺激となり、コンディションを乱すので気をつけましょう。

混合肌の原因その② 内的要因

内的要因としてよくいわれるのが、「ストレス」、「生理前後などホルモンバランスの乱れ」などです。ストレスがたまると体のあちこちに不調をきたしますが、肌の場合、目に見えて状態が悪くなるのでわかりやすいです。具体的には、体内に活性酸素が多量に発生することにより、肌のハリが失われます。また、免疫力が低下することで、アクネ菌が繁殖してニキビができたり、自律神経の乱れにより肌のターンオーバーを妨げます。また、生理前後はどうしてもホルモンバランスが乱れるため、その影響で肌のコンディションも乱れがちです。

教えてくれた先生

小林メディカルクリニック東京
院長
小林暁子先生

混合肌に起こりやすい肌トラブルは？

ニキビと乾燥が同時に起こることも

混合肌の皆さんは、スキンケアもメイク時も、特に肌質の違いが表れるTゾーンとUゾーンで分けたケアをしなければなりません。ひどい状態になると、おでこや鼻のまわりだけ深刻な脂性ニキビに悩まされているのに、ほかの部分は乾燥しすぎて粉を吹いた状態になってしまうこともあるのです。

混合肌ならではの肌トラブル

混合肌は、自分では気づきにくいものです。多くの方は、混合肌による肌トラブルが起きたときに自覚します。たとえば、おでこや鼻まわりのTゾーンにニキビができると「オイリー肌かな？」と思い、顔全体に脂性肌ケアをしてしまう場合があります。Tゾーンのみならず、乾燥しがちなUゾーンの必要な皮脂まで取り除いてしまい、どんどん荒れてきてしまいます。そこではじめて「Uゾーンがすごく乾燥してる」と気づくパターンです。

乾燥が進みすぎてリップクリームをつけても唇の皮がめくれたままだったり、ニキビと鮫肌が同居していたりという肌トラブル例も珍しくありません。乾燥、ニキビ…片方だけでも大きな悩みなのに、これらの治療を並行するのは辛いものです。「私、オイリーなんだよね」と思っている方も混合肌を一度、疑ってみてください。深刻な事態にならないうちに混合肌を認識して、正しいケアをしましょう。

日常生活にも気配りを

混合肌の原因はさまざまですが、生理前や生理中、あるいは不摂生をしたときなどに顕著になる場合もあります。同じ顔のなかで違った状態が出てくるということは、体になんらかの負荷がかかっているサインなのです。

ストレスや重労働、食事のかたよりがないかどうか、生活面を振り返ってみましょう。生活習慣やメンタル面も、肌には大きく影響します。肌質の改善とともに、気をつけるようにしてくださいね。

教えてくれた先生

赤坂ビューティークリニック
院長
青山秀和先生

肌TYPE 03

混合肌

混合肌に効く! クレンジング&洗顔

洗いすぎは、混合肌を悪化させることに

「昨日は疲れてたから、顔を洗わないで寝てしまった…」ということ、ありませんか?

メイクをしたまま眠ってしまうことは、肌に負担を与えてしまうのでNGです。「メイクをしたまま寝ると、一晩で3か月歳をとる」といわれるほど、肌にとってよくない状態なので、お化粧をした日はしっかり落としてください。ですが、少しの洗い残しもないよう一生懸命に洗顔してしまってもいけません。とにかく汚れを落とそうと熱いお湯で洗ったり、クレンジング後に洗浄力の強い洗顔料を使う…等々。このような洗顔を長年続けてしまうと、混合肌を引き起こしたり悪化させたりしてしまいます。

正しいクレンジングと洗顔を覚えましょう

まずはクレンジングについて考えてみましょう。オイルやジェル、クリーム、拭き取りタイプなど、メイクオフにはさまざまな方法があります。皮膚科に来院される混合肌の患者さんにうかがうと、オイルを使ってメイクを落としていらっしゃる方が多いようです。オイルはメイクを落とすということに限っていえば、とても優秀な方法です。しかし、必要不可欠な皮脂・水分まで一緒に取り去ってしまうのが問題です。混合肌や乾燥肌の人には洗浄力が強すぎるきらいがあります。混合肌にお悩みの方は、クリームタイプのメイク落としに切り替えて様子を見ましょう。そして洗顔は、泡をたっぷり立ててやさしく行ってください。決して、手でゴシゴシこすったりすることのないように。洗顔後は化粧水を多めに使い、肌にうるおいを与えてあげてください。寝ている間に、肌に必要な皮脂や水分が蓄えられています。夜にしっかりメイクオフ・泡洗顔をしたら、朝は水で洗顔するのみでいいでしょう。

混合肌は「引き算」で考える

混合肌にお悩みの方は「何をすれば効果的か」と考えるより「今、していることの何をやめればよいか」と考えてください。洗顔時に熱いお湯を使うのをやめる、クレンジング後の洗顔を控えめにするなど、まずはできることから。混合肌の原因の多くは「やりすぎ」です。

洗いすぎていたかも、という皆さん、今日から体内の皮脂と水分を大事に保つメイク落としと洗顔方法にシフトしましょう。

教えてくれた先生

赤坂ビューティークリニック
院長
青山秀和先生

肌TYPE 03

混合肌

混合肌に効く!
化粧品を使い分けよう

季節や環境によっても使い分けると効果的

混合肌の場合は、日頃からパーツごとの状態をチェックしておくことが大切です。季節的に乾燥しやすい冬はUゾーン、暑い時期はTゾーンがトラブルを招きやすいですし、生活環境や出産などによって肌質が大きく変化する場合もあります。乾燥しやすい時期でUゾーンの乾燥が顕著であれば、Uゾーンのケアに力を入れたり、Tゾーンの脂浮きが気になるなら、Tゾーンの洗顔を丁寧にじっくり行うなど、部分的に見極めてケアしましょう。

ケア用品選びのポイント

Tゾーンのベタつきが気になる方は、Tゾーンを脂性肌とみなし脂性肌に合ったケア用品を選ぶとよいでしょう。Uゾーンの乾燥が気になる方は、Uゾーンには乾燥肌に合ったケア用品を選びます。

乾燥がひどく肌が荒れている場合は、ケア用品をあれこれ試したり、いつもより多めに塗りたくなりますが、あまりおすすめしません。皮脂の分泌が衰えてお肌のバリア機能が低下していますから、脂分を補うのに加え、角質層で肌バリアを形成している「セラミド」という成分を補うことが重要です。肌にうるおいや柔軟性をもたせる効果（エモリエント効果）の高いクリーム…例えばセラミドやビタミン、ミネラルを含む保湿クリームやワセリンなどを使用して肌の回復を待ちましょう。

オールインワンタイプより、乾燥肌を優先

肌の荒れた状態が悪化すると乾燥性敏感肌にもつながり、かゆみや炎症などを引き起こします。そうは言っても、化粧水や美容液など、それぞれ別々に選んで揃えるのは面倒…という方は、せめてオールインワンタイプのものは避け、例えばTゾーンのベタつきが気になる方なら、乳液の量を減らすのもいいでしょう。

また、別々に考えるのが面倒という方は、より肌が弱く乾燥しやすいUゾーンのケアを優先したケアを行いましょう。

教えてくれた先生

西麻布ヒフ・形成外科
院長
藤井佳苗先生

肌TYPE 03

混合肌

混合肌に効く！ 化粧水選び

化粧水で肌に水分を与えることは、混合肌の改善に役立ちます。「化粧水、足りていなかったかも」という方は今日からたっぷりとパッティングしてください。キーワードは「水分」です。毎日欠かさず行って、うるおいのある美肌を目指しましょう。

やっぱり保湿が大事

混合肌の人は、化粧品の選び方と使い方の見直しが必要です。というのも、混合肌の方のオイリーな部分は、水分が足りずに本来毛穴の奥にある皮脂腺が出っ張ってきてしまい、皮脂を過剰分泌していることが多いからです。この足りていない部分にうるおいを与えると、水分バランスが保たれ、皮脂腺も正常な状態に戻ります。洗顔後、化粧水を十分に使い肌を整えたときの状態を、長時間キープすることを目指しましょう。

オイリーな部分があってもさっぱりタイプはNG!?

混合肌の方はオイリーな部分のニキビや毛穴詰まりが気になり、脂性肌用（さっぱりタイプ）化粧水を選ぶ傾向にあるようです。ですが混合肌が気になる場合は、乾燥肌用（しっとりタイプ）の化粧水を選んでください。化粧水は水分補給のためのアイテムです。脂性肌・乾燥肌ともうるおいは重要ですので、しっかりと水分を補給し、キープできるしっとりタイプをおすすめします。

その他、化粧水選びで覚えておきたいこと

しっとりタイプの化粧水とひと口に言っても、その種類はさまざま。混合肌にお悩みの皆さんが、化粧水選びの際に気に留めたいポイント（下表）が3点あります

化粧品選びの POINT 3

POINT 01 刺激の少ないもの

混合肌は体内のホルモンバランスの乱れが原因になっている場合もあります。刺激に反応しやすい状態になっていることも考えられますので、肌に負担のない、低刺激性の化粧水を選ぶようにしましょう。

POINT 02 成分が自然由来のもの

低刺激の化粧水をおすすめするのと同じ理由です。合成成分ばかりの化粧水だと、それが肌の負担になる恐れがあります。ただし、自然由来の成分でも肌に合わない場合がありますので、ひとつの目安としてください。

POINT 03 手頃な価格のもの

化粧水は「たっぷり使える」ことが前提です。あまりに価格が高いと化粧水にかかる金銭的な負担が大きくなりますので、「ひと月どれくらい（金額が）出せるか」ということを念頭においた化粧水選びをしましょう。

教えてくれた先生

赤坂ビューティークリニック
院長
青山秀和先生

肌TYPE
04
敏感肌

敏感肌って?

☑敏感肌チェック

「自分の肌のタイプがよくわからない」「敏感肌かもしれない」という方は、
まずは以下の項目について、いくつ当てはまるか試してみてください。
簡易的ですが、おおよその敏感肌度を計ることができます。

□いつも使う化粧品で、赤くなったり腫れてしまったりしたことがある
□いつも使う化粧品で、かゆくなったり痛みを感じたりしたことがある
□化粧品でかぶれたことがある
□冬場は肌の乾燥がひどく、ときには粉をふく
□肌が乾燥すると、ピリピリと痛んだり、かゆくなったりすることがある
□汗をかくとかゆくなる
□季節の変わり目は、肌の状態が不安定
□日光にあたっただけで、赤い湿疹ができたことがある
□原因不明の湿疹ができたことがある
□ストレスがたまっている
□睡眠が不足しがち
□外食が多い
□アトピー性皮膚炎と診断されたことがある

〈4個以下〉
まだ敏感肌の心配はありません

〈5〜6個〉
敏感肌予備軍。注意が必要です

〈9個以上〉
敏感肌の可能性が高いと思われます。早急なケアが必要です

いかがでしょうか? 残念ながら9個以上当てはまってしまったという方は、
敏感肌の正しい知識を身につけて、これからしっかりケアしていきましょう。

敏感肌とは?

敏感肌とは、皮膚の一番外側の角質層の保水力が低下し、肌のバリア機能が著しく低下もしくは破綻してしまっている状態です。これは角質層の細胞間を満たしうるおいを保っている「セラミド」という成分が不足しているためです。正常な状態では、水分(汗)と油分(皮脂)とが混ざり合ってできた「皮脂膜」が肌の表面を覆い、保護しています。

しかし敏感肌では、皮脂膜のバリアが不十分なため、外部からの刺激に大変弱く、少しのきっかけでさまざまな肌トラブルを起こしてしまいます。

また、酸性度(pH)という観点で見てみると、正常な肌の表面は弱酸性で、善玉菌が多く分布し、逆に悪玉菌は繁殖

教えてくれた先生

小林メディカルクリニック東京
院長
小林暁子先生

しにくい環境に保たれているのです。

一方、敏感肌では、皮脂膜が正常でないがゆえに、アルカリ側へ傾き、悪玉菌の繁殖しやすい環境になっているのです。悪玉菌が増殖する…、それはニキビや湿疹などの肌トラブルを招くことになります。

敏感肌によくある肌トラブル

敏感肌は、外部のちょっとした刺激にも反応してしまうため、あらゆる外的要因が肌トラブルの原因になりうると言っても過言ではありません。そして、敏感肌に多い肌トラブルとしては、「肌のカサつき」、「ヒリヒリとした痛みやかゆみ」、「ニキビ」、「赤み」、「吹き出物」などがあげられます。

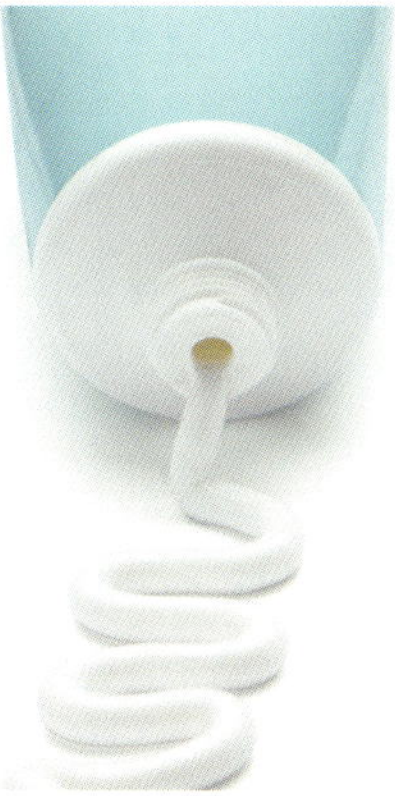

そして、肌トラブルになると肌自体の回復力も落ちているため重症化しやすく、簡単には治まってくれないのも敏感肌の特徴です。

敏感肌のスキンケア

敏感肌のケアのポイントとして、まずは「保湿」を大切にしてください。保湿はスキンケアの基本ですが、敏感肌にも欠かせません。角質層の保水機能を回復させ、ひいては肌のバリア機能を回復させるために、しっかり肌に水分を浸透させて、フタをする…そんな保湿中心のケアがオススメです。

肌に刺激を与えないことも大切なので、洗顔は最上級のやさしさをもって行ってください。そして、敏感肌用の化粧品の中から自分の肌に合うものを探してみるとよいと思います。あれもこれもと過度なスキンケアは、かえってマイナスになる場合があるので要注意です。万が一、肌トラブルが起きてしまったら、早急に医師に相談しましょう。

敏感肌によくあるトラブル

- 肌のカサつき
- ニキビ
- 赤み
- 痛み・かゆみ
- 吹き出物

敏感肌に効く！
基礎化粧品選び

イメージで選ばずに妥協せずに探そう

肌のコンディションを決める化粧品選びに妥協は禁物。乾燥肌や敏感肌の方は、特にしっかりと選び方のポイントを押さえてください。

〝自然・天然〟という化粧品の実態

〝天然〟や〝自然〟と聞くと、体によく健康的なイメージを持つ方が多いのではないでしょうか。もちろん、まじめに商品を作っているメーカーもあります。しかし、実際のところは何が含まれているかわかっていない場合も多いのです。おまけに、成分を抽出したり保管したりするときに、安全とはいえない防腐剤や化学成分を使っていても、成分表示に入れなくてもよいという決まりになっています。そもそも、化粧品を化学的に合成したものを使わずに作ることは不可能です。「自然や天然のものだから安心」というのはイメージの話なので、振り回されないように注意しましょう。

自分の肌に合うものに出会うまで

これらのことを押さえていても、実際に自分で選ぶとなるとなかなか難しいもの。困ったときは、お店の人に相談してみるのがオススメです。また、サンプルをもらってパッチテストをするのもよいでしょう。

この成分が入っていないから大丈夫だと思って使っても、合わないこともあります。そんなとき「買ったけど合わなかった…」を繰り返すのはツライところですが、症状を改善するためにも諦めてはいけません。

教えてくれた先生

西麻布ヒフ・形成外科
院長
藤井佳苗先生

敏感肌の人が注意したい成分

［油脂］

化粧品は水分をキープさせる目的でさまざまな油脂が使われています。動物油、植物油、ロウなどがそれにあたりますが、これらはニキビや吹き出物の原因になってしまうことがあります。とはいえ、適度な油分は肌に必要なので、オリーブオイルやホホバオイルに代表される上質な植物油が含まれたものがオススメです。

［エタノール］

蒸発しやすいアルコール類にも注意が必要です。殺菌作用に優れ、ぽっかり毛穴を引き締めてくれる収れん作用があり、ニキビ用化粧品によく使われています。しかし、蒸発する際に肌の水分を一緒に持っていってしまうのが難点。使う場合は、刺激に注意しましょう。

［香料］

化粧品の機能性からすると、香りは本来必要ないもの＝肌にとって不要なものです。不要なだけならまだしも、光に反応して刺激物となる香料もあり、肌トラブルの原因につながります。いい香りは手持ちの香水やコロンで楽しむことにして、化粧品自体には香料が含まれていないものをセレクトしましょう。

肌TYPE 04

敏感肌

敏感肌に刺激を与える成分は？

影響を受けやすい敏感肌こそ刺激に気をつけよう

私たちの体の中で、最も大きな臓器ともいわれるのが「肌」です。便秘になるとニキビができたり、栄養不足だとカサカサしたりする肌は、体調によって変化しやすい場所なのです。しかも、よいものも悪いものも吸収して、刺激を直接受けてしまうパーツです。

なかでも敏感肌は影響を受けやすい肌質です。自分の肌に合うものや合わないものを知り、肌トラブルを起こしてしまう合成成分が含まれている化粧品は、なるべく使わないようにしていくことが大切です。

自分に合わなかった成分を知る

下記にあげた成分は、基礎化粧品、メイクアップ用品、整髪料、洗髪料、香水、ベビー用品、日焼け止め、ハミガキ粉、マニキュアなど、身近にあって毎日使うような製品に含まれています。

使ったらすぐに肌が荒れる！　ということは稀ですが、使い続けるうちに少なからず肌に影響を与える可能性があります。

肌トラブルを起こしてしまった際、使用した化粧品に含まれていた成分をメモしておいて、次回の購入時から気をつけるようにしましょう。特に敏感肌の方は自分に合うものとそうでないものをしっかりと知っておくことが重要です。

敏感肌に刺激を与える成分

[化粧品を長持ちさせる保存料、防腐剤]

化粧品は製造時に無菌でも、開封して使用していくうちに空気中や指に付着した菌が混入してしまうため、防腐剤が使われます。代表的なものは、メチルパラベン、エチルパラベン、プロピルパラベン、ブチルパラベン、ベンジルパラベン、フェノキシエタノールで、皮膚炎症やアレルギー反応を引き起こす場合があります。また、ジアゾリジニル尿素、イミダゾリジニル尿素は、接触皮膚炎の原因になることも。

[泡立ちをよくするための成分]

ジエタノールアミン（DEA）、トリエタノールアミン（TEA）は、泡立ち成分として配合されます。ラウリル硫酸ナトリウムは、頭皮が乾燥する、目に痛みを感じる、発疹ができるなどのアレルギー反応が引き起こされることがあるといわれています。

[見た目をよくする合成着色料]

“FD&C”や“D&C”と表記される合成着色料は、製品自体を美しく見せるために使われるのですが、肌への刺激が強いため、注意が必要です。

[肌トラブルの多い香料]

香りづけに使われる合成香料にも注目を！　成分表示では“香料”と表記されることが多く、実際にどんな種類の化学物質が使われているかを知ることはできません。香料は、最もアレルギー症状を引き起こしやすい物質としても有名です。香りが必要ならば、香水やアロマオイルなどを直接肌に触れないよう、洋服やハンカチにつけて使うのがいいでしょう。

教えてくれた先生

西麻布ヒフ・形成外科
院長
藤井佳苗先生

敏感肌に効く！

クレンジング&洗顔

クレンジング剤の刺激が敏感肌の原因に

敏感肌の方は、とにかく肌に負担を与えないようなスキンケアを心がけたいものです。クレンジング剤に含まれる界面活性剤が悪者であるといわれますが、油性のメイクアップ料を水分となじませるためには必要なもの。ただ、界面活性剤を多く使ったクレンジング剤や種類によっては、汚れとともに皮膚にとって必要な皮脂まで取り去ってしまいますので注意が必要です。シートタイプのクレンジングは、簡単で人気があるようですが、「拭き取る」こと自体が刺激になりますし、メイクを落としきれない場合は、肌に残ってしまい酸化の原因になってしまいます。シートタイプで拭いた後は、必ず洗顔し直すようにしましょう。

いずれにしてもクレンジング剤は、肌の上にとどまる時間を短くすることが大切です。なじんだと思ったらすばやく洗い流すようにしてください。界面活性剤の量は、洗い流すタイプの方が少ない場合が多いので、敏感肌の方は拭き取るタイプよりも洗い流すタイプのものをオススメします。

どうしても界面活性剤が気になる場合は、界面活性剤を使わないクレンジング・洗顔料もありますし、石油系ではなく自然由来の界面活性剤を使用しているものを選ぶとよいでしょう。軽いメイクの場合は、クレンジングは使わず石鹸での洗顔だけにするなど、肌への負担を最小限にすることを心がけましょう。

クレンジング剤の肌への刺激

クレンジングも肌への負担がそれぞれ違います。自分に合うものを見極めましょう

角質層を傷つけない洗顔の仕方

洗顔のポイントは、よく泡立てることです。顔の皮膚に刺激にならないように、泡の上からそっと押すだけ、あるいは泡で弱くマッサージするだけでも皮膚の汚れは落ちます。泡で洗った後、タオルで顔を拭くときも、質のよいソフトなタオルで軽く押さえるようにして水分を取ります。オススメは、固形石鹸です。固形石鹸の泡立ち方はそれぞれですが、界面活性剤を使用することはなく、石鹸成分で泡立っていますので、刺激が少なくてすみます。

教えてくれた先生

マブチメディカルクリニック
院長
馬渕知子先生

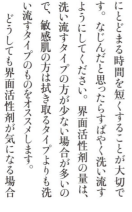

肌TYPE 04

敏感肌

敏感肌でもメイクを楽しもう!

あきらめないで! 敏感肌用化粧品も

敏感肌の方のなかには「かぶれるからメイクはしない」という意見があります。たしかに肌に合わないスキンケアやメイクで、顔中熱をもって真っ赤に腫れてしまうことなどを考えると、メイクがしにくいものです。

しかし最近は敏感肌用のメイク用品も増え、敏感肌が原因でメイクをあきらめる必要は、なくなってきているといえます。敏感肌だから…とお悩みの皆さん、大丈夫ですよ。

ファンデーションとポイントメイクの考え方

化粧品メーカーによっては「敏感肌用」のメイクアップ製品を揃えているところもあります。これらを調べて、敏感肌用のメイクアップ製品について知識を蓄えておくとよいでしょう。そして、自分に合いそうな化粧品の候補をいくつか探し、メーカーに問い合わせて相談してみてください。複数のメーカーに相談し、試しづけをして、長所・短所をよく見比べましょう。

メイク下地やファンデーション、その他ポイントメイク用品を同じメーカーで揃える必要はありません。一番自分に合うものを探しましょう。ただ、それぞれに押さえておきたいポイントはありますので、下表のポイントを確認してみてください。

メイク用品選びの注意点

敏感肌やナチュラル志向の方はつい「オーガニック」「天然」系化粧品を選ぶ傾向にあります。また、スキンケア用品に赤ちゃん用を使っていらっしゃる方も多いようです。しかしながら敏感肌は、オーガニックや赤ちゃん用製品のなかの成分に反応してしまう例もあります。やはり「敏感肌用」とうたっている化粧品を選ぶようにしてください。

メイク用品選びの POINT

メイク下地

遮光性のあるものを選んで。敏感肌は紫外線の影響を受けやすいことも多いので、紫外線をカットしてくれるものを。

ファンデーション

できればパウダータイプを。クリーム・リキッドは肌なじみがよいですが、逆に肌に浸透していくので刺激が大きくなるおそれがあります。肌にのせるパウダータイプがおすすめです。

リップ

低刺激性のものを。「落ちにくい」「発色がいい」という便利なリップもありますが、やはり唇に強力に張りついてしまいます。低刺激性のものを選んでください。

教えてくれた先生

小林メディカルクリニック東京
院長
小林暁子先生

敏感肌に効く!

おすすめ食べ物、よくない食べ物

体の内側から食生活で肌を変える

肌の乾燥や、そこからくる敏感肌は、体の内部の問題が影響していることが多々あります。肌につける化粧品も大切ですが、それと同じくらい食べ物や生活習慣について考える必要があるのです。敏感肌にマイナスの影響を与えがちな習慣ポイントを左ページ下の表でチェックして、意識するようにしましょう。

積極的に摂るべきはビタミン類

肌の状態に限らず、理想的な肌を保つためにビタミン類は欠かせません。特に肌を守ってくれる重要なビタミンは、皮膚や粘膜を生成するだけでなく、傷ついた肌の再生を助けるビタミンAと、コラーゲンの生成をサポートしながら肌の老化を防いでくれるビタミンCです。ビタミン類というと、真っ先に生野菜を思い浮かべる方も多いと思いますが、実はそれほど多く含まれていないのが事実。例えば、ビタミンCは熱に弱く水に溶け出しやすいと言われていますが、ブロッコリーを茹でて食べるほうが、生のレタスを食べるよりも約10倍多くビタミンCを摂れるといわれています。ビタミン類が多い食べ物は、ピーマン(赤、黄、青)、芽キャベツ、パセリ、ブロッコリーなどの緑黄色野菜や、アセロラ、キウイフルーツ、いちご、柿などの果物、ジャガイモやサツマイモ等の芋類など。できるだけ加熱して温かい状態で摂るのがオススメです。

敏感肌によくない食べ物

[炭水化物や脂質の多い偏食]

つい食べすぎてしまう脂質の多いお肉やパスタ、ラーメンなどの炭水化物は、栄養バランスがとりにくい食材。肌の生成に必要な栄養素が不足している場合が多いのです。また、小麦や大麦、ライ麦などに含まれるたんぱく質の一種であるグルテンは、アレルギーを引き起こす可能性があります。アメリカでも近年注目されており、今ではグルテンフリーの食品も多く発売されています。

[冷たい食べ物]

体が冷えて血行が悪くなると、肌の代謝が悪くなります。すると必要な栄養素が行き届かなくなり、乾燥肌がひどくなったりすることも。生野菜をたっぷり使ったサラダや、氷でキンキンに冷やされた飲み物など、冷えた食べ物は摂り過ぎにはご注意を。

[お酒、カフェインなどの嗜好品]

カフェインは適量であれば問題はありませんが、摂り過ぎると必要なビタミンやミネラルが吸収されにくくなったり、血管を収縮させてしまう作用があり、肌荒れの原因になります。お酒も刺激物なので、摂り過ぎは肌によくありません。また、アルコールの分解に水分が必要になるので、体や肌が水分不足になり乾燥を招きます。

教えてくれた先生

西麻布ヒフ・形成外科
院長
藤井佳苗先生

肌TYPE 04

敏感肌

敏感肌に効く!

生活習慣でターンオーバーを整えよう

敏感肌ケアを体の内側から行おう

質のよい食事や睡眠を取る、ストレスを避けるなど、体の内側を健康にすることでも敏感肌をケアすることができます。敏感肌の根本原因は、肌の乾燥。この乾燥状態は、すなわち肌のバリア機能が損なわれている状態です。バリア機能が損なわれることで、外からの刺激を受けやすくなり、敏感肌に傾いてしまうのです。肌の乾燥は、間違ったスキンケアの積み重ねが原因であることもありますが、ほかにもアレルギーや栄養不足が原因の場合もあります。

肌のターンオーバーを正常化させるためのコツ

肌のターンオーバーを正常に働かせることは、肌トラブルを防ぐために必要です。このターンオーバーの正常化についても、体内から対策を行うことができます。一番は食事。肌のターンオーバーを促してくれるビタミンAや亜鉛、ビタミンCなどを意識して積極的に摂取するようにしましょう。ビタミンAは緑黄色野菜や卵、鶏・豚レバーなど、亜鉛は牡蠣(かき)、豚レバーなど、ビタミンCは果物や芋類などに多く含まれます。どれも簡単に食事に取り入れることのできるものなので、意識して摂るようにしましょう。

敏感肌ケアの方法はたくさんありますが、生活習慣を正したり、必要な栄養を食事に取り入れたりすることは、とても簡単ですし、やっていて楽しいものです。自分の生活に取り入れられるところからぜひ始めてみましょう。

肌のバリア機能回復の POINT 3

POINT 01
生活習慣で肌のバリア機能が低下
睡眠不足、偏食や暴飲暴食、飲酒や喫煙などの生活習慣を続けると、やがて血液循環や代謝機能に悪影響が。血液で運ばれるべき栄養素や老廃物が滞ると、よい角質層を作って維持することができず、バリア機能が低下。

POINT 02
睡眠は6時間以上必ず取ろう
睡眠中は脳と体の活動が弱まり、皮膚や内臓へと栄養補給が行われる時間。また、肌の新陳代謝に欠かせない成長ホルモンが分泌されるのも睡眠中。新陳代謝は約6時間かけて行われるため6時間以上の睡眠は必須。

POINT 03
食事では栄養をしっかり補給!
栄養不足に陥ると、皮膚のセラミドが作られず、肌のバリア機能が衰えやすくなります。皮膚のもととなり保湿にもよいアミノ酸が含まれる肉、魚、乳製品、卵などのたんぱく質を意識して食べたい。

教えてくれた先生

赤須医院
院長
赤須玲子先生

美肌コラム
03

芸能人に多い「肌荒れ」の原因とは

きれいな人も陥りやすい肌荒れに要注意

タレントや女優などは、芸能人として華やかな存在として映る一方、ネットや週刊誌ではネガティブなことを書かれることや報道されることもあります。そのひとつに、肌荒れについて取り上げられることがよく見受けられます。

芸能界でプレッシャーや不安によるストレス

芸能界という特殊な業界で受けるプレッシャーや不安などのストレス、不規則かつ過密なスケジュールから、セレブこそ睡眠不足に陥ったり、過度な疲労により体調を崩しやすいといえます。すなわち、その原因が肌荒れとなって現れるのです。

特に人気の芸能人やタレントは、プライベートでも注目されることがあるため、精神的に安らげない場合を考えると、日常的なストレスは計り知れません。

精神面が与える美への大きな影響

女性の美にとって大切なことは、肌に合ったスキンケア、栄養バランスのとれた食生活、質の高い睡眠など、生活習慣による影響はとても大きいです。また、もうひとつの大きな要素として意識したいのが「心」や「精神」の面です。

教えてくれた先生

しのぶ皮膚科
院長
蘇原しのぶ先生

例えば、ちょっとしたストレスでも、それが引き金になって肌荒れができてしまうことがあります。特に女性は、ストレスによる女性ホルモンの乱れが生理周期や体の不調、肌荒れを招きます。それは、一般人だけでなくテレビで見る美しい芸能人やタレントにもいえます。

肌が美しい芸能人ができていること

もちろん、芸能人でも肌がきれいで、年齢と比べても若く見える方はたくさんいます。仕事の内容や量にもよると思いますが、休日にしっかりリフレッシュできていて、イキイキと充実した日々を送ることでストレスを減らすことができます。ストレスは肌荒れだけでなく健康そのものを左右します。

皆さんもしっかりと意識して、ストレスをため込まないように、リフレッシュできることを見つけていきましょう。

✦ MIRANDA KERR ✦

最新美容やダイエットにいち早くトライする美容マニアとしても知られるミランダ。いつでも変わらぬベビースキンのような美肌!
Featureflash Photo Agency / Shutterstock.com

✦ BLAKE LIVELY ✦

『ゴシップガール』で一躍世界の人気者となったブレイクは、白くて透明感のある圧巻の美肌をキープ
Denis Makarenko / Shutterstock.com

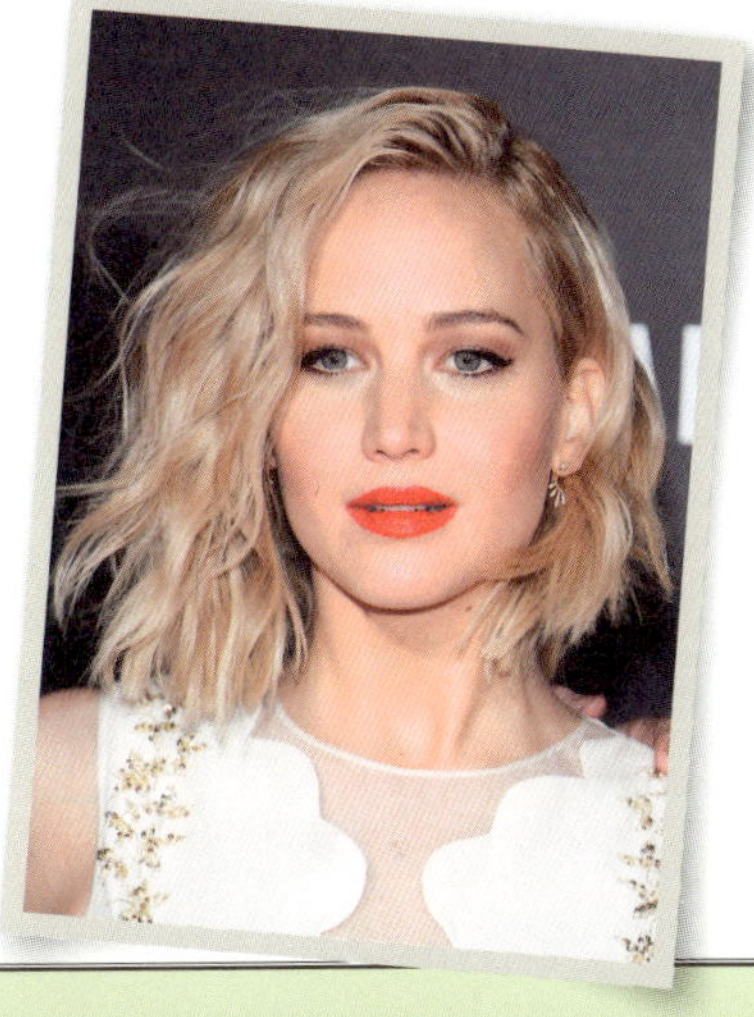

✦ JENNIFER LAWRENCE ✦

ハリウッドでトップ女優として走り続けるジェニファー。相変わらずきめ細かな美肌には、赤のルージュがよく似合う
DFree / Shutterstock.com

chapter 3

SKIN TROUBLE LESSON

肌のお悩み別講座

正しいケアでトラブル撃退!

肌トラブルには原因がある！
適したケアで肌は変わります！

しみ、しわ、たるみ、ほうれい線、日焼けや大人ニキビなど、女性を悩ませるさまざまな肌のトラブル。それぞれの症状と原因、そして正しいケア方法を、ドクターが解説します。

また、肌のお悩みに効くオススメの美肌レシピを紹介！　生活習慣や食事に気をつけて、トラブルのない美しい肌を手に入れましょう。

お悩み
01
毛穴
角栓

毛穴開きの原因と対策

**肌に必要な働きを持つ毛穴
上手にケアして美肌に！**

顔全体にある毛穴は約20万個といわれ、その数は生まれたときからほとんど変化しません。鏡で見て毛穴の開きがはっきりと見えることに気がついたとき、誰もがショックを受けるはず。いつの間にか開いてしまった毛穴ですから、一体何が原因なのかわからない方も多いのではないでしょうか。そこで、毛穴が開いてしまう根本的な原因を解説。保護・うるおい・デトックス・抗菌という、美容と健康には欠かせない機能を備えている毛穴ですから、上手に付き合うことができればより一層美しい肌をキープできるでしょう。

たるみ

加齢などにより毛穴のある角質層の奥、真皮という部分を構成しているコラーゲンやエラスチンが減少することで肌の土台が崩れ、その影響で肌表面のハリが失われ顔が全体的にたるんできます。これによって、皮脂や汚れなどで開いた毛穴が広がり楕円形のようになってしまいます。

皮脂の過剰分泌

皮脂が必要以上に分泌されていると(図1)、余分な皮脂によって毛穴が広がってしまいます。それだけではなく、毛穴や皮膚表面にとどまっている汚れや古い角質などが皮脂と混ざって酸化し、毛穴が黒ずんで見える原因にもなります。

ニキビあと

ニキビを潰すと治癒後に瘢痕化(はんこんか)し、その箇所の毛穴が開いたままの状態になってしまいます。またニキビを治したいがために洗顔をしすぎたり、保湿を怠るなどの間違った対処をすることで肌が乾燥し、必要以上の皮脂分泌が起こると毛穴が詰まり開いてしまうのです。

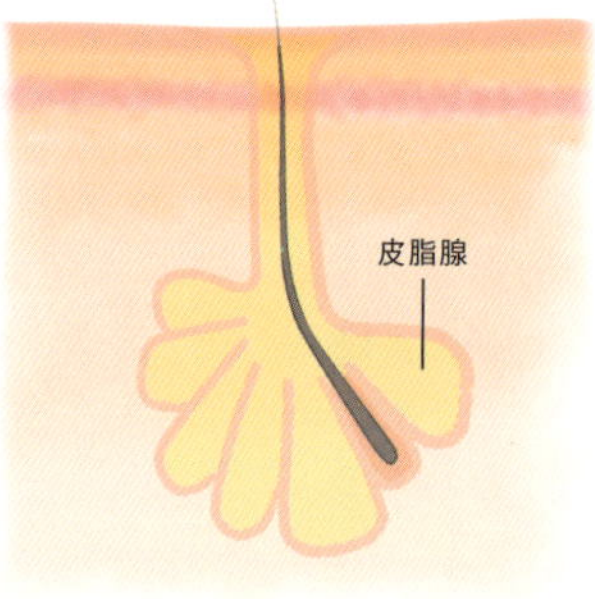

図1

教えてくれた先生

メディカルプラス
クリニック新宿
院長
林和弘先生

正しい改善方法

❶洗顔

毛穴の開きを改善する洗顔に大切なことは、ズバリ肌に負担をかけずうるおいを逃がさないこと。朝の洗顔では肌のうるおいを落としすぎて乾燥肌になってしまう原因となるので、基本的にはクレンジングは必要ありません。夜の毛穴には日中にさらされた空気中のホコリや化学物質、メイクなどの汚れが溜まっています。また古い角質や皮脂も適度に落とす必要があるので、夜はクレンジングが必要。メイクを落とした後、石鹸か洗顔料をよく泡立ててやさしく洗いましょう。

❷保湿

毛穴の悩みを改善するために保湿は特に大切。肌が乾燥するとかえって皮脂が過剰分泌され、毛穴を詰まらせ広げてしまうほか、余分な皮脂が毛穴に残っていた汚れや古い角質と混ざり酸化することで黒ずみやニキビの原因にもなってしまうからです。洗顔、化粧水、美容液（必要に応じて）、乳液、クリームの順で行いましょう。

❸食生活の改善

毛穴には、皮脂や汗とともに体内の老廃物を排出するデトックス機能があります。食べ物や嗜好品など体内に取り込むものへの配慮がなければ老廃物や余分な皮脂として排出され、結果的に毛穴を詰まらせ広げてしまう原因に。糖質や脂肪分や刺激物、添加物などを多く含む食品や飲み物を摂りすぎないこと、タバコやアルコールの摂取は控えること、また同じものばかり摂取するという偏食をしないことが大切です。

❹ストレスをためない

過度なストレスがたび重なってしまうと脳の働きが鈍くなり、ホルモンバランスや交感神経のコントロールがしづらくなります。その結果、代謝機能や内臓機能の低下を招き、老廃物の排出が滞って毛穴が詰まり、ニキビの原因にもなります。

毛穴開きの種類

汚れ詰まり毛穴

毛穴の黒ずみが目立ち、触るとザラザラしているのが特徴。洗顔のしすぎ、保湿が不十分、または水分補給が十分でないことで肌が乾燥し過剰に皮脂を分泌してしまう、あるいはメイク落としや洗顔が足りず肌に汚れがとどまっていることが主な原因です。

たるみ毛穴

毛穴が縦長の楕円形状に広がって見えるのが特徴。加齢とともに起こる、肌の土台であるコラーゲンやエラスチンの減少や、日頃の保湿が不十分であること、表情筋のコリや代謝力の低下などが原因です。

帯状毛穴

たるみ毛穴が進行し、開いた毛穴が連結してしわのような状態になっているのが特徴。たるみ毛穴と同様の原因に加え、乾燥が主な原因です。

ニキビ毛穴

毛穴にニキビがいくつもできてしまっているのが特徴。皮脂分泌の多い10代や生理前のホルモンバランスの乱れ、新陳代謝が低下しているときなどに起こりやすく、毛穴に溜まった古い皮脂や角質、汚れが酸化することで肌のpHバランスが崩れ、ニキビの原因菌が増殖してしまうことが主な原因です。また、過剰な洗顔、保湿を十分にしないなどの間違ったケアが悪化させてしまうこともあります。

お悩み01
・毛穴・角栓・

クレンジングで毛穴開きを防止

間違ったクレンジング法が毛穴トラブルを悪化させる！

肌に負担をかけない正しいクレンジング方法を知ることが毛穴トラブルを防ぎ、きれいな毛穴を保つ効果的な手段となります。反対に、間違った方法を繰り返していくと毛穴トラブルの原因となってしまうことも事実。また、クレンジング剤選びの大前提は、「肌に負担をかけずにメイクを落とすこと」。クレンジングは使い方や種類を間違えると、必要以上に肌のうるおいや角質を奪い、毛穴トラブルを悪化させてしまうのです。毛穴を健やかに保つために正しいクレンジング方法を見ていきましょう。

クレンジング剤の選び方

クレンジング剤の特徴と適した肌質、さらに毛穴を健やかに保つための正しいクレンジング方法を紹介。

ミルクタイプ

クリームタイプと似たような特徴を持ち、肌への刺激が少なく、乾燥肌や敏感肌の方に適しています。クリームタイプに比べ水分量が多いので、特に保湿を意識している方にオススメです。

クリームタイプ

洗い流すタイプ、拭き取るタイプ、そして両方できるタイプがあり、比較的肌への負担が少なく、肌の水分量と皮脂量のバランスを崩しにくいクレンジング剤。メイクと溶け合うまでの時間がかかるため、急いでいるときなどには向きません。クレンジングついでにマッサージをしたい方にオススメ。

オイルタイプ

メイクの濃淡を問わず素早く落としきることができるオイルタイプ。多くの界面活性剤が配合されているため、肌への負担が大きく、乾燥肌や敏感肌の方には適していません。それ以外の肌質の方も、日常的に使うのではなく濃いメイクをした日などに限定して使用するのがオススメ。

シートタイプ

成分内にアルコールや防カビ剤など、刺激の強いものが多く含まれているため、乾燥肌や敏感肌の方はもちろん、それ以外の肌質の方も日常的に使用するのは好ましくありません。速やかにメイクを落とせるので、使用する時と場合を選べばとても便利です。

ローションタイプ

コットンなどに含ませて拭き取るタイプのクレンジング剤。アルコール系の成分がメイクを落とすしくみになっているため、乾燥肌や敏感肌の方には適していません。またコットンに含む量が少ないと肌への摩擦が生じてしまうほか、肌の表面に繊維が残ってしまうこともあるので注意が必要。

ジェルタイプ

洗い流した後はさっぱり感があり、水分量が多いのでどんな肌質の方にも適しています。乾燥肌や敏感肌の方は成分内にアルコールが入っていないものを選びましょう。濃いメイクは落ちにくいので、アイメイクや口紅などは先にオリーブオイルなどで軽く落としておくと、クレンジング中のこすりすぎによる肌への負担を防げます。

教えてくれた先生

広尾プライム皮膚科
医師
谷口由紀先生

正しいクレンジング方法

クレンジングの効果がしっかりと生かされるよう、正しいクレンジングのポイントをまとめました。

ぜひ今晩から実践してみてください

❶ホットタオルを顔全体に当て、毛穴を開くことでクレンジングの効果が高まります。

❷ゴシゴシこすらず、力の入りにくい中指・薬指・小指の3本の指でやさしく円を描くようになじませます。

❸洗い流す際は、肌と同じぐらいか少し低い温度、約32℃のぬるま湯で20回を目安にすすぎましょう。洗い残してしまいがちなあごの下や鼻の脇、髪の毛の生え際などは意識して落としきるようにしましょう。

クレンジング後の保湿がポイント!

クレンジング後の毛穴は開きっぱなしの状態。そのままにしてしまうと汚れが詰まり、毛穴の開きの原因にもなります。そこでぜひ行いたいのが肌のクールダウン。冷蔵庫で冷やした化粧水でパッティングする、ガーゼなどで包んだ氷をやさしく当てるなど、開いた毛穴を引き締めます。また、クレンジング後の保湿は毛穴トラブルや乾燥肌、過剰な皮脂分泌を予防するためには必須ですので、保湿ケアを欠かさずにしましょう。

お悩み 01
・毛穴・角栓・

毛穴ケアに効果的なコスメ

毛穴開きの種類別で適した化粧水と美容液を

保湿ケアはあらゆる毛穴トラブルを改善、予防するためにとても大切です。なかでも洗顔後、まっ先に肌に触れる化粧水は、選び方や使い方で保湿ケア全体の効き目が変わってくる重要なステップ。また、美容液は乾燥や年齢とともに失われがちな肌のうるおいを補うため、角質層だけではなく肌の土台となる真皮層にまでその有効成分を届けてくれる化粧品です。多くの女性が悩む「詰まり毛穴」と「ニキビ毛穴」、「たるみ毛穴」と「帯状毛穴」のそれぞれに適した化粧水について、詳しく見ていきましょう。

たるみ毛穴・帯状毛穴

[化粧水]

コラーゲンやエラスチン、ヒアルロン酸などが年齢とともに減少することで進行する、たるみ毛穴。効果的なのが、肌の根幹に位置する真皮層の水分量を保つための成分です。

イソフラボン

大豆の芽である胚軸に特に多く含まれている 植物性のポリフェノールの一種。女性ホルモンのひとつで、肌の老化を抑える働きもあるといわれるエストロゲンに似た効果があるといわれています。その高い抗酸化作用に加え、ヒアルロン酸の生成を助ける効果もあるとされ、エイジング効果が期待できます。

ローヤルゼリーエキス

肌の老化を抑えるコラーゲンやエラスチンの生成を助ける働きがあり、たんぱく質、ビタミン、ミネラル、炭水化物、脂質のバランスがよくとれている成分で、栄養価が高く、新陳代謝を促す効果も。肌のターンオーバーを促しながら肌を健やかに保つことができるといわれています。

[美容液]

年齢とともに減少するうるおい成分を補うことや、肌のターンオーバーを促し、老化を招く酸化を防ぐことが必要です。それらを助ける働きを持つ成分を見ていきましょう。

レチノール

ビタミンA誘導体のひとつで、その効果を高めるとともに肌のターンオーバーの促進や保湿効果、コラーゲンを取り込んで浸透しやすくしてくれる働きを持っています。

ビタミンC

還元剤、細胞賦活剤とも評されるビタミンCは、メラニン合成酵素、酸化酵素から酸素を奪ってメラニン合成を防ぐことで紫外線や外的刺激によるダメージから肌を守ってくれる働きがあるため、美白効果や毛穴の黒ずみに有効といわれています。

教えてくれた先生

広尾プライム皮膚科
医師
谷口由紀先生

詰まり毛穴・ニキビ毛穴

[化粧水]

毛穴の詰まりやニキビを改善、予防するためには、
まず角質層のうるおいを補うケアとしての化粧水選びが重要。
効果的な成分として、ヒアルロン酸ナトリウム、セラミドがあります。

セラミド

角質層にある細胞の表面を膜状に包み込み、うるおいをキープし、バリア機能を持った成分。また、美容液や乳液、クリームの乳化の安定性を高め、肌へのなじみをよくする働きや、肌へ水分を浸透させるのを助ける働きがあるので、化粧水を選ぶ際には特に取り入れたい成分です。

ヒアルロン酸ナトリウム

もともと肌の土台に位置する真皮内にある成分で、皮膚の水分量を保つために重要な役割を持っています。セラミドなどほかの成分と組み合わせて取り入れることで、より高い効果が期待できるといわれています。稀にアレルギー反応が生じる場合もあるので、赤みや湿疹などの症状が出たら使用を中止し、医師に相談してください。

[美容液]

肌の酸化や雑菌の増殖を防ぎ、皮脂分泌量を
コントロールして肌の水分量と皮脂量のバランスを整えることが必要。
それらを助ける働きを持つ成分を見ていきましょう。

ビタミンC誘導体
(パルミチン酸アスコルビルリン酸3Na)

通常のビタミンCよりも浸透性が高く、真皮層まで届くという特徴があります。ビタミンCが持つ美白効果や代謝促進の効果を高めてくれるといわれています。

アルファヒドロキシ酸(AHA)

果実から抽出されたフルーツ酸と呼ばれる成分。肌表面の古い角質を除去し、新陳代謝を上げる働きがあり、毛穴に詰まった汚れを効果的に落としターンオーバーを促してくれます。この成分を肌に取り込むことで、美容液の後に使う乳液やクリームの成分が肌に浸透しやすくなるので、保湿効果を高める手助けをしてくれるといわれています。

ビタミンB群

新陳代謝を高めてくれる働きとともに、体内の脂質を分解する働きを持つので皮脂分泌量をコントロールしてくれる効果があります。汚れが詰まった毛穴の改善やニキビ予防に効果的です。

ビタミンA

緑黄色野菜やレバーなどに多く含まれる成分で、特に皮膚や粘膜を丈夫にし、免疫力や抵抗力を高める効果があります。この働きによりニキビの原因となる雑菌の増殖を防いでくれるといわれています。

お悩み

02

しわ たるみ

目元・眉間

日々のエイジングケアで しわの定着をブロック!

しわは大きく、大じわと小じわに分けられます。大じわは、皮膚表面の細い線のように見える皮溝(ひこう)が、年齢と共に深くなったもののことをいいます。一方、小じわは、目の周りなどにできる小さなしわのこと。肌の乾燥が原因といわれ、早期に手当てしないと、やがて大じわへと発展してしまう可能性のあるしわです。また、眉間は何度もしわを寄せてしまうことで、日に日に深いしわとなってしまいます。その日々の積み重ねでできる眉間のしわ三大要因は表情のクセ、乾燥、コラーゲン不足。目元や眉間のしわを防ぐためのケアをご紹介します。

目元の乾燥小じわ対策 ▶

目元は皮膚が薄く乾燥しがちなので、化粧水や乳液だけの保湿では不十分。保湿効果の優れている目元用美容液を使いましょう。乾燥小じわ対策のクリームやシートマスクなども市販されているので、活用することができます。マッサージは、力の強さを間違うと逆効果。目元の皮膚は薄いので、力を入れすぎず、やさしくケアしてあげてください。紫外線から守る、洗顔時に手やタオルでこすらない、うつ伏せ寝はしない、目をこすらないなど、日頃から気をつけるのも肝心。特に紫外線は乾燥を促すので、注意が必要。目元の皮膚でも安心の、刺激の少ない日焼け止めを使用するなどして、対策をしっかりと行いましょう。

眉間のしわの三大要因対策 ▶

最初にするべきことは、表情のクセを治すこと。眉間にしわを寄せる原因の多くに「視力の低下」があります。そのため定期的な視力検査を心がけ、自分に合ったメガネやコンタクトを使用することが大切です。乾燥対策にはしっかりとした保湿をしましょう。普段のお手入れの際には、眉間も忘れずに保湿クリームを塗りましょう。肌の弾力を保つコラーゲンの不足も、顔の表情の変化でできたしわを弾力で戻すことができないため、眉間のしわの原因に。日々の心がけとエイジングで、いつまでも可愛いらしい表情を手に入れましょう。

教えてくれた先生

西麻布ヒフ・形成外科
院長
藤井佳苗先生

お悩み 02
・しわ・たるみ・

首

加齢でできる首のしわは生活習慣の見直しで防止！

大きくくっきりとしているため、とても目立ってしまう首のしわ。肌の老化のうち、8割は紫外線による光老化といわれています。紫外線対策をしっかりすることで、首のしわ予防になります。ほかにも枕が高い場合や、乾燥なども影響しているといわれています。ストレス、不規則な食事、睡眠不足は、ますます乾燥や活性酸素の増加を促してしまいます。生活習慣全般を、首のしわを作らないために見直す必要があるのです。

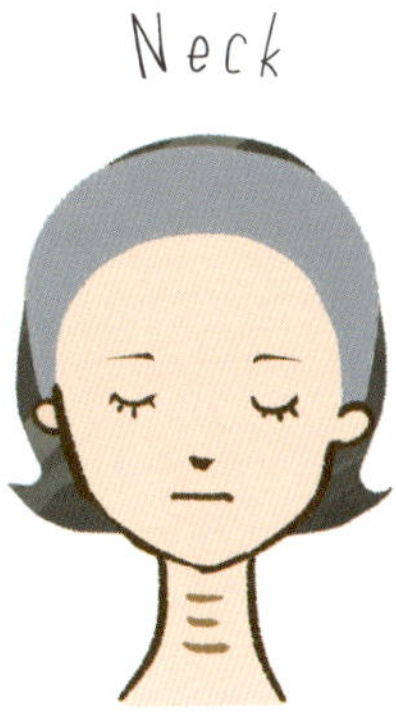

日常的に気をつけること

POINT 01 紫外線対策

紫外線は、肌の水分を奪い、ハリを保つコラーゲンにも影響を与えてしまいます。そこで、外出時には必ず首にも紫外線対策を行うことが大事です。顔や手足だけでなく、首にもしっかりと日焼け止め化粧品を塗りましょう。また、日傘をしっかり差して首までカバーできるようにする、通気性のある白系のマフラーなどを巻くのもよいでしょう。

POINT 02 枕の高さを変える

枕が高すぎるのも、首にしわをつくりやすくする一つの原因。枕が高いという人は、低い枕に替えるのもオススメです。

POINT 03 保湿

乾燥による小じわも首では目立ちやすいものです。お顔のスキンケア同様に、保湿クリームをやさしくなじませるように塗る習慣をつけましょう。この際、マッサージのしすぎは肌のダメージにつながるので、やさしくケアするのがポイントです。

教えてくれた先生

西麻布ヒフ・形成外科
院長
藤井佳苗先生

額

目立ちやすい額のしわはしっかりと予防を！

額は露出していることの多い部分ですから、加齢のほか、紫外線や乾燥といったこともしわの原因としてあげられるでしょう。この表情のクセは、まぶたの開きが悪くなる眼瞼下垂と関連することが多くあります。まぶたが開きにくいと、眉毛を上方へ動かして目を開こうとします。眉毛を上げるときに額にある前頭筋が収縮し、額に横じわが出てくるのです。日々の積み重ねでしわが深く刻まれてしまうため、表情のクセを直しましょう。

あるだけで老けて見える、額のしわ。まぶたが開きにくく、つい眉毛をあげてしまう人は、眼瞼下垂の可能性があるので、眼科や形成外科で相談しましょう。早めの対策が肝要です。

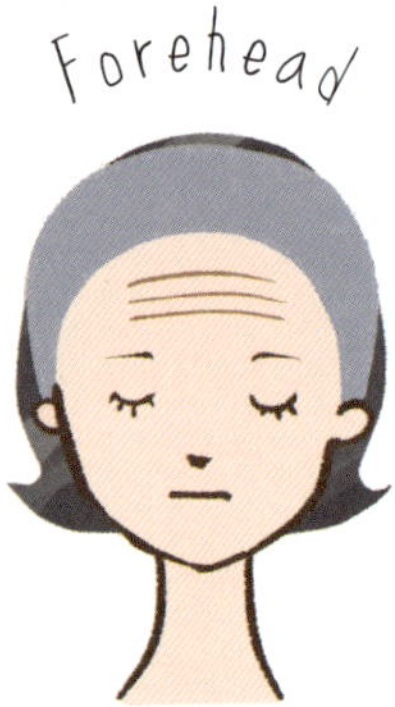

教えてくれた先生

西麻布ヒフ・形成外科
院長
藤井佳苗先生

お悩み 02
・しわ・たるみ・

口元

しわのタイプを知ることで最適なケアが行えます

小じわや笑いじわ、ほうれい線など、口元にはいろいろな種類のしわができます。これらを改善するために、まずそれぞれのしわの原因を突き止めて、それに合った対策を行いましょう。ここでは口元の改善方法をタイプ別にご紹介。自分の口元のしわがどのようなタイプなのか見極めた上で、自分のしわの種類に最適な対策を行いましょう。

【 筋肉老化じわ 】

普段から顔の筋肉を動かさないで、無表情な生活を続けていると、筋肉が老化・退化してたるみやしわの元になってしまうのです。これが筋肉老化じわを招く原因ともいわれています。

対策

口元のしわのうち、ほうれい線などの筋肉老化じわを改善するセルフケア方法としては、表情筋エクササイズが基本。とくに次のようなエクササイズがオススメです。

- 口を大きく開いて「アカンベー」をするように舌を出し、20秒キープする。
- ゆっくりと大きく口の筋肉を使って、「ア・イ・ウ・エ・オ」と言って口を動かす。
- 上を向いてあごを上げたまま、口角を上げてにっこりとほほえみ、そのまま20秒キープする。

【 表情じわ 】

口元を動かしたり笑ったりするとしわができる、もしくはほうれい線が目立つ場合、それは表情じわの可能性があります。何度も同じところにしわを寄せることによって、皮膚が形状記憶したようにしわとして覚えてしまうのが原因。

対策

まず、表情グセをなくすことが改善策です。また、スキンケアでも対策できます。しわを伸ばして美容液を塗り、美容成分がしわの奥まで行き届くようにします。シートパックを使ってもよいでしょう。

【 乾燥じわ 】

口の周りに細かく小さなしわができているのなら、それは乾燥じわ。原因は、ズバリ乾燥です。細かいからといって油断していると、しわが集まって大きな太いしわになってしまうことも。

対策

しわが細かいうちに、早めに保湿をしておきましょう。部屋の空気を乾燥させず、スキンケアは保湿成分にこだわること。乾燥の度合いに応じて、セラミドやヒアルロン酸などの保湿成分の入ったものや、ワセリンやケラチナミンの入ったもの、必要であればスクラワン、アスタキサンチン、馬油などを使い分けましょう。

教えてくれた先生

松下皮フ形成外科
院長
松下博明先生

しわ・たるみに効く
美肌レシピ

スープに溶けだしたコラーゲンでぷるぷるに!

コラーゲンたっぷりスープ☆手羽中と春野菜のスープ

[含まれている美容成分]

ビタミンA　ビタミンC　コラーゲン　クエン酸
ジンゲロール　ショウガオール　アリシン　ビタミンU

材料（作りやすい量・2人分）

鶏手羽中……6本
春キャベツ……1/4個
ネギ（緑色の部分）……2本
ショウガ……1かけ
スナップエンドウ……4さや
酒……大さじ2
塩・こしょう……適量
レモン……1/4個

作り方

1 手羽中はかぶるくらいの湯にネギとショウガを入れ、さっと茹でてザルに上げ、一度湯を捨てる（余分な油や臭みを除く）。
2 鍋に湯を沸かして1の手羽中を加え、沸騰してきたら一口大に切ったキャベツを加えて、中火で30分ほど煮込む。
3 筋を取ったスナップエンドウを加えて1〜2分煮て、塩・こしょう（黒あらびきこしょうがオススメ）で味を調える。仕上げにレモンをしぼって食べる。

フライパンだけで
コラーゲンたっぷり簡単メニュー

鶏手羽の照り焼き

材料（作りやすい量・2人分）

鶏手羽元……300g
醤油……大さじ3
みりん……大さじ3
砂糖……小さじ1
ミックスペッパー（あらびき）……少々

作り方

1 フライパンに油（分量外）を熱し、手羽元を入れて弱めの中火にかける。
2 フタをして、焼き色をつけながらじっくり火を通す（中まで火が通るように、10〜15分ほどかける）。
3 中まで火が通ったら、フタを開ける。醤油・みりん・砂糖を加えて、たれにとろみがつくまで火を通す。最後にあらびきのミックスペッパーをふる。

[含まれている美容成分]

ビタミンA　コラーゲン

水を使わないから、旨みも栄養もたっぷり!

トルコ風鶏肉と新ジャガの煮込み

［含まれている美容成分］

ビタミンA　ビタミンB群　ビタミンC　カリウム
コラーゲン　アリシン　リコピン　オレイン酸

材料（作りやすい量・4人分）

鶏手羽元	8本	オリーブオイル	大さじ1
塩・こしょう	適量	コンソメ（顆粒）	4g
新ジャガイモ	大2個	タイム	小さじ1/4
タマネギ	1個	クミンシード	小さじ1/2
ニンニク	1片	チリペッパー	少々
トマト	1個	黒こしょう	少々
グリーンピース	10鞘		

作り方

1 手羽元は塩、こしょうをふって下味をつける。ジャガイモは皮をむき、4〜6等分にする。タマネギはくし形に、ニンニクはみじん切り、トマトは10等分くらいにする。グリーンピースはさやから出す。
2 鍋にオリーブオイルを熱し、1の手羽元を入れて全面をこんがり焼く。そこへタマネギとニンニクを加え、焦げないようにじっくり炒める。
3 ニンニクの香りがしてタマネギが透明になったら、ジャガイモ、トマトとコンソメ、スパイス類を入れる。グツグツしてきたらフタをして弱火にし、ジャガイモに火が通るまでそのまま20分ほど煮る。
4 味を見て塩を足し、グリーンピースを入れて再び5分ほど熱したらでき上がり！

美肌作りにもオススメのごま油を使用!

定番♪鶏手羽元とダイコンの煮もの

材料（作りやすい量・4人分）

ダイコン	10cm	砂糖	大さじ1/2
鶏手羽元	8本	《a》	
ごま油	大さじ1/2	薄口醤油	大さじ1と1/2
だし汁	2カップ	醤油	大さじ2
酒	大さじ1と1/2	みりん	大さじ1

作り方

1 ダイコンは皮をむき、2.5cm長さに切ってから4等分（いちょう切り）にする。手羽元はきれいに洗って水けをふく。
2 鍋にごま油を熱して手羽元を入れ、表面に焦げ目がついたらダイコン、だし汁、酒、砂糖を加える。煮立ったらアクを除いて落としブタをし、弱めの中火にして15分ほど煮込む。
3 ダイコンが透き通って柔らかくなったら《a》の調味料を加え、落としブタをし、途中煮汁をまわしかけながら10分程煮込み、火を止めて上下を返すようにして混ぜ、フタをしてそのまま冷ます。
4 冷ますことによって味がしっかりしみ込むので、温かくして食べたい場合には一度冷ましてから、再度温めることをオススメ。

［含まれている美容成分］

ビタミンA　ビタミンC　カルシウム
コラーゲン　オメガ6系脂肪酸

サツマイモで食物繊維もとれる!

鶏と手羽先とサツマイモのマーマレード煮

材料（作りやすい量・4人分）

鶏手羽先	12本	鷹の爪	1本
日本酒	大さじ2	マーマレード	大さじ2
塩	ひとつまみ	醤油	大さじ2
サツマイモ	中1本	水	150cc
インゲン	4本	サラダ油	大さじ1

作り方

1 手羽先は塩と日本酒大さじ1をふっておく。サツマイモはよく洗ってところどころ皮をむき、厚さ1.5cmの輪切りにして水にさらす。インゲンは4〜5cm長さに斜めに切って下茹でし、鷹の爪は種を取って小口切りにしておく。

2 マーマレード、醤油、残りの日本酒、水、鷹の爪を合わせてよくかき混ぜておく。

3 鍋にサラダ油を熱し、水気を拭いた手羽先を皮目から入れる。両面をキツネ色に焼いたら、鍋に残っている油を キッチンペーパーでサッと拭く。サツマイモと2の調味料を加えて煮汁が沸騰したら、フタをしてサツマイモが柔らかくなるまで弱火で煮る。

4 インゲンを入れ、強火で煮汁を煮詰めてでき上がり。

[含まれている美容成分]

ビタミンA　ビタミンB群　ビタミンC　カリウム　食物繊維　コラーゲン　カロテン　アリシン　カプサイシン

無水鍋で、たっぷりの栄養を一度に摂取♪

キャベツとウイングスティックの蒸し煮

材料（作りやすい量・4人分）

鶏手羽元	10〜11本	タマネギ	1玉
塩・こしょう	少々	キャベツ	3〜4枚
溶かしバター	20g	白ワイン	大さじ2
バター	20g		

作り方

1 手羽元は、塩・こしょうをもみ込んで、30分ほどおく。そのあと、溶かしバターを絡めて、グリルで焼き色をつける。

2 フライパンにバターを入れて、くし切りしたタマネギと、ひと口大に切ったキャベツを加えて、さっと炒める。

3 手羽元が上になるように無水鍋に入れ、ワインをかける。

4 フタをしめて、30分とろ火にかけると、でき上がり。食べるときに、味が薄いようなら、塩・こしょうで調味する。

[含まれている美容成分]

ビタミンA　ビタミンC　コラーゲン　アリシン　ビタミンU

[含まれている美容成分]

ビタミンA ビタミンB群 ビタミンE ビタミンK カルシウム 鉄分 亜鉛 カリウム 食物繊維 コラーゲン 大豆イソフラボン ジンゲロール ショウガオール

肌にうれしい食材の組み合わせ♪

鶏手羽元と発芽大豆の煮込み

材料（作りやすい量・2人分）

ショウガ	1片	《a》	
だし	1カップ	酒	1/4カップ
鶏手羽元	300g	醤油	大さじ2
発芽大豆	1パック	みりん	大さじ1
白すりごま	適量	砂糖	大さじ1
		米酢	小さじ1

作り方

1 ショウガを薄切りにする。手羽元は骨の際に包丁で軽く切り込みを入れておく。
2 鍋にだし・ショウガ・《a》を加えて煮立て、手羽元を加え15分ほど煮込む。
3 発芽大豆も加え、汁気が少なくなるまで煮込んだら、器に盛りつけごまを散らしてでき上がり。

レンコンのシャキシャキ感がたまらない!

手羽元とレンコンのトマト煮

材料（作りやすい量・2人分）

ニンニク	1かけ	白ワイン	75cc
鶏手羽元	300g	トマト缶	1缶
オリーブオイル	適量	コンソメ（固形）	2個
レンコン（乱切り）	1節		

作り方

1 ニンニクは薄皮をむき、縦半分に切り、芽をとり除いて木べら等でつぶす。鍋にオリーブオイルを熱し、ニンニク、手羽元を炒める。肉に火が通ってきたらレンコンを炒める。
2 次にワインを入れアルコール分を飛ばしたら、トマト缶を入れ煮込む。コンソメを加えさらに15分ほど煮込んだら完成。

[含まれている美容成分]

ビタミンA ビタミンB群 ビタミンC カリウム 食物繊維 ポリフェノール コラーゲン アリシン

お悩み
03

しみ・そばかす

しみ・そばかすができるメカニズム

メラニンを排出できないとしみとなって出てくる!

ひと口にしみといっても、いくつか種類があり、それぞれ原因も異なります。しみの原因であるメラニンは、色素細胞の中でチロシンというアミノ酸から生成されます。紫外線により角化細胞（ケラチノサイト）に異常が起こると、色素細胞に「メラニンを作りなさい」という指令が出続け、過剰にメラニンが作り出されるのです。またホルモンは直接、色素細胞にメラニンを多く作らせます。本来は通常の表皮のターンオーバーによって角質とともに垢として排出されるメラニンですが、過剰に作り出されると、ターンオーバーとともに排出しきれずに残ってしまい、これがしみとなるのです。

また、ターンオーバーの乱れも排出できない理由の一つで、加齢に加え、紫外線、ナイロンタオルによる摩擦などの物理的刺激やストレス、ホルモンバランスの乱れなどの内的要因によることもあります。

教えてくれた先生

山手皮フ科クリニック
院長
豊福一朋先生

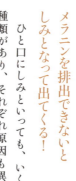

しみの種類と原因

しみにはいくつか種類があり、原因はもとより、
それぞれの形状、出る場所、治療法も異なります。

【肝斑(かんぱん)】

頬骨や鼻の下、額に左右対称に出る濃淡の均一なしみ。30〜40代の女性によく見られ、閉経とともに薄くなり、60〜70歳で消えるので、女性ホルモンが関係しているといわれています。また、妊娠中やピルの服用中にも出現しやすくなります。

【老人性色素斑】

しみの中で最も多いのは、紫外線が原因。頬骨の高いところやこめかみにできやすく、数ミリ〜数10ミリほどの大きさの平坦で丸い色素斑であることが多いです。

そばかすは遺伝が影響!

【雀卵斑(そばかす)】

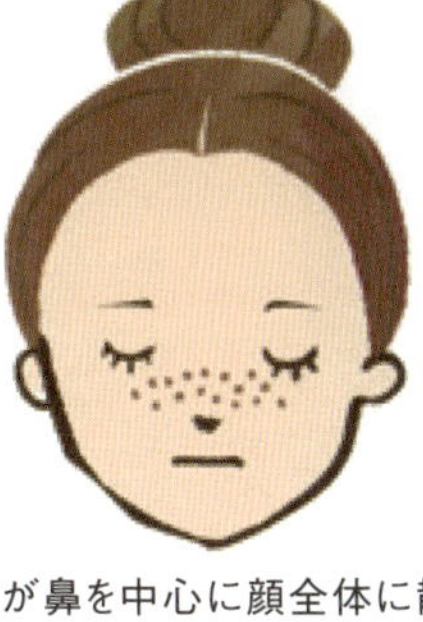

小さな斑点が鼻を中心に顔全体に散らばったようにに出るそばかす。遺伝的なもので、小学生頃から出るのが普通です。米粒大までの不規則な形で、色は淡褐色。成長とともに増えたり、紫外線の影響で濃くなったりすることもあります。

【脂漏(しろう)性角化症】

イボ状に盛り上がった状態のしみ。しみの角化が進み、隆起したもので、手の甲に出るケースも多い。美白化粧品では効果がなく、炭酸ガスレーザー(CO_2レーザー)で薄く削り取ったり、色素レーザーを強く照射したりして治療します。

お悩み03
・しみ・そばかす・

しみの予防と改善方法

セルフケアで変化がなければ専門医に相談を！

しみの直接の原因は皮膚にあるメラニン色素の沈着ですが、さらにその原因を遡ると、紫外線や老化、ホルモンバランスの乱れ、食生活、ストレス、遺伝的要因など、さまざまな要因が複雑にからみ合っています。ここでは、それぞれのしみの種類とケア方法をご紹介。ただし、しみの種類を正しく特定するのは簡単ではなく、間違ったセルフケアによってしみが余計に悪化してしまうことも。セルフケアであまり変化が見られない場合は、皮膚科専門医に相談するのが一番の早道です。

思春期から目立ってくる！

そばかすのケア方法

遺伝的な要因が強く、夏場の紫外線によって濃くなりやすいといわれています。紫外線対策と美白化粧品によるスキンケア、ビタミンC・Eの摂取をしていきましょう。

教えてくれた先生

銀座ケイスキンクリニック
院長
慶田朋子先生

完治が難しい!

肝斑(かんぱん)のケア方法

頬骨の辺りや額にできやすく、もやもやとしたしみが左右対称に広がるのが、肝斑の特徴。他の種類のしみと合併していることも多く、治療は一筋縄ではいきません。セルフケアとしては、悪化や再発の因子となる紫外線対策をしっかりと行い、こするなどの刺激を極力避けて、なるべくメラニンを生成させない、沈着させない努力をしましょう。美白化粧品によるスキンケアはオススメですが、早く改善させようと思ってすり込んだり、強くマッサージしたりすることにより炎症を生じ、さらに濃くなることがありますので注意。食事ではメラニンの生成を抑制し、還元する効果のあるビタミンCやビタミンEを含む食材をこまめに摂取するようにしましょう。活性酸素を排除する働きのある、抗酸化物質を多く含む食材(トマト、ベリー類、鮭など)もオススメです。

しみの代表格!

老人性色素斑のケア方法

これまでに浴び続けた紫外線が原因して、時間の経過にともなって現れてくるものとされ、薄茶色で輪郭がはっきりとした類円形をしているのが特徴。一度できてしまうと自分では改善・治療が難しい症状です。防止するためには、日常的に紫外線対策をしっかりと行い、備えておくことが大切。また、長期戦を覚悟して美白化粧品によるスキンケア、ビタミンC・Eの摂取をしていきましょう。なかなか改善が見られないときは、クリニックで行うレーザー照射や光治療なども可能です。

クリニックでのしみ治療

ここで紹介したしみは、レーザーや光治療、高濃度のケミカルピーリング、イオン導入などできれいにすることができます。ただし、未治療の肝斑のみ、不用意なレーザー治療ではかえって濃くなってしまうことが多く、一般的にレーザー治療は禁忌とされています。
経験豊富な医師の場合、診察の後、肝斑でも照射可能な光治療やレーザートーニングなど、しみの種類によって適した治療法を提案してくれます。以上の治療法のほかに美白効果の高いハイドロキノンや高濃度ビタミンC、ピーリングの効果が高いレチノイン酸の外用薬、メラニンの生成を抑えるトランサミン、ビタミンC、ビタミンE、L-システインなどの内服薬も併用すると効果的です。

しみ・そばかすに効く

美肌レシピ

美肌食材・はちみつが大活躍!

トマトとスナップエンドウのヨーグルトドレッシング

［含まれている美容成分］

ビタミンB群 ビタミンC カルシウム 鉄分 カリウム カロテン リコピン

材料（作りやすい量・2人分）

スナップエンドウ……6本
トマト……1個
《a》
プレーンヨーグルト……大さじ2～
粒マスタード……小さじ1/2～
味噌……小さじ1/2
はちみつ……小さじ1/2
塩・こしょう……少々

作り方

1 スナップエンドウは筋を取り、1分ほど茹でてザルにあげて冷ます。
2 トマトは1.5～2cm角に切る。
3 器に1と2を盛りつけ、《a》を混ぜ合わせたドレッシングをかける。

食物繊維も豊富な
麦と野菜の強力コラボ!

大麦のサラダ

材料（作りやすい量・2人分）

大麦（押し麦）……20g
ブロッコリー……1/4株
ハム……30g
トマト……1/4個
ミックスビーンズ（水煮）……50g
《a》
レモン汁……大さじ1
はちみつ……小さじ2
エクストラバージンオリーブオイル……大さじ1
塩・こしょう……少々

作り方

1 大麦はたっぷりの湯で15分茹でる。ブロッコリーも小房に分け、塩茹でする。ハム、トマトは2cm角に切る。
2 ボウルに水気を切った1とミックスビーンズを入れ、《a》の調味料を加えて混ぜ合わせる。

［含まれている美容成分］

ビタミンB群 ビタミンC ビタミンK 鉄分 亜鉛 カリウム カロテン リコピン オレイン酸 葉酸

ゴルゴンゾーラのコクがたまらない美肌ごちそう

鶏肉ときのこのゴルゴンゾーラソース煮

材料（作りやすい量・2人分）

鶏もも肉	1枚（300g）	白ワイン	大さじ2
しいたけ	2枚	ゴルゴンゾーラチーズ	30g
しめじ	1/2パック	生クリーム	100cc
まいたけ	1パック	塩・こしょう	少々
エリンギ	1本	イタリアンパセリ	少量
洋ナシ	小1個	ピンクペッパー	少々
オリーブオイル	大さじ1		

作り方

1 鶏肉は4～6等分に切って、塩・こしょうで下味をつける。きのこ類は食べやすい大きさにし、洋ナシは皮をむいて一口大に切る。
2 鍋にオリーブオイル（分量外）を熱し、鶏肉を皮目から入れる。両面香ばしく焼き、いったん取り出す。同じ鍋にきのこ類と洋ナシを入れてさっと炒め、鶏肉を戻し、ワインを注ぐ。強火でアルコールを飛ばし、フタをして弱火で10分ほど蒸し焼きにする。
3 2の鍋にちぎったチーズと生クリームを加えて溶かし、塩、こしょうで味を調える。仕上げにイタリアンパセリとピンクペッパーを飾って、でき上がり！

［含まれている美容成分］

ビタミンA　ビタミンB群　ビタミンC　ビタミンD　ビタミンK　カルシウム　食物繊維　カロテン　オレイン酸

美肌食材セロリでほっこりスープ

あったかホワイトミネストローネ

材料（作りやすい量・4人分）

セロリ	10cm	オリーブオイル	大さじ1
レンコン	5cm	水	2カップ
ダイコン	5cm	コンソメ（固形）	1個
ジャガイモ	中1個	塩・こしょう	少々
ネギ	1/2本		
ウインナー	4本		

作り方

1 セロリは薄切りに、レンコン・ダイコン・ジャガイモは薄いいちょう切りに、ネギは粗めに刻む。ウインナーは斜め半分に切る。
2 フライパンにオリーブオイルを入れて、切った野菜とウインナーをいためる。野菜が透き通ってきたら、水とコンソメを入れてフタをし10分煮込む。
3 フタを開けてジャガイモを崩すように2～3分煮込み、仕上げに塩・こしょうで味を調えたらでき上がり。

［含まれている美容成分］

ビタミンB群　ビタミンC　カルシウム　カリウム　食物繊維　ポリフェノール　カロテン　アリシン

彩りもきれいなだし巻き卵!

ホウレンソウと牛しぐれ煮の卵巻き

材料（作りやすい量・2人分）

サラダ油	適量	卵	2個
牛薄切り肉	60g	白だし	小さじ1/2
砂糖	小さじ1/2	水	小さじ2
醤油	小さじ1/2	ホウレンソウ（葉）	3枚

作り方

1 フライパンにサラダ油をひき、牛肉を焼く。すぐに砂糖と醤油を加え、肉の色が変わったら火を消す。
2 ボウルに卵を割りほぐし、白だしと水を加えてよく混ぜる。
3 だし巻きを作る際、1回目の卵液の巻き始めあたりに、下ゆでしたホウレンソウをしく。その上に、1のしぐれ煮をのせて巻いていく。3回ほどで巻き終えたら、巻きすで整えて、でき上がり。

［含まれている美容成分］

ビタミンA　ビタミンB群　ビタミンC　ビタミンD
カルシウム　鉄分　亜鉛　カロテン

具だくさんの汁ものは美肌の強い味方!

カブたっぷりほっこり豚汁

材料（作りやすい量・4人分）

カブ	2株	油揚げ	1/2枚
カブの葉	1株分	ニンニクすりおろし	1かけ
豚ばら肉（薄切り）	80g	糀味噌	大さじ2
水	4カップ	一味唐辛子	好みで
白だし	小さじ1		

作り方

1 カブはきれいに洗ってくし切りにする（12等分）。葉は細かく刻んでおく。
2 熱したフライパンで豚肉を炒める。肉に火が通ったらカブを入れて肉汁をなじませる。
3 そこに水・白だしを入れて中火で煮立て、火を弱め（ぐつぐつする程度）て細切りにした油揚げを入れ、1分煮込む。
4 カブが柔らかくなったら刻んだ葉、ニンニク、糀味噌を入れてよく混ぜ合わせる。好みで一味唐辛子をふる。

［含まれている美容成分］

ビタミンB群　ビタミンC　ビタミンE　ビタミンK
鉄分　亜鉛　カリウム　大豆イソフラボン
カルシウム　カロテン　アリシン　カプサイシン

15分で本格グリーンカレーが完成!

おうちでグリーンカレー

材料（作りやすい量・4人分）

パプリカ（黄）	1/2個	水	200cc
パプリカ（赤）	1/2個	鶏がらスープ（顆粒）	小さじ2
ナス	1本	ココナッツミルク	400cc
しめじ	1/2株	ナンプラー	大さじ1
鶏もも肉	1枚	砂糖	少々
サラダ油	大さじ1	ハーブ(ライムリーフ)	3〜4枚
グリーンカレーペースト	50g		

作り方

1 パプリカは細切りに、ナスは乱切りに、しめじは小房に分ける。鶏肉は食べやすい大きさに切り、塩・こしょう（分量外）をしてフライパンで焼いていく。鶏肉が焼けたらパプリカ・ナス・しめじを一緒に焼く。
2 鍋にサラダ油を入れてグリーンカレーペーストを香りが出るまで炒める。続けて1を入れて炒め、水・鶏がらスープの素を入れてひと煮立ちさせる。
3 ココナッツミルク・ナンプラー・砂糖・ライムリーフを入れて3〜5分煮込んだらでき上がり。

［含まれている美容成分］

ビタミンA　ビタミンB群　ビタミンC　ビタミンE
ビタミンK　カリウム　食物繊維　カロテン

ごま油&豚肉も美肌の最強コンビ!

豚肉とレタスのすっぱ甘辛炒め

材料（作りやすい量・2人分）

レタス	1/2玉	みりん	大さじ1
豚ばら肉（薄切り）	150g	酢	大さじ1
《a》			
醤油	大さじ1	ごま油	小さじ1
料理酒	大さじ1	ごま（白）	大さじ1

作り方

1 レタスを洗い、水気をきって適当な大きさに手でちぎる。フライパンにサラダ油（分量外）をひいて豚肉を炒め、肉の色が変わってきたら《a》の調味料を入れて水分がなくなるまで炒める。
2 レタスとごま油を入れてさっと混ぜ、ごまをふりかけて完成!

［含まれている美容成分］

ビタミンB群　ビタミンC　ビタミンE　カルシウム
鉄分　亜鉛　カロテン　オメガ6系脂肪酸

お悩み

04 大人ニキビ

大人ニキビができるメカニズム

肌の代謝が落ちることが大人のニキビの根本原因

思春期からずっと私たちを悩ませるニキビ。でも社会人になって、これまでのニキビとは少し違う症状のニキビができるようになった……と感じる方も多いと思います。次のような症状に心当たりのある方、それが大人ニキビです！　大人ニキビの原因は、私たちの日常生活の中に潜んでいるのです。今回は大人ニキビ克服のヒントになるよう、大人ニキビの原因を解明していきましょう。

主に額や頬にできやすい、思春期ニキビ。これは過剰に分泌された余分な皮脂で毛穴が詰まることが原因の、ギトギトの脂っぽいニキビです。

これに対して大人ニキビは、思春期ニキビとは違ったメカニズムでできてしまうニキビなのです。大人ニキビができてしまう主な原因は古い角質の蓄積と肌の乾燥であることが多いのです。そのメカニズムとして、まず肌の代謝が悪くなることで、ターンオーバーが遅くなり、古い角質で毛穴をふさいでしまいます。また、ターンオーバーの低下によって起こる肌の乾燥は毛穴をふさぐ角質を厚く、硬くし、大人ニキビをさらに頑固にさせる原因ともなります。こうなることで、ふさがった毛穴にアクネ菌が繁殖し、大人ニキビができてしまうのです。

大人ニキビの症状

- 口やあご周りにニキビができることが多い
- 生理前になるとニキビができやすくなった
- ポツポツとしたニキビが繰り返しでき、治りも遅い

教えてくれた先生

西麻布ヒフ・形成外科
院長
藤井佳苗先生

大人ニキビの原因と改善法

【 肌の乾燥 】

乾燥肌を改善するために日常でできる最も効果的な改善法が、洗顔と保湿。まず洗顔は、洗顔料をよく泡立てて顔を包み込むようにやさしく洗い、ぬるま湯でよく流します。フェイスラインや髪の生え際も丁寧に流しましょう。ゴシゴシ洗うと余計にニキビに刺激を与えてしまうので、気をつけましょう。次に刺激のない化粧水で保水をし、クリームでしっかり保湿をしましょう。

【 古い角質の蓄積 】

古い角質が毛穴をふさいでしまうのは、肌の代謝が落ちているから。代謝をよくするビタミンA・Cは化粧品でも補えますが、より効果が望める高濃度で浸透性の高い製品を選ぶことが大切。もちろん、食べ物から摂取することも大事です。ビタミンAは、カボチャ、ニンジン、レバー、うなぎなど、ビタミンCは、パセリ、レモン、ピーマン、イチゴ、ブロッコリーなど新鮮な野菜から取り入れることができます。内からも外からもビタミンA・Cの摂取を心がけましょう。

日常生活に潜む大人ニキビの原因

現代人にとって悩みの種でもあるストレスや睡眠不足。これらによって起こってしまうのが、ホルモンの乱れです。女性ホルモンであるエストロゲンは、お肌のうるおいを保つ働きを、プロゲステロンは皮脂の分泌を促進する作用を持っています。

また、間違った食生活による栄養バランスの乱れも、大人ニキビの原因の一つになります。ビタミンやミネラルを上手にとることで、ターンオーバーの働きを高め、毛穴の詰まりを防止し、ニキビができにくい肌になります。食物繊維不足や動物性脂肪分の取りすぎも、便秘につながり老廃物が蓄積する原因になることがあります。

さらに、毎日のメイククレンジングに問題がある場合も。残ったメイク汚れが毛穴に詰まり、それが蓄積すると大人ニキビの原因に。タバコによる血行不良、過度なダイエット、冷え性なども原因となりうるので、これらを取り除き、正しい生活習慣で予防を心がけましょう。

あごニキビのケア方法

繰り返すあごニキビもセルフケアで治せる

大人ニキビの中でも、一度できてしまうと治りにくく、繰り返してしまうことも多いあごのニキビ。ケアを誤ると悪化してニキビ跡が残ってしまう恐れも。クリニックへ相談して治療するという方法もありますが、まずは自分でできることから、セルフケアを始めましょう。何気なくやっていたスキンケアや、生活習慣のあれこれがニキビに影響していたかもしれません。あごのニキビの治療・予防のためのセルフケアの方法をご紹介します。

ホルモンバランスを整える

あごのニキビの原因の一つ、ホルモンバランスの乱れを整えることは治療の第一歩。できるだけストレスを溜めないようにうまく発散しましょう。規則正しい生活のもと、十分な睡眠とバランスのとれた食生活が理想です。これらは直接的なスキンケアをするよりも大切で、症状のケアに対しても大きく影響してきます。

適切なスキンケア

あごのクレンジングや洗顔はしっかり行き届いていますか。洗顔後のすすぎが十分でないと、洗顔料の成分が顔に残り、毛穴を詰まらせる原因となります。ニキビができやすい方は特に、洗顔を見直してみてください。ニキビができてしまった場合、毛穴に詰まったメイクや皮脂汚れをしっかり落とすことも大切ですが、傷つけないようにやさしくケアすることも同じくらい大切。洗顔後は化粧水で肌に水分を補い、その水分を逃がさないよう乳液でフタをします。なるべく低刺激のもので、お肌に合ったものを選びましょう。また美容液などで、皮脂分泌をコントロールしてくれるビタミンC誘導体や、肌のバリア機能を回復するセラミドなど、ニキビ治療に役立つ成分を補うことも大切です。

その他のセルフケア

あごは紫外線を浴びやすい部分。ニキビができている肌は普段よりも敏感になっています。日焼け止めをこまめに塗り直すなど、いつも以上に入念な紫外線対策をしましょう。また、あごは無意識のうちに手で触って雑菌の繁殖を助長している場合があるため、注意してください。

教えてくれた先生

秋葉原スキンクリニック
院長
堀内祐紀先生

あごニキビの皮膚科での治療

ニキビは、放っておくと進行し、ニキビあとが残ってしまう恐れも。

できるだけ早期の対策が求められます。

ニキビを軽く見ず、皮膚科へ相談するという選択肢があることを知っておいてください。

皮膚科では、「塗り薬」、「飲み薬」、「理学療法」などさまざまなアプローチから治療を行います。

皮膚科で受けることのできるあごニキビの治療法について、詳しくご紹介します。

保険適用となる治療

治療費の負担は一般に3割です。

イオウ製剤

古くからニキビ治療薬として使われてきた塗り薬です。古い角質を柔らかくするため、毛穴に詰まった角質をはがす、肌のターンオーバーを促進する働きがあります。また、洗浄力と殺菌力があることからニキビの予防や炎症を防ぐ効果も期待できます。

外用レチノイド（ディフェリンゲル）

海外ではニキビ治療のスタンダードとして10年以上前から使われていた塗り薬ですが、日本で認可が下りたのは2008年と、ごくごく最近です。顆粒細胞が角質細胞になるのを抑制し、毛穴の詰まりを解消します。同じ外用レチノイドとして、ニキビやしわ、たるみなどの治療にも使われる「トレチノイン」もありますが、こちらは保険適用外です。

面皰圧出

専用の器具を用い、毛穴に詰まっているニキビの芯「面皰（皮脂や角質など）」を物理的に取り除きます。炎症を起こす前の比較的、初期のニキビに効果的です。

抗菌薬

セフェム系、マクロライド系などいくつかの系統があり、種類もさまざまです。病原菌の発育を抑えたり、タンパク質合成を阻害して殺菌したり、DNAの複製を阻害して殺菌するなど、さまざまなアプローチから病原菌の働きを抑え込みます。塗り薬と飲み薬があります。

保険適用外となる治療

全額自己負担となります。

イオン導入

微弱電流を流すことで、有効成分を真皮層まで浸透させます。ケミカルピーリング後に行うとより効果的で、ビタミンC誘導体や保湿成分を浸透させ、肌のバリア機能を整えます。

ケミカルピーリング

厚くなった肌は毛穴が詰まりやすくニキビができやすい状態です。フルーツ酸などの働きで古い角質を除去、肌のターンオーバーを促すことでニキビを予防・改善する効果があります。ニキビ以外にも、しわ・たるみなどの治療にも使われます。

お悩み

05

肌の赤み

肌の赤みの原因

赤ら顔になるには さまざまな原因がある

顔の広範囲、あるいは頬や鼻などの目立つところが赤くなった状態を、赤ら顔と呼びます。こうした症状が起こる原因には、どういったものがあるのでしょうか？　主な5つの原因について詳しく解説します。また、生まれつきのものや加齢が原因となるものもあります。正しいケアや治療を行うためにも、まずは自分の赤ら顔はこのうちのどれに当たるのか、原因を探ることからはじめてみましょう。

教えてくれた先生

五本木クリニック
院長
桑満おさむ先生

赤ら顔（毛細血管拡張症）の主な原因

❶皮膚の薄さ

皮膚の二層目にあたる真皮には毛細血管が密集しています。毛細血管は通常、皮膚の表面からは見えませんが、皮膚最上部の表皮が薄いと透けて見えるため、赤く見えてしまうのです。特に鼻や頬の皮膚は薄いので、赤くなりやすいです。

❷気温や体質などによる毛細血管の拡張

皮膚の毛細血管は、外気温に合わせて血管を拡張・伸縮させることで温度を一定に保っています。寒い地方では室内外の温度差が激しいので毛細血管の拡張・伸縮が頻繁に起こります。拡張と伸縮を繰り返すうちに毛細血管の収縮力が低下し、皮膚の温度を下げないように拡張していた毛細血管は拡張したままとなります。これが、寒暖の差により顔が赤くなる原因。生まれつき毛細血管が多かったり、体質として拡張したりしている人もいます。

❸ニキビによる炎症

炎症をともなうニキビ（赤ニキビ）ができると、ニキビのある周辺の皮膚が赤くなります。炎症が血管を拡張させるためです。通常はニキビが治れば炎症も治まるので、一緒に赤みも消えます。しかし、ニキビが治らないうちにさらに新しいニキビができると、またニキビの炎症が起こり、皮膚の炎症が治まらない状態が続いてしまいます。その状態が続くと真皮や皮下組織に色素沈着し、赤ら顔に。肌質によっては、ニキビが治っても長期的に赤みが続くこともあります。

❹皮脂による炎症（脂漏性皮膚炎）

皮脂の分泌が過剰になると、肌の上に余分な皮脂が留まり、空気に触れて酸化しやすい状態になってきます。その酸化した皮脂と皮膚の常在菌が反応を起こすと、炎症が起きて赤くなります。多くは、鼻や鼻の脇など、皮脂の分泌が多いところに起こります。ニキビをともなうこともあり、そうなるとさらに赤みが増してしまいます。

❺アルコールや香辛料、薬などの過剰摂取

血管、特に毛細血管を広げる作用のあるアルコールや刺激の強い香辛料などを摂りすぎると、血流が滞り、血液が溜まりやすくなります。また、アトピー性皮膚炎のステロイド外用薬など、服用している薬の副作用で血流が滞り、赤みが出ることも。

お悩み 05
・肌の赤み・

赤ら顔のケア方法

治療が難しいため根気よく改善を目指して

赤ら顔の原因はさまざまで、重症度により治療法も変わります。症状が気になる場合は、まず皮膚科で診断してもらいましょう。原因が多岐にわたるぶん治療も難しく、すぐに治ることはまれといわれています。しかし、繰り返し治療することにより確実に改善はされていきますので、食生活やスキンケアの見直しも進めながら、医師との相談の上、根気よく治療を続けてください。ここでは、主に毛細血管拡張症による赤ら顔の治療法についてご説明します。

中等度～重症の場合

皮膚科を受診してみましょう。
レーザー治療だけは保険が利きますが、
それ以外は自費診療になります。

【 光治療 】

患部に光を当て、拡張した毛細血管を縮小させて赤みを目立たなくさせる治療法です。カメラのフラッシュに似た瞬発的な光で、血管や沈着した色素を破壊します。レーザーとは波長が異なるため、より痛みが少なく、かさぶたになったり、一時的に肌が茶色になったりするダウンタイムも短いとされています。

【 レーザー治療 】

毛細血管拡張症に使用され、なおかつ保険適用になるのは、機械にもよりますが主に「ダイレーザー」という機械を使った治療です。(単純性血管腫、苺状血管腫、毛細血管拡張症と診断された場合は保険適用)。他には「ヤグレーザー」などがよく使われますが、これは保険適用外です。

【 硬化療法 】

血管に硬化剤を注射し、すぐに弾性包帯で圧迫することによって血管の内側をくっつけて線維化させる治療方法で、レーザー治療で効果の薄い太い血管などに行われることが多いです。治療直後でも、日常生活の制限はほとんどありません。

軽症の場合

食生活やスキンケアの方法を
見直したり、女性であれば化粧品を
変えたりすることで対応できます。

【 食生活の改善 】

アルコール、たばこ、カフェインなどの嗜好品や香辛料などの刺激物は、赤ら顔の原因になるといわれています。普段から多く摂っているものがあれば、控えるようにしましょう。

【 スキンケア(洗顔)の見直し 】

洗顔のしすぎやゴシゴシ洗いは肌に刺激と負担を与え乾燥をもたらすため、かえって赤ら顔の原因になってしまいます。洗顔料や化粧水などを、なるべく刺激の少ないものにするのも有効。また、皮膚の炎症による赤ら顔をおさえるには、ビタミンCを肌に浸透させやすく加工した成分・ビタミンC誘導体が効果的です。

【 漢方薬 】

気温差やアルコールに弱い人は、それにより血管が広がりやすくなっている可能性があります。「桂枝茯苓丸(けいしぶくりょうがん)」、「温経湯(うんけいとう)」、「桃核承気湯(とうかくじょうきとう)」などは、血を流れやすく改善する漢方薬として知られているため、上記のような症状の方への効果が期待できるでしょう。ただし、服用する際は、漢方に詳しい医師や薬剤師などに見立ててもらい、自分にふさわしい薬を処方してもらいましょう。

教えてくれた先生

五本木クリニック
院長
桑満おさむ先生

お悩み 05
肌の赤み

赤ら顔になりやすい人の特徴

体質や肌質によって赤ら顔がひどくなる

赤ら顔にはさまざまな種類と原因があることがわかりました。しかし、その中でも、特に赤ら顔になりやすい人がいます。鼻周りや頬のあたりが赤い方や、気温の変化で赤くなるような方は、注意が必要。これは、皮膚が薄くなって血管が透けてしまっていることが原因。確かに、中には生まれつき皮膚が薄いような方もいらっしゃるのですが、大半が自分で皮膚を削ってしまっているのです。今回は、赤ら顔になりやすい体質や肌質に注目していきます。

皮膚が薄いと、赤ら顔が悪化する!

洗顔の際に、泡ではなく手で肌をこすって洗っていたり、マッサージを頻繁に行っていたりしませんか。また、スキンケアでピーリング剤の配合されているものを使ってはいませんか。人間の皮膚の角質層はわずか0.02ミリほどしかないので、「削っている」という自覚がない何気ない行為でも、肌は大きく影響を受けてしまうのです。肌が薄くなると、血液が浮き出やすくなるだけでなく、免疫が落ちてニキビや肌荒れなどの炎症が起こり、皮膚そのものまでが赤くなって、赤ら顔が悪化する可能性があるのです。

教えてくれた先生

かくた皮膚科クリニック
院長
角田美英先生

お悩み 05
肌の赤み

赤ら顔改善に効果的な化粧品

化粧品の成分が赤みの原因に作用

スキンケア次第では改善することもある赤ら顔。具体的にどのような化粧品を選べばいいのか、解説します。

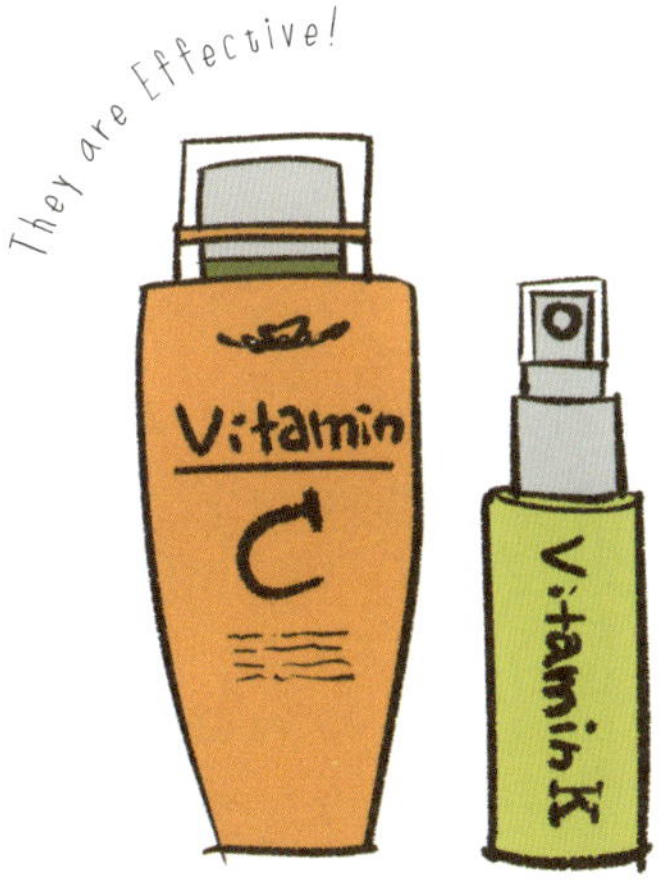

炎症をおさえるのに効果的な化粧品

皮膚の炎症による赤ら顔をおさえるには、ビタミンC誘導体が配合されている化粧水が効果的です。ビタミンC誘導体とは、抗酸化作用のあるビタミンCを肌に浸透させやすくする成分です。具体的には、パルミチン酸アスコルビルリン酸3Na(APPS、またはアプレシエ)、リン酸アスコルビン酸Na(APS)などと成分表記されているものが、ビタミンC誘導体にあたります。ビタミンC誘導体は、クリームなどに入っていることもありますが、化粧水に入っているものの方が肌への吸収がよいといわれています。ですから、肌荒れ、ニキビ、皮脂などによる肌の炎症による赤ら顔の場合、このビタミンC誘導体入りの化粧水が◎。

血管が広がるのをおさえる

人前で赤くなったり、気温の変化で赤くなりやすい方は、血管が広がりやすい体質だと考えられています。ビタミンKは、血管に詰まった栓をとりのぞき、血液の流れをスムーズにさせる役割があるといわれています。血液がスムーズに流れれば、血管が広がりにくくなりますので、赤ら顔の改善にも期待できるのです。最近は、赤ら顔専用とうたっている化粧品もありますが、その多くは、このビタミンKを配合したもので、名称も、「〜K」というようなものが多いです。化粧水やクリーム、美容液などさまざまな化粧品が展開されていますが、同じビタミンKの入った化粧品であっても、メーカーによって、その性質や使用感が異なります。

まずは肌トラブルの解決から!

赤ら顔のほとんどのケースでは、肌がトラブルを起こしています。まずはこのトラブルを解決することが大事。今使っている化粧品の中に、肌に合っていないものがあるかもしれません。刺激に弱い肌状態なので、あまりいろいろな成分の含まれた化粧品をべたべた塗ることはやめて、肌を守るための保湿と、紫外線ケアを優先し、美白などそのほかの対策は、トラブルがおさまってからケアしていくようにしましょう。

教えてくれた先生

かくた皮膚科クリニック
院長
角田美英先生

お悩み 06

・くすみ・くま・

くすみのタイプとケア方法

早めのケアでくすみは改善する！

くすみにはいくつかの種類があり、タイプによってケア方法が変わってきます。自分のくすみのタイプを知り、肌に合ったお手入れを始めましょう。毎日の地道なケアで改善することが可能です。いくつかのタイプが混合している場合もありますので、自分のくすみの状態をよくチェックすること。

メラニンくすみ

日焼けや炎症などのダメージによってメラニンが大量に作られ、排出がスムーズにいかなかったことによるくすみの状態。効果的なのは、美白成分が含まれた化粧品を使ったケアです。ビタミンC誘導体、プラセンタエキス、トラネキサム酸、エラグ酸、コウジ酸など、さまざまな美白成分を配合した医薬部外品があります。成分やテクスチャーなどで、自分の好みのものを選びましょう。医療機関ではハイドロキノン、レチノイン酸、ルミキシルクリームなど効果の高い美白剤の処方が受けられます。

乾燥くすみ

なんといっても保湿が大切。セラミドやヒアルロン酸などのうるおい成分をたっぷり角質層に届けることで、角質細胞をみずみずしく、ふっくらした状態にしてあげましょう。化粧水単独では保湿になりません。必ず保湿効果の高い美容液やクリームを塗り重ねましょう。乾燥肌の方は洗いすぎないことも肝心です。

血行不良による青くすみ

マッサージがオススメ。指のすべりをなめらかにするために、マッサージ用のクリームを使って、肌を刺激しないようにやさしくマッサージしましょう。朝、肌がくすんで化粧のりが悪いときは、2〜3分マッサージしてからファンデーションを塗るとよいでしょう。日頃から身体を冷やさず、運動をするなど、血行をよくする生活習慣を心がけてください。

教えてくれた先生

銀座ケイスキンクリニック
院長
慶田朋子先生

汚れくすみ

古い角質が蓄積されたことによるくすみには、ケミカルピーリングでお肌のターンオーバーを整えることがオススメ。ピーリング用の化粧品を使用し、余分な角質のみを取り除きます。ピーリング後の肌は敏感になっているので、クリームやバームでしっかり保湿することを忘れずに。プロの手を借りて確実なピーリングを受けたい人は、皮膚科クリニックに相談しましょう。

濃い産毛くすみ

ムダ毛処理には安全カミソリでの剃毛が一番安全ですが、繰り返すと、バリア障害から肌荒れや、メラニンくすみの悪化を招きかねません。信頼できる医療機関でレーザー脱毛を受けるとよいでしょう。脱毛効果だけでなく、同時にメラニンくすみも解消されます。

化粧品などによる油やけ

油やけといわれるくすみの多くは、古くなった化粧品が原因で起きる刺激性皮膚炎と炎症後色素沈着です。なかなか減らないリップカラーやアイシャドウを2年、3年と使っていませんか？　劣化した化粧品は肌のトラブルのもとになり、炎症を起こすことでしみやくすみの原因となります。もったいないと思っても、古くなったものは思い切って捨てましょう。また、お化粧して時間が経つと、お肌の上で化粧品の油脂成分が酸化し、刺激になってしまいます。一日の終わりには面倒でも必ずお化粧を落とすことを忘れないでください。

糖化による黄くすみ・茶くすみ

糖化の原因となるAGEs（終末糖化産物）を作らないために、糖質過多の食生活を見直すことが大切。甘いお菓子を控えるだけでなく、ご飯・小麦・トウモロコシなどの糖質を控えめにする、食事の際に海藻や葉物野菜を最初に食べるなど、食べ方も工夫しましょう。また、糖化したコラーゲン線維は元に戻りません。どうしても糖化によるくすみを改善したい場合は、皮膚科クリニックでCO_2フラクショナルレーザーの施術を受けて、肌のリニューアルを図りましょう。

Colorful! Concealer

目の周りのくすみ改善

デリケートな目元はこまめにケアを

目元の角質層は約0・02㎜程度。頬などの顔の角質層が10〜15層あるのに対して、目元は5層程度しかなく、皮脂腺がないため、うるおいを保つ力が弱い部分です。さらにパソコンやスマホなどを長時間見ることで、筋肉も疲れやすくなっています。目元のくすみの原因は、もともとの皮膚構造や血行不良などさまざまなものがあるのです。原因に合ったこまめなケアを心がけ、くすみを改善していきましょう。

血行不良

目元の角質層は非常に薄く、血流が透けて見えやすくなっています。そのため、血行が悪いと肌の赤みがなくなり、くすんだ印象になります。パソコンを長時間使って目を酷使した後、目が疲れているなと感じたときは、ホットタオルや目元を温めるアイマスクを使ってケア。目元を温めた後はアイクリームや美容液で保湿しましょう。

ちりめんじわ

加齢により真皮のコラーゲン線維が劣化するとアイホールの皮膚が伸びて細かいしわが寄ってきます。しわの寄った皮膚はメラニンが重なり合って見えるため、くすんで見えてしまいます。医療機関での皮膚を引き締めるレーザー治療が有効です。

目の下のくぼみ

やせている人は年齢を重ねると、目の下のくぼみが気になるという場合が多いようです。皮膚が下がってくぼみが目立つようになると、その部分が影になってくすんで見えるようになります。目の下のくぼみが気になる人は、ときどき眼輪筋をやさしくマッサージしましょう。眼輪筋とは、目を覆うように存在している筋肉。上まぶたの真ん中あたり、眉のすぐ下ぐらいを指で上にそっと引き上げたまま、10秒ぐらい目を閉じます。次に、目尻の下を斜め上に引き上げたまま、10秒ぐらい目を閉じます。目が疲れているときにも、すっきりして効果的です。

教えてくれた先生

かくた皮膚科クリニック
院長
角田美英先生

眼窩《がんか》の脂肪による影

年齢を重ねて目の下の筋肉が衰え、眼窩の脂肪を支えきれなくなると、涙袋の下の脂肪が目立つようになります。この影によって目元がくすんだ印象に。これを防ぐには、まず目の近くの筋肉を衰えさせないようにすることが大切です。目のこすりすぎは、ミュラー筋というまぶたを引き上げる筋肉の力が弱まる原因になるので、気をつけましょう。また、同じ場所をずっと見続けるのもNG。ときどき視線をそらすなどして、筋肉の緊張を緩めてください。目元の保湿や栄養補給にも気をつけて。

乾燥

うるおいを保つ力の弱い目元は常に乾燥しがち。夏は紫外線、冬はドライな空気と、乾燥の原因は年間を通して存在しています。特に最近は、パソコンやスマホなどを長時間利用することによる目の疲れも乾燥の原因になっています。朝晩のスキンケアで、保湿成分をしっかり届けてあげましょう。

しみや色素沈着

角質層が薄い目元は、しみや色素沈着が目立ちやすい部分でもあります。目をこすったり刺激を与えることでメラニンが作られ、色素沈着の原因に。アイメイクを落とすときは、たっぷりのクレンジング剤を使い、温めながら乳化させこすらないように注意しましょう。一年中UV対策をきちんとして、美白成分の入ったアイクリームなどでお手入れしましょう。

くすみ・くまに効く

美肌レシピ

カラフルな見ためも大満足♪

かぼっコリーのカラフルクリーミーサラダ

[含まれている美容成分]

ビタミンA　ビタミンB群　ビタミンC
ビタミンE　カルシウム　鉄分　亜鉛

材料（作りやすい量・2人分）

かぼっコリー……1/2個
パプリカ（赤）……1/2個
パプリカ（オレンジ）……1/2個
《a》
マヨネーズ……大さじ2
プレーンヨーグルト……大さじ2
砂糖……ひとつまみ
白醤油……小さじ1/2
ごま（白）……大さじ2

作り方

1 野菜はすべて、2cmまでのさいの目に切る。
2 ボウルに野菜を移し、《a》と合わせる。

春雨の中華サラダをアレンジ!

切り干しダイコンの中華サラダ

材料（作りやすい量・2人分）

切り干しダイコン……1/2袋
キュウリ……1/2本
ベーコン……5枚
卵……1個
らっきょう酢……50cc
めんつゆ（2倍濃縮）……大さじ1
ごま油……大さじ2
ごま（白）……お好みで

作り方

1 切り干しダイコンはたっぷりの水に戻し、戻ったらそのまま火にかけて沸騰させる。中火で10分ほど茹でて柔らかくし、粗熱が取れたらしっかり水気を絞る（長い場合は切る）。
2 キュウリとベーコンは細切りに、卵は薄焼きにして錦糸卵にする。
3 らっきょう酢、めんつゆ、ごま油を合わせたものに切り干しダイコン、2を和え、よく調味料をなじませ、仕上げにごまをふりかけて完成。

[含まれている美容成分]

ビタミンA　ビタミンB群　ビタミンD　ビタミンE
カルシウム　鉄分　亜鉛　カリウム　オメガ6系脂肪酸

DHAを摂れるお手軽ごはん♪

鮭とミズナの混ぜごはん

材料（作りやすい量・2人分）

塩鮭……………………1匹
ミズナ…………………少々
ショウガ………………4個
白米……………………2合
酒………………………大さじ1
塩………………………適量
ごま油…………………小さじ1
ごま（白）……………大さじ1

作り方

1 塩鮭を焼き、骨を取ってほぐす。ミズナは1cm程度にカットしショウガもスライスする。
2 炊きたてのご飯に酒をふって、1と調味料を入れてよく混ぜる。塩鮭の塩加減によって塩を入れて味を調整する。

［含まれている美容成分］

ビタミンB群　ビタミンC　ビタミンD　ビタミンE　鉄分　カルシウム　亜鉛　カロテン　カリウム　炭水化物　アスタキサンチン　オメガ3系脂肪酸　オメガ6系脂肪酸

簡単なのに胃にも肌にもやさしいレシピ

しめじとコマツナの煮びたし

材料（作りやすい量・4人分）

だし汁…………………400cc
しめじ…………………1パック
さつま揚げ……………2枚
コマツナ………………1袋

《a》
醤油……………………大さじ1
みりん…………………大さじ1
料理酒…………………大さじ1
塩………………………小1/2

作り方

1 だし汁に《a》の調味料を入れて沸騰させる。しめじとさつま揚げを入れて少し時間をおき、2cm程度にカットしたコマツナを入れて2分程度煮込んだら火を止める。
2 よく混ぜ、氷水をあてながら冷やし、そのまま冷蔵庫で冷やしたら完成。

［含まれている美容成分］

ビタミンB群　ビタミンC　カルシウム　鉄分　食物繊維　カロテン

お悩み
07
ハリ

肌のハリのメカニズム

肌のハリの有無が、見た目年齢を決める!

〝ハリのある肌〟とは、みずみずしくピーンと張っていて、はずむような弾力がある若々しい肌のこと。反対にハリが低下すると、まるで空気が抜けてしぼんだ風船のように、皮膚が垂れ下がって、目の周りやほうれい線、フェイスラインなどのたるみが目立つようになり、老けた印象になります。つまり、肌のハリとは、見た目年齢を決めたり、若々しい印象を保ったりするのに欠かせない要素ということになります。

【ハリを作る肌の構造】

肌は、上から表皮、真皮、皮下組織という3層構造になっており、上から2番目の真皮は、主にコラーゲン、エラスチン、ヒアルロン酸という3つの成分で構成され、表皮を下から支えてハリや弾力を維持しています。コラーゲンは真皮内に網目状に張り巡らされており、ベッドのマットレスに例えると、スプリングの役割をします。エラスチンは、コラーゲンのところどころをつなぎ止めるように支えており、スプリングをつなぎ止める結束物の役割をします。ヒアルロン酸は、コラーゲンとエラスチンの隙間を埋めつくす、水分をたっぷり含んだ弾力のあるゼリー状の成分。マットレスのスポンジ部分の役割をします。この3つの成分は、真皮に存在する「線維芽細胞」によって生み出されますが、線維芽細胞の力が衰えると、コラーゲンなどが変性したり、減少したりして、ハリや弾力の低下へとつながります。

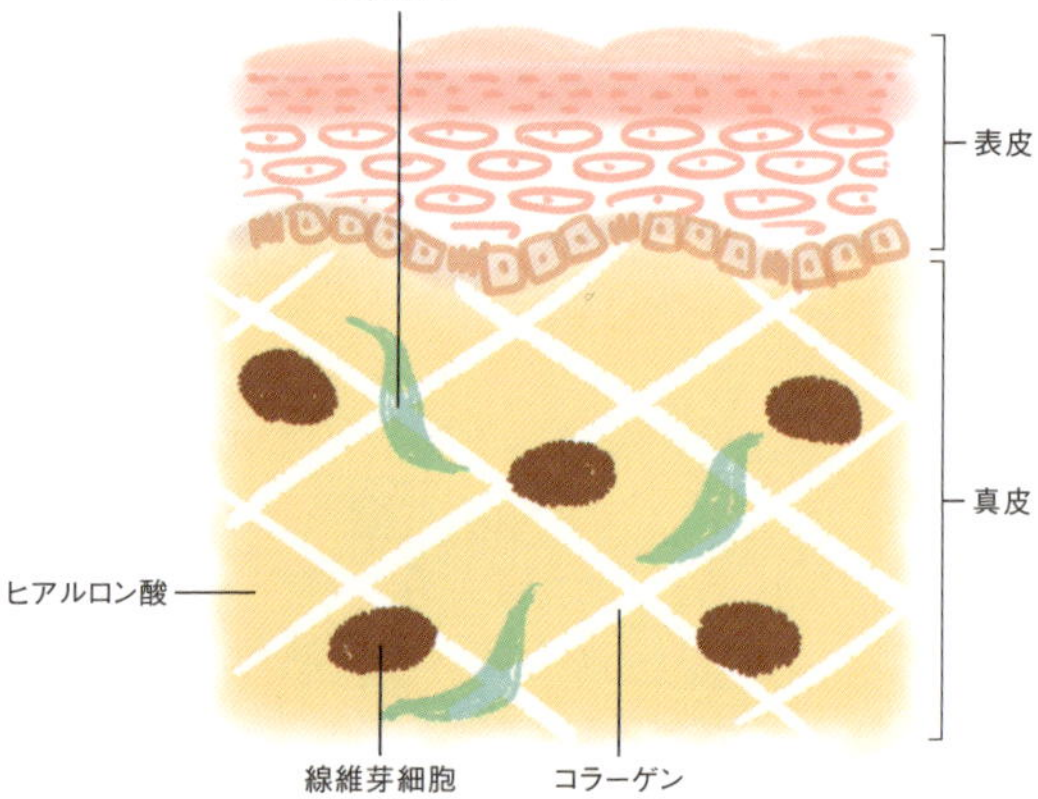

教えてくれた先生

皮膚科医
コッツフォード良枝先生

お悩み 07

・ハリ・

ハリ低下の原因

コラーゲンやエラスチンの変性・減少で弾力を失う

肌の3層構造で上から2番目にある真皮は、肌を内側から支える土台になる部分です。ここには、丈夫で太いコラーゲン線維が網目状に張り巡らされています。コラーゲン線維が交差する部分は、弾力のあるエラスチン線維がしっかりとつなぎ止めることで、表皮を下から支え上げ、肌のハリや弾力を維持。コラーゲンとエラスチンの隙間を埋め尽くすヒアルロン酸は、肌のうるおいを保つ役割を担っています。この3つの成分を生み出す線維芽細胞の力が衰えると、コラーゲンなどが変性、減少したりして、ハリや弾力の低下へとつながるのです。

コラーゲンやエラスチンが変性、減少する要因

【 女性ホルモンの減少 】

女性ホルモンのエストロゲンには、コラーゲンやエラスチンの生成を促す作用があるため、加齢とともにその分泌量が減ると、肌のハリも低下します。また、無理なダイエットや睡眠不足なども、エストロゲンを減少させます。

【 生活習慣の乱れ 】

偏った食生活による栄養不足、睡眠不足などが続くと、肌が生まれ変わるサイクルを維持できず、ハリの低下を招きます。

【 喫煙 】

喫煙をすると、活性酸素が大量に発生するだけでなく、コラーゲンの合成に欠かせないビタミンCが破壊されてしまいます。

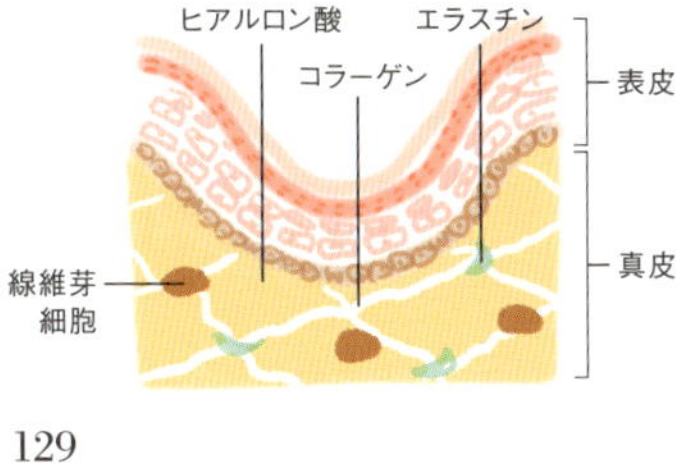

【 乾燥 】

表皮の一番上には、外的刺激が肌内部に侵入するのを防ぐバリアとして機能する角質層があります。肌が乾燥すると、この角質層のバリア機能が低下するため、紫外線のダメージを強く受けるようになります。

【 紫外線 】

紫外線は、表皮を透過して真皮にまで届き、コラーゲンを傷つけたり、エラスチンを変性させる酵素の分泌を促したりします。

【 加齢 】

コラーゲンやエラスチンは、真皮にある線維芽細胞によって生み出されますが、年齢を重ねると、線維芽細胞の数が減ったり、働きが衰えたりします。

【 活性酸素 】

体内に発生する活性酸素は、コラーゲンやエラスチンを変性させる酵素の分泌を促したり、線維芽細胞を弱らせて、コラーゲンやエラスチンの産生力を低下させたりします。

教えてくれた先生

皮膚科医
コッツフォード良枝先生

お悩み 07

・ハリ・

肌の弾力を保つケア方法

ハリ・弾力・うるおいが美肌の必須条件！

美しい肌に欠かせない条件は、ハリと弾力、そしてうるおいです。目で見るとしわやたるみがなく、手で触れると、ハリや弾力がある場合、肌内部（真皮）の働きがよく、コラーゲンやエラスチンが十分に生み出されている状態です。目で見てキメがそろっている、手で触れるとしっとりしてやわらかいのは、肌の表面にある角質層に、十分な水分が蓄えられている状態。肌のハリや弾力、うるおいを保つためのケア方法を見ていきましょう。

マッサージでむくみを解消

フェイスラインや頬がたるんでくるのは、ハリや弾力が低下した肌が重力で垂れ下がってくるからです。肌の重みになるむくみを解消するために、血行やリンパの流れをよくするマッサージを行いましょう。その際、マッサージクリームをたっぷり使い、肌の滑りをよくすることで、肌に負担がかからず効果的に行うことができます。肌をゴシゴシこすったり、強く引っ張ったりするのは、肌に刺激を与えて肌トラブルの原因となるのでやめましょう。

紫外線対策と保湿ケアはセットで

紫外線（UV-A）は、真皮にまで到達し、コラーゲンやエラスチンを破壊してしまいます。紫外線防止剤の入った化粧品や日焼け止めを使い、紫外線対策をしましょう。また、肌のハリや弾力の低下には、乾燥も影響します。クレンジングや洗顔で肌を清潔にした後の保湿ケアも欠かせません。さらに、真皮内の機能を高めてハリや弾力をキープする、美容成分が入ったクリームを使うのもおオススメです。

Keep the elasticity!

教えてくれた先生

皮膚科医
コッツフォード良枝先生

お悩み 07
・ハリ・

ハリのある目元に導くケア方法

デリケートな目元はハリが失われやすい!

顔の中でも、上まぶたや目の下、目尻などの目元は、ハリが失われやすく、たるみが目立ちやすいパーツです。実は目の周りは、顔の中でも皮膚が特に薄く、皮脂腺も少なく乾燥しやすいので、もともとデリケート。それにもかかわらず、目元の皮膚は、まばたきによって常に動かされ、ダメージにさらされやすくなっています。ハリのある目元になるために、オススメの美容成分やケア方法を見ていきましょう。

ハリを与える美容成分

ナイアシン

水溶性ビタミンの1つで、肌の代謝を活性化したり、コラーゲンの合成を促したりする作用、抗酸化作用があります。ビタミンC誘導体やレチノールに比べて、刺激が少ないため、肌の弱い人にオススメです。

ビタミンC誘導体

ビタミンCには、コラーゲンの合成を促す作用や、コラーゲンを破壊する活性酸素を除去する抗酸化作用があります。ビタミンC誘導体とは、このビタミンCを肌に吸収されやすい形に変えたものです。

抗酸化成分

アスタキサンチン、コエンザイムQ10、カテキン、リコピン、レスベラトロール、油溶性甘草エキス、オウゴンエキスなどにも、活性酸素を除去する抗酸化作用があります。

レチノール

ビタミンAの一種で、コラーゲンを生み出す「線維芽細胞」に働きかけ、コラーゲンを増やす作用があります。

目元のお手入れのポイント

ハリのある目元を維持するためには、次のお手入れを心がけましょう。

[与えるケア]

保湿成分や上記の美容成分が入った基礎化粧品を使って、朝・晩のスキンケアをしっかり行いましょう。目元専用のパックを使うのもオススメ。

[守るケア]

目元にも、紫外線防止効果のある化粧品や日焼け止めを塗ったり、サングラスをかけたりして、紫外線から肌を守りましょう。

教えてくれた先生

皮膚科医
コッツフォード良枝先生

エイジングケアに効く
美肌レシピ

和えるだけで簡単! おつまみにも◎

長芋入り♪トマトとアボカドのタルタルユッケ

材料（作りやすい量・2人分）

トマト……1/2個
アボカド……1/2個
長イモ……50g
薄口醤油……小さじ2
ごま油……小さじ1/2
揉み海苔・糸唐辛子……適量（好みで）

作り方

1 トマト・アボカドを角切りにします。長イモは皮をむいて、1cmほどのさいの目切りにします。
2 ボウルに入れ、薄口醤油、ごま油と和えます。 皿に盛り、好みで揉み海苔や糸唐辛子などを添える。

［含まれている美容成分］
ビタミンC　ビタミンE　カリウム
リコピン　オメガ6系脂肪酸

サッと作れて彩りもカラフル!

牛肉とカラフルピーマンのケチャップ炒め

材料（作りやすい量・2人分）

焼肉用牛肉……300g
ピーマン……1個
カラーピーマン（赤・黄など）……2個
オリーブオイル……小さじ1
塩……少々
《a》
トマトケチャップ……大さじ1
塩麹……大さじ1
みりん……大さじ1/2

作り方

1 牛肉を1cm幅で細切りにする。ピーマン・カラーピーマンは、それぞれ縦に0.5cm幅で細切りにする。
2 フライパンにオリーブオイルをしき、牛肉を炒める。塩をふり、半分ほど色が変わったらピーマン・カラーピーマンを加えて炒め合わせる。
3 《a》の調味料を加えて、混ぜ合わせる。

［含まれている美容成分］
ビタミンA　ビタミンB群　ビタミンC　ビタミンE
鉄分　亜鉛　カロテン　オレイン酸

じんわりだしが染み込んだやさしい味

インゲンとニンジンの信田巻き

［含まれている美容成分］

ビタミンB群 ビタミンE ビタミンK
カルシウム 鉄分 大豆イソフラボン カロテン

材料（作りやすい量・2人分）

インゲン	1/2袋	しょうゆ	大さじ1
ニンジン	小1本	みりん	大さじ1
油揚げ	2枚	塩	少々
だし	200cc	《b》	
《a》		片栗粉	小さじ1
酒	大さじ1	水	大さじ1

作り方

1 インゲンは端をカットし、ニンジンはインゲンに合わせて棒状にカット。 油揚げは熱湯をかけ油抜きする。油揚げの3方をカットし広げ、インゲン・ニンジンを乗せて巻きつけたら、楊枝で開かないよう止めておく。
2 鍋にだしと《a》を加え煮立て、1を入れ味を染み込ませるよう煮込む（10分程度）。 汁気が半量程度になったら取り出し、食べやすい大きさにカットし、器に盛りつける。
3 鍋に残った煮汁に、合わせた《b》を加えとろみを出し、信田巻きにかけてでき上がり。

血液サラサラ・美肌の味方オリーブオイルで

真アジのさっぱりおかずサラダ

材料（作りやすい量・2人分）

真アジ（刺身用）	200g程度	ミニトマト	5〜8個
		《a》	
薄力粉	少々	塩・こしょう	少々
サラダ油	大さじ1	レモン汁	大さじ1
ベビーリーフ	1袋	オリーブオイル	大さじ1
サラダ菜	1袋	醤油	小さじ1

作り方

1 真アジに塩・こしょう（分量外）を振り、少し時間をおいて水気をふきとり薄力粉をまぶす。
2 熱したフライパンにサラダ油を入れてアジの両面をこんがり焼く。《a》の調味料を混ぜドレッシングをつくる。ミニトマトを半分にカットする。
3 アジを皿にのせ野菜を盛りつけたら、ドレッシングをかけ完成。野菜の量が多い場合は野菜を下にしてアジを上にのせる。
★アジ以外の魚でも同様に作れるので、その場合は魚の骨を取っておく。

［含まれている美容成分］

ビタミンB群 ビタミンC ビタミンE ビタミンK 鉄分
カリウム オメガ3系脂肪酸 リコピン オレイン酸

鉄分＋オレイン酸で血行回復を狙おう

牡蠣とニンニクのオイル漬け

材料（作りやすい量・2人分）

牡蠣（生食用）........ 400g
醤油........................ 大さじ1
ニンニク 4片
エクストラバージン
オリーブオイル 100cc
ローズマリー 2枝
ローリエ 1枚
ディル 2枝
ピンクペッパー.... 15粒程度

作り方

1 牡蠣は強めの塩水でひとつずつ丁寧に洗い、キッチンペーパーで水気をとる。
2 フライパンにオリーブオイル（分量外）を熱し、牡蠣を並べて中火でなるべく触らずに焼く。出てきた水分が飛んで焼き色がついたら裏返し、両面に焼き色がつくまで焼く。
3 醤油とニンニクを加えて、焦げないように混ぜながら残った水分がほとんどなくなるまで炒め、保存容器に入れる。そのままのフライパンにオリーブオイル100ccを注ぎ入れ、弱火にかけて残った牡蠣のうまみをオイルにうつすようにゴムベラで混ぜる。オイルは火を通す必要はなく、うまみがうつればOK。
4 オイルを保存容器に注ぎ入れ、ローズマリー、ローリエ、ディル、ピンクペッパーを入れる。 粗熱がとれたら冷蔵庫で冷やしてから、その日のうちに食べきる。

［含まれている美容成分］

ビタミンB群　鉄分　亜鉛　カリウム
アリシン　食物繊維　オレイン酸

凍らせたバナナを使ってフローズンに楽しもう

豆乳スムージー

材料（作りやすい量・4人分）

豆乳...................... 200cc
グレープフルーツ 1/2個
バナナ（冷凍）..............1本
ナシまたは洋ナシ...... 1/2個

作り方

1 ミキサーに、豆乳と果物を入れて撹拌したら完成。

［含まれている美容成分］

ビタミンB群　ビタミンC　ビタミンE　鉄分　カリウム
食物繊維　大豆イソフラボン　オリゴ糖　クエン酸

DHAたっぷりのサンマ×キムチの発酵パワーで効果アップ!

サンマのキムチ煮

材料(作りやすい量・2人分)

サンマ……2尾
白菜キムチ……100g
ごま油……大さじ1/2
水……200cc

《a》
砂糖……大さじ1
酒……大さじ2
しょうゆ……大さじ2

作り方

1 サンマは頭とはらわたを取って2つにぶつ切りし、キムチは軽く水気を切ってざく切りにする。
2 鍋にごま油とキムチを入れて熱し、サッと炒めたら水と《a》の調味料を入れる。沸騰したらサンマを並べて入れ、中弱火で時々煮汁をかけながら20分ほど煮る。

[含まれている美容成分]

ビタミンB群 / 鉄分 / オメガ3系脂肪酸 / オメガ6系脂肪酸

バター、生クリーム、白砂糖不使用で体にやさしい♪

完熟ドライイチジクとクルミたっぷりのショコラタルト

材料(作りやすい量・4人分)

《a》
薄力粉……70g
全粒粉……30g
きび砂糖……大さじ2
ココアパウダー……大さじ1
塩……ひとつまみ

卵黄……1個分
菜種油……大さじ2
水……大さじ1と1/2

《b》
アーモンドパウダー……70g
きび砂糖……大さじ3
塩……ひとつまみ

卵白……1個分
菜種油……大さじ1と1/2
メープルシロップ……大さじ1
水……大さじ1
ドライイチジク
(トルコ産大粒)……100g
クルミ(ロースト)……50g

作り方

1 **〈タルト生地〉《a》**を合わせてふるいにかけ、卵黄、菜種油、水を加えて手でよく混ぜ合わせる。
2 生地を麺棒でのばし、タルト型に敷き詰める。フォークで底に穴をあける。170℃に予熱したオーブンで約20分焼く。焼けたら網にのせて冷ましておく。
3 **〈アーモンドクリーム〉《b》**を合わせてふるいにかけ、卵白、菜種油、メープルシロップ、水を加えて混ぜ合わせる。
4 焼けたタルト生地に**3**を流し入れ、1~2cmに刻んだイチジクとクルミをのせる。170℃に予熱したオーブンで約35分焼く。

[含まれている美容成分]

ビタミンA / ビタミンB群 / ビタミンD / ビタミンE / 食物繊維 / カルシウム / 鉄分 / カリウム / オメガ3系脂肪酸 / オレイン酸

美肌コラム 04

＼お悩み別／

美肌を作る食材図鑑

美肌レシピにも登場する、美肌成分をたっぷり含んだ食材をご紹介します。

しみ・そばかす　スナップエンドウ

[栄養素と美肌効果]

しみやそばかすの一因となる活性酸素を除去する、抗酸化ビタミンのβ-カロテンやビタミンCが豊富。カロテンは脂質と一緒に摂ると吸収率が高まるので、油で炒めたりマヨネーズで和えるのもよいですね。また、ビタミンEと合わせるのも、さらに抗酸化作用が高まるため、アボカドと一緒に食べたり、ごま和えにするのもオススメです。ビタミンCは、メラニン色素の沈着を防ぐ働きがあるため、しみ・そばかす対策としてこまめに摂りましょう。

しみ・そばかす　アスパラガス

[栄養素と美肌効果]

しみ・そばかすの原因となる活性酸素を除去する、抗酸化ビタミンのβ-カロテン・ビタミンC・ビタミンEを全て併せ持っています。なかでも、ビタミンCはメラニン色素の沈着を防ぐ働き、β-カロテンやビタミンEは、油と一緒に摂ると吸収率が高まり、抗酸化力もアップしますよ！　また、アスパラギン酸という成分には、新陳代謝を活発にし、たんぱく質の合成を助ける働きもあるため、ターンオーバーが整い、しみ・そばかすの予防につながります。

しみ・そばかす　トマト

[栄養素と美肌効果]

トマトの赤い色素成分「リコピン」は、紫外線により発生する“活性酸素”を除去する強力な抗酸化作用があります。なんと、その効果はビタミンEの約100倍！　油と一緒に摂ると吸収率がアップするので、油で炒めたり、和えたり、脂質の多い食材と一緒に摂ると、美肌効果が高まります。この他、抗酸化ビタミンのβ-カロテンやビタミンCも豊富なトマトは美肌食材の代表格です。また、ビタミンCにはメラニン色素の沈着を防止する嬉しい効果も。

しみ・そばかす　パプリカ

[栄養素と美肌効果]

抗酸化ビタミンのβ-カロテン、ビタミンC、ビタミンEの全てを豊富に含む野菜の代表格。活性酸素によるしみ・そばかすを予防します。なかでも美白のビタミンとの異名を持つビタミンCはピーマンの倍以上！　熱に強い性質もあります。β-カロテンもピーマンより豊富。β-カロテンやビタミンEは油脂に溶ける性質があるため、炒め物がオススメです。赤のカプサイシン、黄や橙のゼアキサンチンという色素成分にも優れた抗酸化作用があります。

乾燥肌

ニンジン

[栄養素と美肌効果]

ニンジンは、オレンジ色の色素成分β-カロテンの宝庫。体内に入ると必要に応じてビタミンAに変化し、目、鼻、喉などの粘膜を保護し、うるおしてくれるため、風邪や感染症などはもちろんのこと、ドライアイや乾燥肌の予防にも働きかけます。カロテンは、皮のすぐ下に多く含まれるので、皮を剥かずに食べましょう! また、炒め物や揚げ物等、油と一緒に摂ると吸収率が高まります。その他、血圧を下げるカリウムや、腸内環境を整える食物繊維も豊富に含まれています。

乾燥肌

ヤマイモ

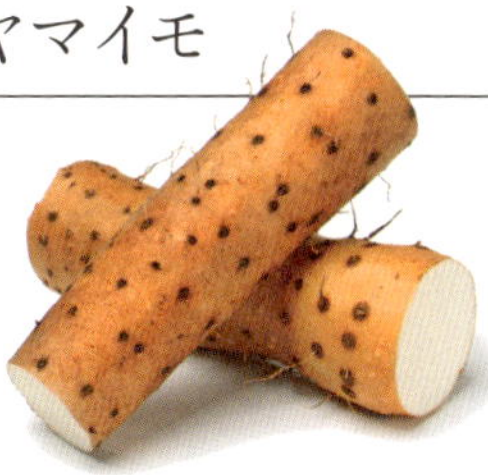

[栄養素と美肌効果]

消化酵素のアミラーゼと、胃の粘膜を守るネバネバ成分のムチンを含むことから、弱った胃腸を助けてくれます。ネバネバ成分は美肌とも関わりが深く、保水力を高めたり、便秘の改善に働きかけることによって肌荒れにも効果的です。また、細胞を活性化して老化を予防したり、滋養強壮にもよいとされています。気をつけたい点は、ムチンは加熱に弱いという点。生で食べるか、加熱の際は短時間にしましょう。

吹き出物

ヨーグルト

[栄養素と美肌効果]

ヨーグルトの乳酸菌は善玉菌を増やし、悪玉菌の増殖を抑えることで、有害物質の産生を抑え、腸内環境を整えてくれます。特にビフィズス菌はオリゴ糖を餌にして増殖するため、オリゴ糖が豊富なバナナやはちみつ、きな粉等と一緒に摂るのもオススメ。空腹時は乳酸菌が胃酸に負けてしまうため、食後に食べましょう! その他、脂質の代謝を促し、新陳代謝を促すビタミンB_2や、肌のバリア機能となるセラミドも、肌荒れ予防に効果的です。

乾燥肌

レンコン

[栄養素と美肌効果]

粘膜だけでなく、お肌をうるおす働きのあるムチンは、乾燥肌の人はもちろん、吹き出物などの肌荒れにお悩みの方にもオススメの食材です。ビタミンCにも富み、その量はミカンの約1.4倍! 熱に弱いといわれるビタミンCですが、レンコンのビタミンCはでんぷんに守られているため、加熱に強い特徴があります。また、たんぱく質と一緒に摂ることで、コラーゲンの合成も高まります。糖質も豊富なため、血色の良い肌作りにも一役買ってくれます。

肌荒れ

オクラ

[栄養素と美肌効果]

オクラがもつネバネバの正体は、ペクチンなどの食物繊維。食物繊維によって腸の働きを整え、便秘を解消したり、糖尿病を予防したりする働きがあります。また、β-カロテンの抗酸化作用によるアンチエイジング効果や、豊富な食物繊維によるデトックス作用なども期待できます。

吹き出物

えのき

[栄養素と美肌効果]

不溶性食物繊維がたっぷり含まれているため、便通を整えて腸をキレイにしてくれます。便通が整うことで肌荒れを予防し、お肌に磨きがかかる上に、脂質の代謝を促すビタミンB_2も豊富なため、相乗効果も期待できます。加熱するとカサが減り、たっぷり食べることができるのも嬉しいですね。ただし、油炒めは油をグングン吸ってしまうので、油を使わずに炒めたり、ホイル焼きにしたり、スープの具に入れるのがオススメです。

しわ・たるみ　ダイコン

[栄養素と美肌効果]

ダイコンに豊富なビタミンCは、たんぱく質源となる食品と一緒に摂ることで、肌のハリや弾力に必要なコラーゲンやエラスチンの合成が促進・強化されます。特に、皮や葉にビタミンCが豊富に含まれるため、皮は剝かずに食べたり、剝いた皮は捨てずに食べましょう。加熱に弱い性質があるため、しっかり摂りたいときは生食がオススメです。肉や魚、卵、大豆製品と一緒にたっぷり食べることで、しわ・たるみの予防につながります。

便秘　ゴボウ

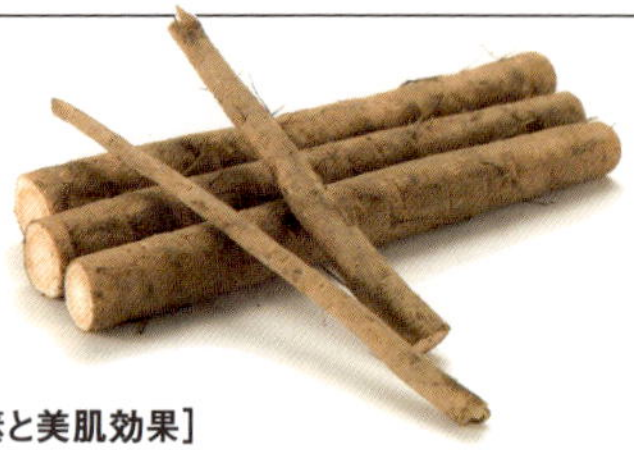

[栄養素と美肌効果]

便秘になると体内で老廃物が長い間溜まってしまうため、腸内環境が悪化し、吹き出物や肌荒れなどの肌トラブルを引き起こします。ゴボウは食物繊維が豊富な上、ビフィズス菌の餌となるオリゴ糖も含まれることから、相乗効果で便秘予防が期待できます。また、ゴボウのカリウムやマグネシウムにも、便秘を予防する作用があるのです。食物繊維は日本人に不足しがちな成分ですので、腸内環境を整えるためにもオススメの食材です。

便秘　サツマイモ

[栄養素と美肌効果]

サツマイモを切ったときに出てくる白い液はヤラピンという成分で、腸の蠕動（ぜんどう）運動を促進し、便通をよくする働きがあります。その上、サツマイモには食物繊維も豊富に含まれ、主に不溶性食物繊維のセルロースが、腸を刺激して便秘の予防・改善に役立ちます。さらに、オリゴ糖と一緒に摂ることで善玉菌も増え、より腸内環境が整いますよ!

くすみ・貧血　レモン

[栄養素と美肌効果]

果物の中でもトップクラスの含有量を誇るビタミンC。優れた抗酸化作用があり、活性酸素を除去したり、しみの原因となるメラニン色素の沈着を防ぐ働きがあるため、しみやくすみを予防してくれます。また、鉄と一緒に摂ると鉄の吸収率が高まり、貧血予防にも。おかずにレモン汁を絞って食べたり、食後にはちみつのレモン漬けを頂いたり、はちみつレモンを飲むのもいいですね。貧血を改善すると、くすみも軽減されますよ。

くすみ・貧血　ミズナ

[栄養素と美肌効果]

さまざまな栄養素をバランス良く含み、なかでも鉄は野菜トップクラス！　野菜に含まれる鉄は吸収率が悪いのですが、ビタミンCと一緒に摂るとその吸収率は高まります。ミズナはビタミンCも豊富に含んでいるのでオススメです。ちなみにその量は、レモン果汁に匹敵するほど。ビタミンCは熱に弱いため、生で食べましょう!造血作用のある葉酸も豊富です。

しわ・たるみ　ジャガイモ

[栄養素と美肌効果]

ジャガイモといえばビタミンC。ミカンに匹敵するほど豊富に含まれます。ビタミンCは、お肌のハリや弾力を作るコラーゲンを体内で合成する際に必要なので、女性には欠かすことのできない栄養成分です。通常、加熱に弱い性質があるのですが、嬉しいことに、ジャガイモのビタミンCはでんぷんに守られているため加熱に強く、貯蔵性にも優れています。

エイジングケア ショウガ

[栄養素と美肌効果]

辛み成分のジンゲロール、ショウガオール、ジンゲロンには血行を促し、体を温める働きがあります。ジンゲロールは、加熱や乾燥によりショウガオールに変化し、優れた抗酸化作用をもちますので、エイジングケアを期待したいときには加熱調理がオススメです。また、殺菌作用を活かしたいときは、ジンゲロールが豊富な生食がよいでしょう。

エイジングケア 納豆

[栄養素と美肌効果]

納豆には、美容と健康に欠くことのできないさまざまな栄養成分が豊富に含まれています。特に注目すべきはイソフラボン。女性ホルモンのエストロゲンに似た働きがあり、更年期症状の緩和、骨粗鬆症や動脈硬化、乳がんなどの予防の他、抗酸化作用、肌のうるおいやハリ、弾力を維持してくれる働きもあります。性ホルモンの生成に関わるビタミンEや、腸の老化を防ぐ乳酸菌も。

エイジングケア ブルーベリー

[栄養素と美肌効果]

アンチエイジングに嬉しい成分がたっぷり詰まっており、抗酸化力においてはトップクラスを誇ります。紫色素成分のアントシアニンと、抗酸化ビタミンのCとEを併せ持ち、生活習慣病や肌老化をはじめとする全身の老化を防いでくれますよ。これらの成分には血行を促す働きもあるため、栄養成分が隅々にまで運ばれ、美肌効果も高まります。それだけでなく食物繊維もたっぷり。腸内環境を整えてくれます。

エイジングケア アボカド

[栄養素と美肌効果]

特筆すべきは脂質が多いこと。なかでもオレイン酸が多く、悪玉コレステロールを低下させ生活習慣病を予防します。食物繊維も豊富なため、オレイン酸との相乗効果で便秘予防にも効果的です。ビタミンEが多いのも特徴的。血行を促進し、性ホルモンの生成にも関わり、抗酸化作用の高いビタミンEは若返りのビタミンです。髪や肌のターンオーバーを助けるビタミンB_2も豊富。

エイジングケア オリーブオイル

[栄養素と美肌効果]

70%以上を占めているオレイン酸は、全身のエイジングケアとして効果的です。悪玉コレステロールのみを低下させる働きがあるため、動脈硬化を防ぎ、血管の老化を防いでくれるのです。便通をよくする働きもあり、腸のエイジングケアにも期待大！ 老化を防ぐ抗酸化作用のあるビタミンEやβ-カロテン、ファイトケミカルを豊富に含む緑黄色野菜と一緒に摂れば、より吸収もUP。

エイジングケア 鮭

[栄養素と美肌効果]

鮭に含まれるオレンジの色素成分「アスタキサンチン」には、強力な抗酸化作用があります。 そのため、肌のしみ、しわ、たるみ、くすみの予防はもちろん、悪玉コレステロールの酸化を防ぎ、血管のアンチエイジング、ひいては全身のエイジングケアに効果的です。また、眼精疲労や筋疲労の回復に効果があるため、きれいな瞳を取り戻し、活動的な日々を送る事ができます。

美肌成分が
手軽に
とれる!

サプリメントの基礎知識

正しく摂取することで効果が期待できる!

忙しい毎日の中で、足りない栄養素や美容成分をスピーディーに補給できるサプリメントは、現代人の強い味方。処方箋がなくても、ドラッグストアやコンビニ、ネットショッピングで手軽に購入できることも、人気の理由となっています。健康補助食品とも呼ばれるサプリメントは、いつ飲んでも問題はありません。しかし、効果がありそうと思って一度に大量に飲んだり、扱いを間違えたりすることで、体に負担をかけてしまうことも。サプリメントは正しく飲んでこそ、効果が期待できるものであることを認識しましょう!

美容や健康のさまざまな悩みに対応した、多種多様なサプリメントが発売されていて、自分のライフスタイルやニーズに合わせて選ぶことができますが、どれを選んでよいのかわからない場合も。そこで、きれいな肌を作るために大切な成分をご紹介します。

教えてくれた先生

広尾プライム皮膚科
医師
谷 祐子先生

サプリメントを摂取する際の注意点

①過剰摂取に注意

必要以上に摂取したり、きちんと食事をとらないで栄養摂取をサプリメントだけに頼るのは絶対にNG。過剰摂取によって体調を崩す可能性も高いので、あくまでも「足りないぶんを補う」という意識を持って使用しましょう。

②自分に合ったサプリを選ぶ

例えば、妊娠中にビタミンAなどを摂取しすぎると、胎児に先天異常が増えるという報告も。サプリメントでもビタミンAを摂取できるので、こういったリスクは同様に考えられます。妊娠中の方は、飲む前に必ず医師に相談しましょう。また、サプリメントには天然物から人工加工物まで、さまざまな原材料が使われているので、アレルギー体質の人も注意が必要です。パッケージなどで成分や原材料をチェックするようにしましょう。

美肌に効果的な成分

ヒアルロン酸

真皮の60〜80%を占める「水分」を抱え込んでいるのが、ヒアルロン酸などの基質です。お肌の内側にうるおいと柔軟性をもたらします。

エラスチン

コラーゲン線維同士を結びつけて真皮を形成している弾性線維ともよばれるたんぱく質。肌にハリや弾力を与えたり、しわやたるみの予防に働きかけます。

ビタミンC

いわずと知れた美肌成分の王様。抗酸化作用があり、メラニン生成の抑制効果も期待できます。コラーゲンと同時に摂取することで、より一層効果を発揮します。

イソフラボン

女性ホルモンであるエストロゲンに似た働きをする成分で、ホルモンのサポートや抗酸化作用が期待できます。コラーゲンやヒアルロン酸の生成においても、活躍してくれる成分です。

プラセンタ

豚などの胎盤から抽出されるアミノ酸、タンパク質などを含む美容成分。美しい肌をサポートする成長因子が豊富で、美容全般に効果が期待できます。特に30代以降のエイジングケアや肌トラブルのサポートとして注目の高い成分。しみやしわなど、肌年齢を左右するトラブルへの効果や美白サポートなども期待できるといわれています。

コラーゲン

表皮の内側にあり皮膚を形成している真皮の、網目構造を形成しているのがコラーゲン線維。いわば肌の基礎となる物質です。コラーゲンは飲んでそのまま肌のコラーゲンを補うのではありません。摂取したコラーゲンは体内でアミノ酸に分解され、さらに肌に必要なコラーゲンの原料となります。

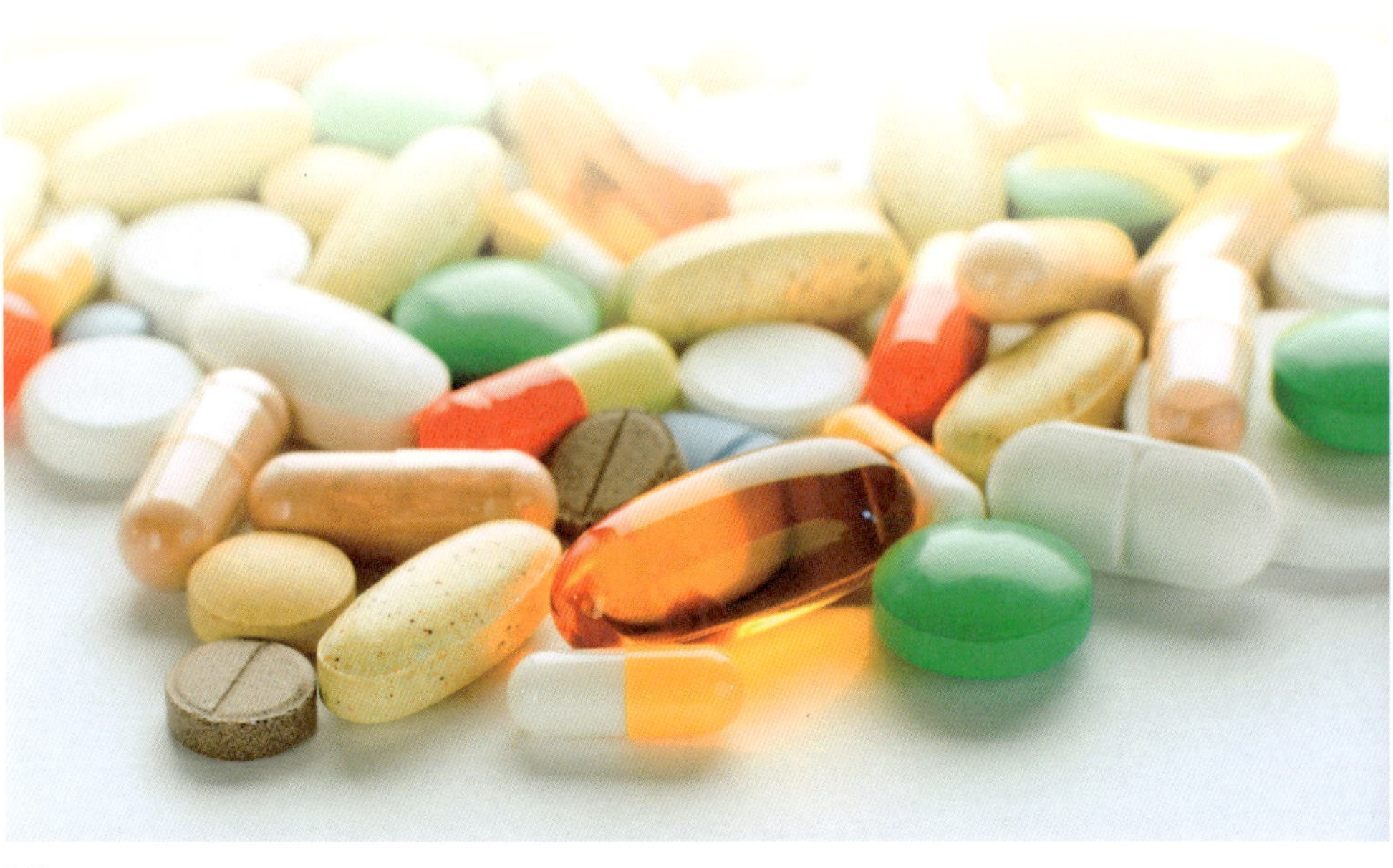

chapter 4

NEW TOPICS

スキンケア最前線

**最新情報で
きれいのワンランクアップ**

スキンケアの最新情報を
ドクターから指南

スキンケアも日進月歩。最新情報もいろいろです。女性ホルモンと美肌のキープには密接な関係があるの？　日焼けを防ぐのは美肌の基本といわれているけれど、しみ・しわ・くすみ対策はどうしたらいい？　美顔器はどれを使うのが効果的？　医療レーザー脱毛に関しての疑問、毎日抜け落ちていくまつげを美しく長く保つためには、など、気になるトピックスについてドクターたちに聞いてみました。

この話題に注目!
Beauty topics
no.1

女性ホルモンと美肌の関係

肌の3大エイジングサインともいわれる〝しみ・しわ・たるみ〟。
年齢とともに女性を悩ませる存在です。
これらのエイジングサインの出現は、
30代から徐々に減り始める女性ホルモンと密接に関わっています。
いつまでも美しい肌を保つために、エイジングサインと
女性ホルモンの関係を知っておきましょう。

topics no.1

女性ホルモンと美肌の関係①

女性ホルモンのバランスが乱れるとどうなるの？

女性ホルモンの乱れが引き起こす不調

美容だけでなく、健康にも大きな関わりを持つ女性ホルモン。この女性ホルモンのバランスが乱れると、さまざまな不調を引き起こします。具体的にはどのような不調が引き起こされるのでしょうか？ホルモンバランスが乱れると、以下のような不調を引き起こすことがあります。

生理不順

女性の体には「エストロゲン」と「プロゲステロン」という2つのホルモンが大きく関わっています。

エストロゲンとプロゲステロンの分泌が少ないと無月経や過少月経、十分に卵胞が発育しないまま排卵してしまうことで起こる頻発月経になることも。また、月経が8日以上続く過多月経もホルモンバランスの乱れが原因と考えられます。過多月経に出血量の増加やひどい生理痛がともなう場合は、子宮内膜症や子宮筋腫が原因となっている可能性もあります。

生理痛

生理中に分泌されるプロスタグランジンというホルモンには、痛みや炎症を起こす作用があります。このホルモンが通常以上に分泌されると、強い生理痛を引き起こします。

不正出血

ホルモンバランスの乱れにより、子宮内膜が刺激されてはがれてしまうことで起こります。子宮筋腫や子宮がんなどが原因で起こる場合もあるので、頻繁に不正出血がある場合は早めに婦人科を受診しましょう。

PMS（月経前症候群）

排卵後に起こるホルモンバランスの変化によって頭痛、腰痛、肩こり、便秘などの身体的症状、イライラ、不定愁訴、集中力低下、やる気低下などの精神的症状が起こります。

自律神経失調症

女性ホルモン分泌の指令を出す脳の部位と、自律神経をコントロールする脳の部位は近いところにあります。そのため、ホルモンバランスが乱れると自律神経にも連鎖して不調をきたし、また逆に自律神経の不調からホルモンバランスが乱れてしまうことも。この結果、倦怠感、不定愁訴、めまい、ふらつき、動悸、息切れ、手足の冷え、発汗、のぼせ、頭痛、不眠などの症状を引き起こします。

不妊

プロゲステロンの分泌が減少すると、排卵後に子宮内膜を妊娠に適した状態に維持するのが困難になる「黄体機能不全」を引き起こすことがあります。また、プロラクチンというホルモンが異常分泌を起こすと、受精卵が着床しづらくなります。

更年期障害

加齢によりエストロゲンの分泌が減少すると、のぼせ・めまい・動悸・発汗といった症状が出てきます。放っておくと鬱病など精神的な症状へと発展してしまうことも。

肌荒れ・ニキビ

ホルモンバランスが乱れて女性ホルモンの分泌が減少すると、皮脂の分泌を活発にする男性ホルモンが過剰に分泌され、その結果ニキビや肌荒れを引き起こします。

教えてくれた先生

赤坂ビューティークリニック
院長
青山秀和先生

女性ホルモンに左右される？生理周期で変わる肌の調子

教えてくれた先生

赤坂ビューティークリニック
院長
青山秀和先生

女性ホルモンに左右される肌の調子

女性の肌は、生理周期とホルモンバランスに大きく影響されます。そのメカニズムと、それぞれの時期に気をつけるべきことを知りましょう。

女性ホルモンは、女性としての機能をコントロールする役割を担うホルモンです。女性ホルモンの種類は大きく分けて2つ。エストロゲン（卵胞ホルモン）とプロゲステロン（黄体ホルモン）です。

女性の肌は、生理周期によるエストロゲンとプロゲステロンの分泌量のバランスで状態が変化します。このサイクルの変化を無視してケアを行うと、思わぬ肌トラブルの原因になります。

生理周期とホルモンの変化で変わる肌の状態

排卵日後から生理期間中は肌そのもののバリア機能が格段に落ちる時期なので、肌が最も敏感になる時期。環境の影響をダイレクトに受けることになります。

普段使っている化粧品がしみるように感じたり、日頃使っている洗顔料や石鹸にも敏感になって、その積み重ねから肌トラブルが起こりやすくなったりもします。生理前～生理期間中に新しい化粧品を試したり、顔剃りをするのは避けたほうが良いでしょう。

逆に、生理が終わってから排卵前までは肌のバリア機能が高い時期。つまり、外からの刺激が肌に影響し

プロゲステロン（黄体ホルモン）とは？

脳下垂体からの黄体形成ホルモンに刺激を受けて分泌されるホルモン。エストロゲンの作用により厚くなった子宮内膜を柔らかくして受精・着床を促し、妊娠した際、子宮をすこやかに維持するため水分や栄養素を溜め込む性質があります。その一方でプロゲステロンの作用によって皮脂の分泌が促されたり、PMS（月経前症候群）を引き起こしたり、生理前にむくんだりすることもあります。

にくい時期です。そして、肌がベストコンディションになる日は排卵日。血色が良くなり、キメも細かくなります。

女性ホルモンは、皮脂の分泌にも大きく関係します。エストロゲンは皮脂の分泌を抑え、プロゲステロンは皮脂の分泌を高めます。排卵日から生理が始まるまでの間は、プロゲステロンの分泌が活発になる期間。生理前になるとニキビができるのは、このためです。

無用な肌トラブルを避けるためにも、生理周期はきちんと把握しておくことが大切です。最近ではスマホで簡単に生理周期を登録できるアプリも登場しているので、手軽に現在の体調と肌のコンディションを知ることができます。ぜひ、肌のお手入れの参考にしてください。

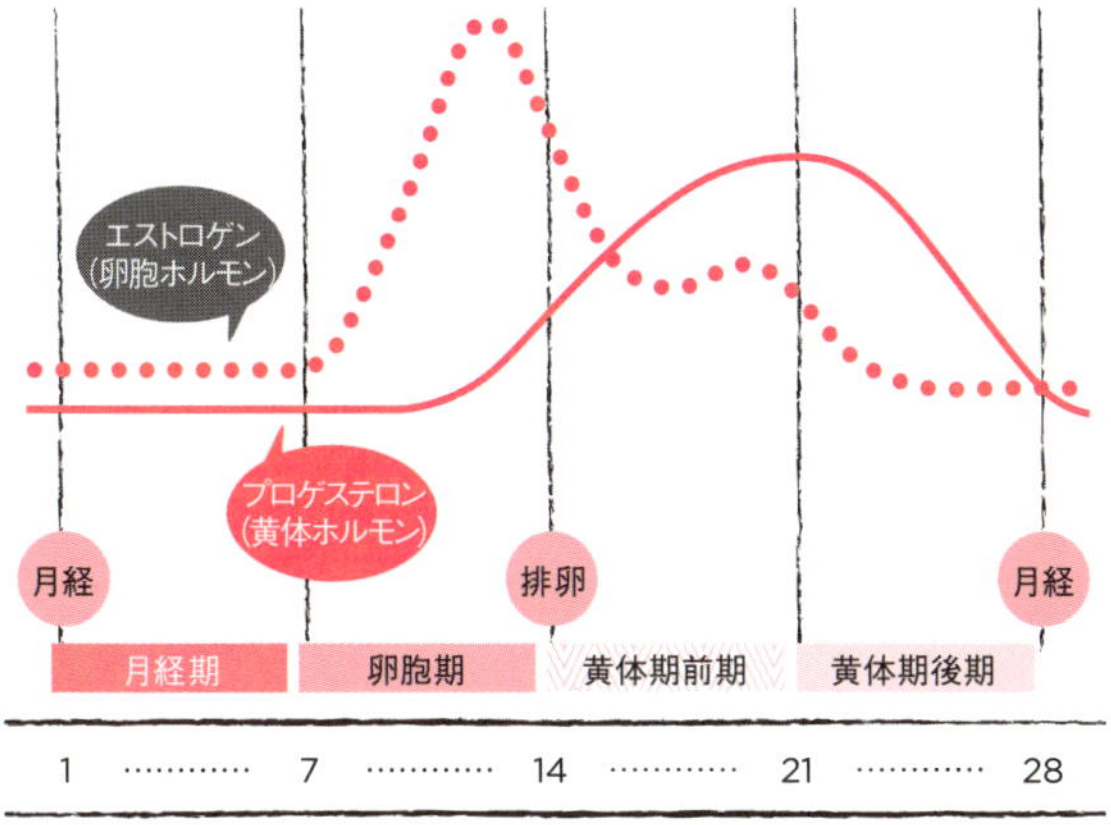

エストロゲン（卵胞ホルモン）とは？

脳下垂体からの卵胞刺激ホルモンに刺激を受けて、卵巣から分泌されるホルモンです。卵胞を育み、子宮内膜を厚くして妊娠の準備をします。コラーゲンの生成を促し、女性らしい身体を作るのもこのホルモンの働きです。

また自律神経を安定させ、血管、骨、関節、脳などを健康に保つ作用もあります。一方で、過剰になりすぎると乳がんや子宮体がんのリスクが高まるので、分泌量が多ければ良いというものでもありません。

topics ✦ no.1

女性ホルモンと美肌の関係 ❸

どうすればいい？ホルモンバランスを整える方法

基礎体温を測って ホルモンの状態をチェック

肌荒れとホルモンの関係は密接です。ホルモンバランスの乱れはさまざまな要因によって引き起こされます。デリケートな女性のホルモンバランスを、なるべく自力で自然に整えていく方法を紹介します。ストレスや疲労など、ちょっとしたダメージで乱れてしまうこともあるホルモンバランス。できるだけ薬に頼らず、自然にホルモンバランスを整えるにはどのような方法をとればよいのでしょうか。

自分のホルモンバランスの状態を知るには、まずは基礎体温を計測して、今現在のコンディションとリズムをチェックすることが重要です。

毎日起床時、身体を動かさずに安静にしているときに体温計で測ります。基礎体温専用の婦人用体温計を使いましょう。

毎日同じ時間帯に測ることが望ましいですが、起床時間がずれてもかならず計測すること。

気になったこと（おりものの状態、性行為の有無、経血量、不正出血など）があればメモしておきます。グラフを比較し、傾向を見いだすためにも最低3か月は測り続けましょう。

基礎体温は高温期と低温期の2相に分かれていて、低温期と高温期の差が0・3℃以上であれば排卵があり、ホルモンバランスが整っている状態ということがわかります。

しかし、ホルモンのバランスが乱れると、この低温期と高温期のバランスが乱れ、グラフもキレイに2段になりません。

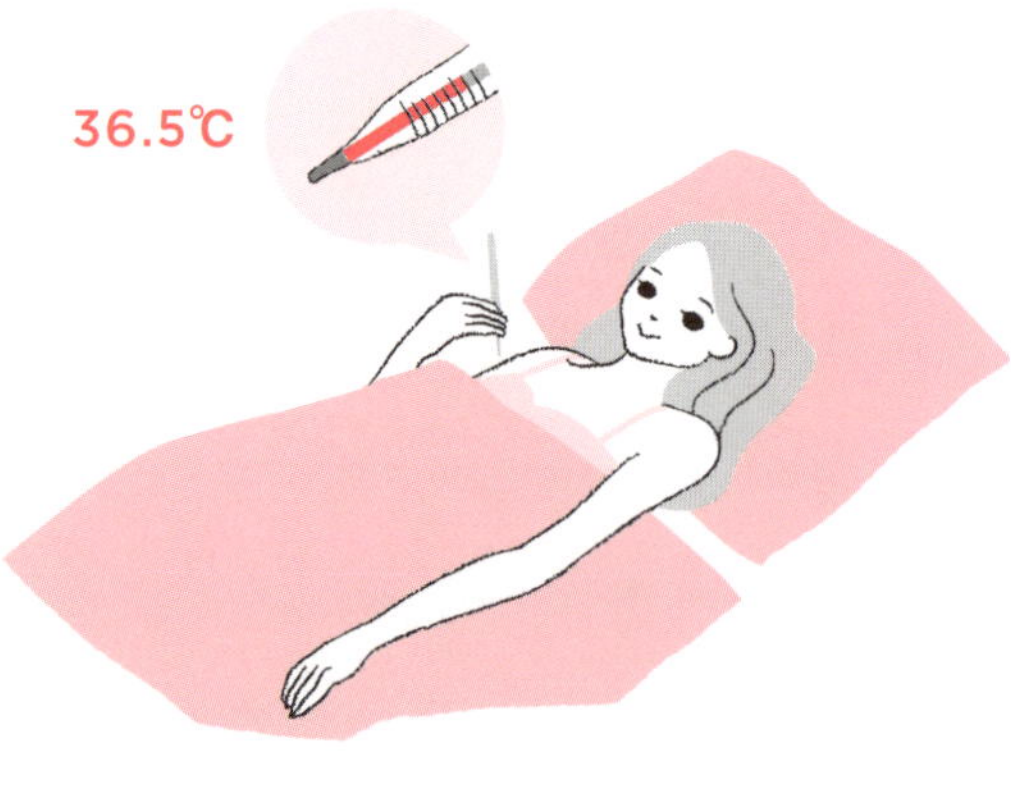

教えてくれた先生

肌クリニック大宮
院長
相馬孝光先生

ホルモンのバランスを正常にするポイント

基礎体温を計測してみて、ホルモンのバランスが乱れていると
わかったら、どう対処したらいいのでしょう? ホルモンのバランスを
正しい状態に戻すためのポイントをご紹介します。

POINT 1 心と体を休める

過労やストレスとホルモンバランスの乱れは密接な関係にあり、相互に作用します。しっかり休息をとる、ぬるめのお湯に半身浴でゆっくり浸かる、リラックスするアロマで心を落ち着かせる、マッサージやストレッチ、ウォーキングなどの簡単な運動をするなど、自分をいたわりながら心と身体を休めてあげましょう。

POINT 2 ダイエットはひとまず中止

過剰なダイエットを続けるとホルモンバランスが乱れ、無月経や月経異常を引き起こすことがあります。身体に異常を感じたらひとまずダイエットをストップして、規則正しい食生活を心がけましょう。

POINT 3 大豆を中心としたバランスのとれた食事

女性ホルモンと同様の働きをして、ホルモンバランスを整えてくれるのが大豆イソフラボン。大豆イソフラボンを豊富に含む大豆、豆腐、納豆、豆乳を積極的に摂り、バランスの良い食生活を送りましょう。

POINT 4 早めに就寝

成長ホルモンのほか多くのホルモンは睡眠中に作られます。睡眠時間を大切にすることも重要です。セロトニンを増やし、自律神経を正常化するため、なるべく早寝早起きをする習慣を身につけましょう。

この話題に注目!
Beauty topics
no.2

鏡を見て、慌てる朝をなくすために…
むくみ解消ケア

朝起きたら、いつもよりひと回り顔が大きくなっていたり、目が腫れぼったく感じたり。お酒をたくさん飲んだ翌朝や、睡眠不足な朝は、特にむくみを感じることが多いはず。顔のむくみは、顔に余分な水分がたまっている状態。そして、むくんだままメイクをすると上手くいかないため、なるべく早く解消したいもの。むくみの解消法や、むくみを予防する方法を。

topics no.2

むくみ解消ケア
顔のむくみを解消する方法

朝起きて顔がパンパン！ まずは首を、次に顔をほぐす。

むくみは滞っている水分を流すことで解消できるので、マッサージや軽い運動が効果的。顔の余分な水分を下に流れやすくするために、まずは顔ではなく首をほぐします。首を右に3回、左に3回程度大きく回しましょう。

次に、鎖骨の上にあるくぼみに指を4本入れて、左右それぞれ20回ほどグイグイ押します。そんなに力を入れなくても大丈夫ですが、凝りやすい部分なので気持ちいいと感じる程度にほぐすようにするのがポイントです。

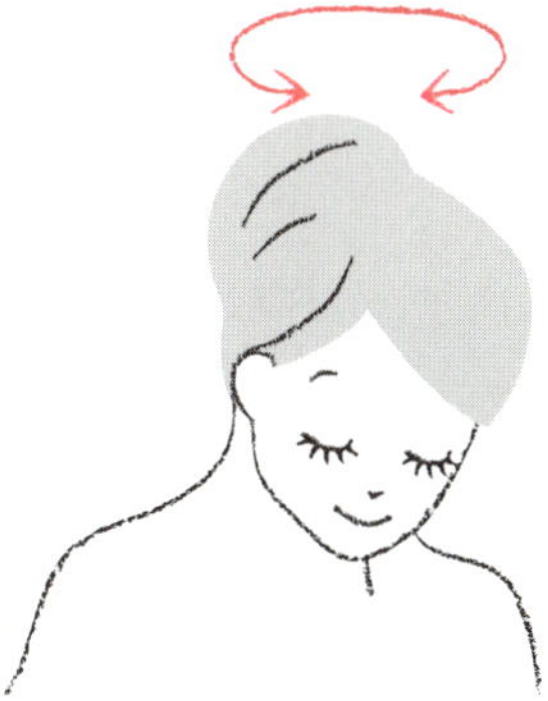

STEP 1

顔のむくみをとるにはまず首をほぐしていく。右に3回大きく首を回し、そのあと、左も同じように3回まわす。

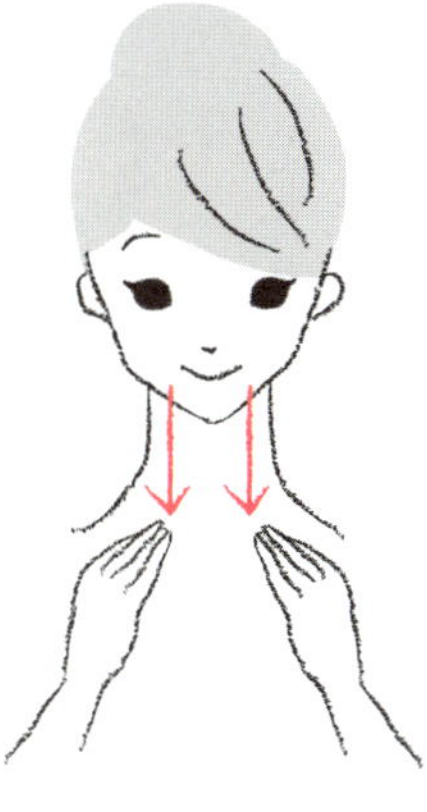

STEP 2

次に、鎖骨の上にあるくぼみに、両手の指4本を入れる。気持ちよいと感じるくらいの強さで、左右同時に20回押す。

教えてくれた先生

マオクリニック
院長
岡田昌子先生

首がほぐれたら 次に、顔をほぐしていく

水分が流れやすい状態を作ってから、次は顔をほぐしていきます。

あごから耳の上にかけて引っ張りあげます。余分な水分を押し流すようなイメージでマッサージしてください。ただし、あまり強い力でやると肌にダメージを与えてしまうので、あくまでやさしく。クリームやオイルですべりをよくして行いましょう。

あごから耳の上にかけて何度かマッサージをしたら、次は耳の後ろ側から首筋にかけて水分を下げるようなイメージで鎖骨の方へ流していきます。これらをたった1分するだけでもかなりむくみが解消されます。

よりスッキリさせるために 肩甲骨まわりをほぐしましょう

よりすっきりさせたい場合は、上記のマッサージをする前に肩を回したり、肩甲骨をほぐすように動かしたりと、周辺の筋肉もほぐしていきましょう。全身を軽くストレッチすることも効果的です。

見落としがちな頭皮のマッサージも有効です。顔と頭皮は、見た目は違いますが皮膚はつながっています。頭皮が気持ちいいと思う強さで軽くマッサージしてあげると、全体の血行がよくなってむくみも解消しやすくなります。一緒に耳もかるく揉むとよいでしょう。

顔の輪郭がすっきりしてきたら、次に気になる目元のむくみを取ります。全体をすっきりさせればある程度目もパッチリしてきますが、より一層効果を高めるために、目頭と目尻のツボを軽く2~3回ほど押します。それでもむくみが気になる場合

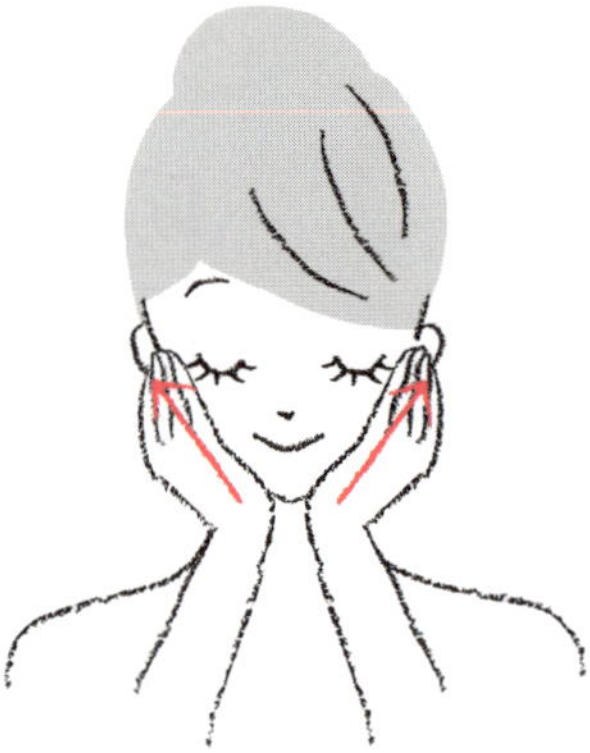

STEP 3

両手を頬にあて、あごから耳にかけて引っ張りあげる。クリームやオイルを使って、すべりをよくして行う。強い力で押さないこと。

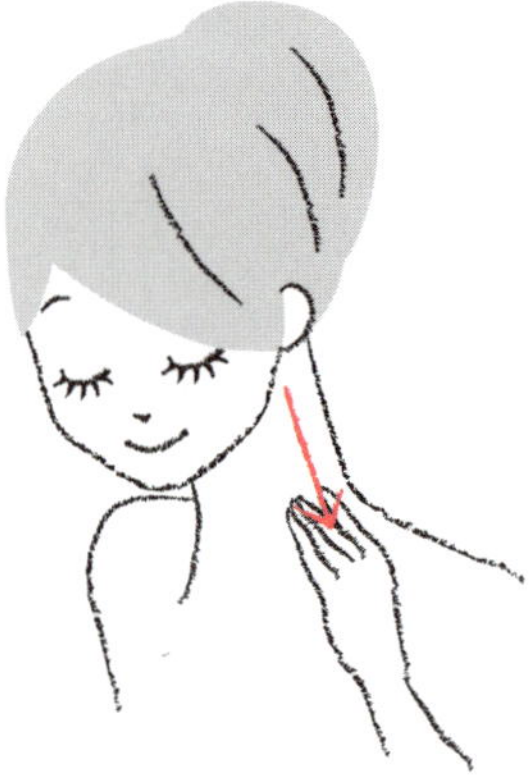

STEP 4

耳の後ろから、首筋を通って鎖骨まで、優しくなでるようにマッサージを。水分を下げるようなイメージで、強くこすらないように注意。

は、冷蔵庫で冷やした金属製のスプーンの丸い面で、まぶたや目の下を軽くなでるとすっきりします。

むくみの予防法

以上がむくんでしまったときの対処方法ですが、できればなるべくむくまないように生活することが大切。夜お酒を飲んだら、ミネラルをたっぷり含んだお水を飲み、酔いをさましてから寝ると、翌朝のむくみはかなり違います。

アルコールだけでなく、摂りすぎた塩分もむくみの原因となります。体の中で塩分濃度が高くなると、理想的な濃度に戻すために、身体は水分を留まらせようとします。余分な水分が体に残っている状態になるので、塩分はなるべく控えるようにしましょう。

とはいえ、塩分は無意識についつい摂りすぎてしまうものです。塩分（正確にはナトリウム）を排出してくれるお手伝いをしてくれるのがカリウム。カリウムは、バナナやリンゴに多く含まれています。塩分を摂りすぎた時は、意識的にバナナやリンゴなどカリウムを含む食品を食べるようにすると、塩分が排出されてむくみにくくなります。

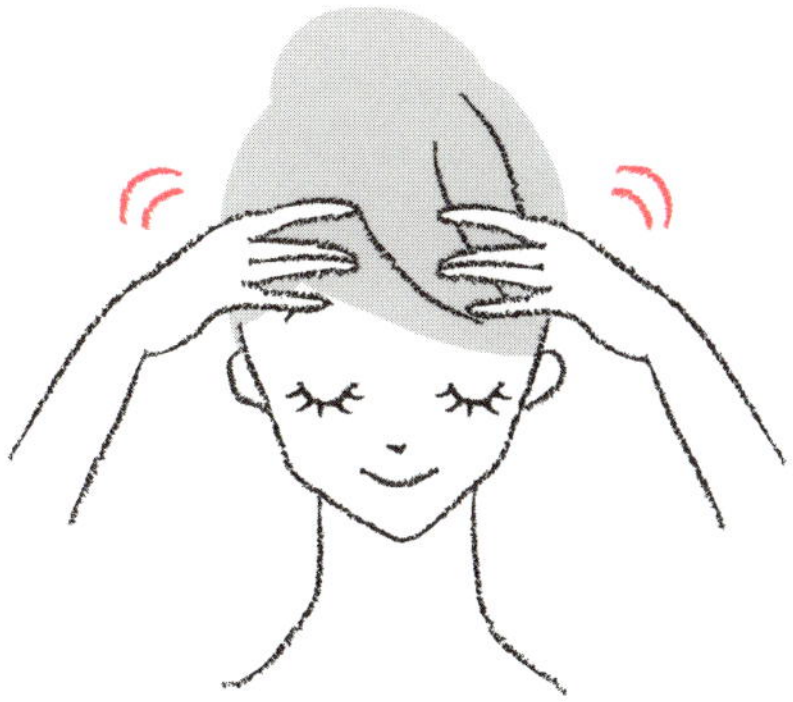

STEP 5

両手の10本の指を頭にあてて、押していく。気持ちいいと感じる強さで、ツメを立てず、指の腹に力を入れてマッサージを。

▼
▼
▼

STEP 6

顔の輪郭がすっきりしてきたら、最後に、目頭と目尻のツボを、軽く2〜3回ほど指で押していく。力を入れすぎないように注意。

この話題に注目!
Beauty topics
no.3

私に合うのはどんな化粧品?
最新情報が満載
化粧品の選び方

コスメは種類もさまざまで、どれを選んでいいかわからないというスキンケア難民も多数。

基礎化粧品と呼ばれる化粧水、美容液、乳液、クリームや、スペシャルケアのパック、メイクの土台となる下地やファンデーションなど、自分に合った化粧品の選び方を知りましょう。

topics no.3

化粧品の選び方❶

最新化粧品用語 あなたは知っていますか？

SKIN CARE 大学
スキンケア大学
編集部

知っているようで知らない 化粧品成分用語いろいろ

化粧品のパッケージなどに表記されているフレーズや専門用語。本当の意味を、すべて知っていますか？

知ってるようで知らなかった、化粧品選びでよく出てくる効果や作用を表すワード、特徴を表すワードを解説していきます。

間違って覚えているワードもたくさんあると思うので、要チェックです。

無添加

肌への刺激がなく、敏感肌の方でも安心して使える化粧品として知られている「無添加」。化学成分や添加物を含まない化粧品というイメージがありますが、実はちゃんとした定義というものは決まっていません。

かつて厚生省（現厚生労働省）は、化粧品に対して〝お肌にアレルギーやトラブルを起こすおそれのある１０２種類の成分は必ず表示をする〟と定めていました。その後、化粧品に使われている成分は全表示するという法律ができました。つまり、これまで指定していた１０２種類を区別することがなくなってしまったのです。

現在では、以前表示を義務づけられていた１０２種類の成分を配合していなければ無添加と表記できることになっています。果たして、本当の意味での「無添加」と言えるのかは微妙なところです。しかし、肌へのアレルギーやトラブルのおそれがある１０２種類の成分は入っていない…という目安にはなります。また、化学成分を使わない本当の無添加化粧品もあるので、選ぶときは注意しましょう。

天然由来

肌にやさしいイメージで、自然派と並んで化粧品でよく見かける「天然由来」。これは植物や動物から抽出した成分を配合しているという意味になります。

植物由来と聞くと肌にやさしいイメ

ージですが、同じ天然由来の成分を配合しているといっても、抽出の方法や製法によっても変わってきます。そのため、天然由来の化粧品なら絶対に肌への刺激がなく、安心と言い切れるものではないのです。

しかし、お肌への刺激になりにくいように作られている化粧品が多いので、メーカーのこだわりや理念などを参考にして選んでみるのもオススメです。

自然派

化粧品のパッケージなどに表記されている「自然派」。これは、天然成分を配合しているという意味を表しています。

しかし、使われているすべての成分が天然素材というわけではありません。ひとつでも天然成分を配合している化粧品なら「自然派化粧品」という呼ぶことが可能なのです。

そのため化学合成成分が入っていないイメージであったり、オーガニックや無添加化粧品と混同しやすかったりするので注意が必要です。

ＳＰＦ

日焼け止め効果を表す基準のひとつ。紫外線を浴びた際に、皮膚を赤くヒリヒリさせるサンバーンを引き起こす「紫外線Ｂ波」を防ぐ役割があります。

肌に何も塗らない状態では、夏の強い紫外線を浴びると約20分でサンバーンを起こすといわれています。

「ＳＰＦ20」ならサンバーンを起こすまでの時間を20倍（４００分）にのばし、「ＳＰＦ30」ならサンバーンを起こすまでの時間を30倍（６００分）にのばすという意味になります。

※規定量を塗った際の目安になります。

ＰＡ

日焼け止めやＵＶカット化粧品に表示されている「ＰＡ」は、日焼け止め効果を表す基準のひとつ。真皮にまで届いて、コラーゲンを破壊してしまう紫外線Ａ波から守る役割があります。「ＰＡ＋」や「ＰＡ＋＋」など、プラスの表示が増えるごとに、紫外線から守る効果が高くなり、現在では「ＰＡ＋＋＋＋」までの4段階があります。紫外線から守るチカラが強いほど、肌への負担も大きくなるため、一概に「ＰＡ＋＋＋＋」がよいとは言えません。

紫外線吸収剤

日焼け止めに含まれる紫外線を吸収する化学物質。降り注いだ紫外線を吸収するときに、お肌の上で化学反応を起こし、熱などのエネルギーに変えるという仕組みで紫外線をカットします。

ＳＰＦ50やＰＡ値の高い日焼け止め化粧品に使われることが多く、ＵＶカット効果が高い反面、肌への負担が大きく、敏感肌の方は肌トラブルになりやすい傾向があります。

紫外線吸収剤の含まれていない化粧品には、「吸収剤無配合」や「ノンケミカル」という表示があります。

topics ✦ no.3

化粧品の選び方 ❷

押さえておきたい！化粧品を選ぶポイント

自分の肌に合う化粧品を選ぶには？

普段使っている化粧品、何を基準に選んでいますか？

口コミで人気だから、友達にすすめられて、お店の方にすすめられて、テレビで紹介されていたから、などきっかけはいろいろだと思います。特にスキンケア化粧品やファンデーションを選ぶ際には、肌質によっても選定基準は大きく変わってきます。本当に自分の肌に合った化粧品を見つけるためには、実にさまざまなことを考慮して選ぶ必要があるのです。今手元にある化粧品、もう一度見直してみませんか？

肌質で選ぶ ▶ 肌質は、大まかに分けて普通肌・乾燥肌・脂性肌・混合肌・敏感肌などに分けられます。肌質で化粧品を選ぶには、まずは自分がどのタイプの肌質なのかをチェックする必要があります。洗顔の後、顔を拭いて何もつけずに5〜10分放置した後の肌の状態から、自分がどのような肌質なのかを知ることができるので試してみてください（P.58参照）。

値段で選ぶ ▶ 高額の化粧品だから良い、安い化粧品だから悪い、とは一概には言えません。「一流ブランドの化粧品だから肌に良いはずだ」と思われがちですが、一番大事なのは自分の肌質に合っているかどうかです。

カウンセリングしてもらって選ぶ ▶ 肌質は、タイプ分けがあるとはいえ、100人いたら100通りあると言われています。ですから、一度はプロに自分の肌を直接診断してもらえるカウンセリングを受けてみるのもオススメです。自分の正確な肌質がわかるだけでなく、肌トラブルなど、どこが傷んでいて、どのように修復すべきかなどを教えてくれることもあるようです。

成分で選ぶ ▶ 化粧品は、含まれている成分で選ぶ方法もあります。肌への刺激が強すぎてしまったり、肌トラブルの原因となってしまったりする成分もあるので、よく見極めるのがポイントです。合成界面活性剤や防腐剤、タール色素、着色料など皮膚刺激症状を起こしやすいものが含まれていないかどうかも大事です。また、アルコールや殺菌剤なども肌への負担が大きいので、注意しなければいけません。

季節で選ぶ ▶ 乾燥肌の方は、秋冬の乾燥する季節には、より保湿力を高め油分を補うことが大事です。また、脂性肌の方は、気温と湿度が高い季節になってきたら水分をたっぷり補うなど、季節に応じてスキンケア方法も変える必要があります。しかし、だからといって安易に化粧品を変えるのはあまりオススメしません。大事なのは今の肌の状態に必要なものを選ぶということです。

教えてくれた先生

西麻布ヒフ・形成外科
院長
藤井佳苗先生

美白化粧品の種類と正しい選び方

自分の肌に合った美白ケアを選ぶ

しみやくすみができるメカニズムが解明され年々新たな美白化粧品が発売されていますが、選び方や使い方を間違えると、思うような効果が得られないだけでなく、肌トラブルを起こすこともあります。

美白化粧品と呼ばれているものは、正確には「医薬部外品」です。医薬部外品は、薬機法では化粧品と医薬品の中間のものとして定義されています。薬よりは効果は緩和だけれど、何らかの改善効果が期待でき、有効成分も厚生労働省より指定されています。「美白」をうたえる医薬部外品に配合される成分には、次のものがあります。

アルブチン
コケモモから抽出された成分。メラニン生成を抑制する働きがある。

エラグ酸
イチゴなどのベリー類から抽出。メラニン生成を抑制する働きがあり、肌の老化を防ぐ。

カモミラET
カモミールという植物から抽出。しみを作るよう指令を出す情報伝達物質エンドセリンを抑制する。

t-AMCHA
メラノサイトにメラニン生成を指令する情報伝達物質プロスタグランジンの生成を抑える。

トラネキサム酸
メラニン色素が生成されるのを抑えたり、炎症を抑える働きがあります。美白効果、肝斑や肌あれを改善する効果がある。

ビタミンC誘導体
ビタミンCを吸収しやすくしたもの。抗酸化作用、チロシナーゼの抑制

教えてくれた先生

小笠原クリニック
澄川診療所皮膚科
院長
竹中ちひろ先生

作用があります。しみ・そばかす予防に効果的。

プラセンタエキス
豚や馬などの胎盤から抽出したエキス。メラニンの生成を抑制し、代謝を高める作用がある。アンチエイジング効果を期待できる。

リノール酸S
紅花油から抽出された成分。メラニンのもとになる酵素チロシナーゼを分解する働きがある。

ルシノール
モミの木成分を改良した化合物。メラニンを生成する酵素の結合を阻害する。しみ・黒ずみの発生を抑える。

このような厚生労働省に認められている美白成分の種類とその特徴を知り、自分に合った成分が配合されている美白化粧品を選ぶとよいでしょう。

肌サイクルを整えるケア＋持続できる美白ケアを

私たちの肌は紫外線のダメージやホルモンバランスの乱れなど、くすみやしみの原因を常に抱えています。大きなダメージを受けているときに集中的な美白ケアを行うことも大事ですが、それ以上に大切なのが持続できる美白ケアです。

例えば、しみが気になったときだけに美白ケアを行うのでは効果はありません。くすみやしみを改善したければ、長期的なケアにより肌を少しずつ生まれ変わらせる必要があるのです。毎日無理なく続けていけるシンプルな美白ケアを取り入れるのがよいでしょう。

また肌のターンオーバーサイクルを正常に働かせるために、レチノイドやピーリングで古い角質は取り除き、水分・脂分をバランスよく補給することも忘れずに。特に30代をすぎてからは、美白ケアと同時に保湿を適切に行いターンオーバーを促していくことをオススメします。

シートパックの正しい使い方と効果

正しく使うことで効果がでるシートパック

普段のスキンケアに取り入れる人が増えてきて、ドラッグストアやコンビニなどで気軽に購入できるシートパック。手頃な価格のものから高額なものまであり、保湿や美白など目的によってもさまざまなタイプがありますが、いずれのシートパックも正しく使うことで肌への効果が変わってきます。

シートパックの効果的な使い方

シートパックを使う前後のケアをしっかり行うことと、シートパックを肌におく時間が大切なポイントになります。

まず、シートパックをつける前に、洗顔をします。毛穴に入り込んだ汚れや皮脂を洗い流すことで、シートパックの美容成分がしっかりと肌に浸透します。また、シートパックは、目元と口の周りを避けてのせるため、露出している部分は乾燥しやすい状態になります。洗顔後にシートパックから外れる目元や口元にはローションやクリームなどを塗っておくとよいでしょう。

また、ゴシゴシとこすったり肌にダメージを与えるような洗顔を行った後にシートパックを使用するとしみることがあるので、洗顔はやさしく行うことも大切です。

アンチエイジング対策をしたい場合
▼
プラセンタエキス、レチノール、ビタミンC、コラーゲン、エラスチンなど、アンチエイジングに欠かせない成分が配合されたもの

美白したい場合
▼
プラセンタエキス、ルシノール、アルブチン、ハイドロキノンなど、美白成分が配合されたもの。

乾燥肌の場合
▼
ヒアルロン酸、セラミド、コラーゲンなど、保湿成分が配合されたもの。

教えてくれた先生

マブチメディカルクリニック
院長
馬渕知子先生

topics ✦ no.3

化粧品の選び方 5

炭酸パックの特徴と、期待できる効果

話題の炭酸美容は美肌への近道?

炭酸水での洗顔、炭酸風呂、炭酸パックなど、「炭酸」を使った美容方法はたくさんあります。炭酸には、どのような美容効果が期待できるのでしょうか。

炭酸が肌に働くメカニズム

効果のある炭酸、効果のない炭酸

炭酸とは、水中に炭酸ガス(二酸化炭素)が溶け込んだものです。炭酸は分子が小さく、肌に浸透しやすい性質もあるため、皮膚に浸透すると毛細血管まで到達します。すると、血管中の二酸化炭素濃度が上がるため、体が酸素を取り込もうと働き毛細血管が広がり、血流がよくなります。血行がよくなることで肌にはさまざまな良い作用がもたらされるのです。

炭酸の効果は医学的にも証明され、医療現場でも活用されています。しかし、化粧品での効果については、製品による部分が大きいと考えられます。実際に効果が認められている炭酸とは、水分中に高濃度に溶け込んでいる(溶解した)炭酸に限ります。いわゆる水に炭酸ガスを注入した炭酸水では、しっかりとした効果を得ることができない可能性があります。このように効果に差があるので、市販の化粧品などでも、十分に炭酸の効果が期待できるものを選ぶことが大切です。

炭酸パックとは? その効果は?

炭酸パックは炭酸が溶け込んだパック剤で、液状やシート状、ジェル状のものがあります。

炭酸パックに含まれている炭酸ガスによって、血行が促進され、肌の細胞のすみずみまで酸素や栄養が届けられます。これにより肌の新陳代謝が活発になって老廃物の排出も促され、ターンオーバーも整い、しわやたるみ、しみ、くすみ、乾燥などといった肌トラブルの改善が期待できます。さらに、肌がもともと持っているうるおい機能も正常になり、元気で若々しい肌を作る働きをサポートしてくれます。

教えてくれた先生

マブチメディカルクリニック
院長
馬渕知子先生

毛穴パックは悪？正しい使い方と頻度を守って

毛穴パックはやってもいいの？

毛穴の汚れや角栓を除去することに着目したパックには、主に剥がし取るタイプと洗い流すタイプの2種類があります。

剥がし取るタイプのパックは、シートタイプのパックを濡らして気になる箇所に貼り、乾燥したら剥がすというものです。高い吸着性により、毛穴に詰まった汚れや角栓を根こそぎ取り除くことができますが、同時に必要な肌表面の角質や油分、水分をも除去してしまいます。

洗い流すタイプのパックはクレイパックが主流ですが、これは大地の粘土層からとれる粘土を原料にしたパックで、その吸着性や抗炎症作用、殺菌作用が毛穴の詰まりの除去に有効だといわれています。顔全体か気になる箇所に塗り、乾いたら洗い流します。剥がし取るタイプのパックに比べて肌への負担は小さいですが、洗浄力が非常に強いため、肌の水分や油分も一緒に洗い流してしまうことがあります。また、パック後の石鹸洗顔は行いませんので、洗い流す際はパックの成分が残らないようしっかりとすすぐ必要があります。

正しい使用頻度と使い方、アフターケアにも留意を

まず知っておきたいのが、肌のターンオーバーについてです。ターンオーバーとは、肌の細胞の生まれ変わりのサイクルですが、これを正常に保つことが健やかな肌を保つことにつながります。しかし、毛穴パックのような強い力で必要な角質層をはがしてしまうと、それとともにうるおいも奪われてしまうため、ターンオーバーが崩れやすくなってしまいます。

ターンオーバーの速度は年齢や部位によって変わりますが、だいたい28日〜56日間（約1か月〜2か月間）かかるといわれています。毛穴パックの使用頻度も、そのサイクルに合わせることをオススメします。

! パックの後のケアも必要

パック後の肌は角質が剥がれ傷ついていたり、うるおいが不足した状態になっています。パックが終わったら速やかに保湿ケアを。剥がし取るタイプのパックを行った後は毛穴が開いたままになっていますので、保湿ケアを行った後に保冷剤や氷をガーゼなどで包んで、パックした箇所を冷却しましょう。

教えてくれた先生

広尾プライム皮膚科
医師
谷口由紀先生

topics ✦ no.3
化粧品の選び方 7

やり方を間違えると危険！パックする際の注意点

パック使用時には使い方と頻度を守って

パックはただ顔に貼ればよいというわけではありません。貼っておく時間や貼るタイミングなど、正しいやり方をしていないと、肌によい影響を与えるどころか、肌に負担をかけてしまうことになるため、注意が必要です。

一般的なパックは、夜、お風呂あがりなどのリラックスタイムに行い、寝ている間の肌のターンオーバー（新陳代謝）に備えます。定期的にパックを行うことにより、肌を甘やかしすぎることなくうるおいをキープでき、肌の状態をよくすることが可能になります。

パックは、長時間使うほど効果が出ると思い込んでいる人がときどきいます。これは間違いです。パッケージに記載されているパックの所要時間を大幅に超えてしまうと、パックに含まれる水分は肌に浸透し、パックが乾燥します。すると、今度はパックが肌の表面の水分を吸収し始めるため、パックをしたにもかかわらず肌が乾燥してしまうのです。

目的に合わせたパックを選び必要に応じてアフターケアを

パックには、保湿、美白、毛穴ケアなど、用途によってたくさんの種類があります。現在の自分の肌に必要な成分を考えて、パックを選びましょう。

一般的に、パックが終わったら速やかに化粧水や乳液、美容液などで保湿ケアを行いましょう。はがし取るタイプのパックを行った後は毛穴が開いたままになっています。そのため、保湿ケアの後に保冷剤や氷をガーゼなどで包み、パックした部分を冷却し、毛穴を引き締めることが大切です。また、日に焼けて顔にほてりがあったり、顔を剃った後などは肌が敏感になっています。このような状態でのパックは控えたほうがよいでしょう。

教えてくれた先生

赤坂ビューティークリニック
院長
青山秀和先生

毛穴レスになる化粧下地の選び方・使い方

毛穴をカバーすれば美肌に近づく

きれいな肌というと、多くの方が毛穴レスなツルツルの肌をイメージするのではないでしょうか。そのせいもあり、「気になる毛穴を隠したい!」と思っている方もたくさんいらっしゃいます。しかし気になる毛穴をメイクで上手にカバーするには、まずは自分がどの毛穴のタイプであるかを知る必要があります。

毛穴の種類は大きく4つ

❶たるみ毛穴

老化による肌のたるみによって毛穴が開いてしまうことが原因で発生します。鼻の横や頰に多く見られます。形は楕円形や涙型をしており、皮膚を引き上げると毛穴が目立たなくなるというのが特徴です。肌の弾力低下が原因ですが、老化以外でも乾燥で目立つこともあります。

❷凹凸毛穴・クレーター毛穴

名前の通り、大きく毛穴が開き、凹凸が目立つタイプです。小鼻や鼻の横、頰等に起こりやすく、主にニキビの炎症や毛穴の角栓を無理に押し出そうとしたことなどで皮膚にダメージが加わったことによって発生します。

❸皮脂毛穴

毛穴に角栓が詰まっている毛穴です。Tゾーンや小鼻、顎下に多く見られます。詰まった角栓の上部が酸化すると黒くなってしまいます。特に小鼻の毛穴は他と比べると大きいので黒ずみも目立ち、いちごのような見た目になるので、いちご毛穴とも呼ばれます。

❹メラニン毛穴

あまり聞き慣れないですが、鼻の横や頰に多く、メラニン色素により毛穴の入り口部分の皮膚が黒くなることで発生します。この場合、角栓を取るケ

教えてくれた先生

サッポロファクトリー
皮フ科・スキンケアクリニック
院長
松本歩先生

ヘアメイクアップ
アーティスト・ヘアメイク講師
小野寺 舞先生

アをしても、原因はメラニンのため、毛穴は黒いままです。

毛穴の種類別の化粧下地の選び方

いかがでしょうか。思っていたよりも種類がありますよね。毛穴をきれいにカバーするためには、それぞれの毛穴に合った化粧下地を選ぶ必要があります。以下にそれぞれの毛穴を上手にカバーできる化粧下地のタイプをご紹介します。

❶たるみ毛穴・皮脂毛穴に適した化粧下地

たるみ毛穴や皮脂毛穴に起こりやすいプツプツした毛穴の開きが気になる方は、乾燥ケアを行いましょう。皮脂毛穴は文字通り皮脂が多く、一見するとうるおいが不足していないように見えても、インナードライになっている方が多くいらっしゃいます。

化粧下地前のスキンケアでしっかり水分を補った後、化粧下地も保湿効果があるものを選びましょう。肌の水分保持力を高めることがポイントです。

❷凹凸毛穴・クレーター毛穴に適した化粧下地

凹凸毛穴・クレーター毛穴は、毛穴をしっかり埋めることでフラットな肌に仕上げます。シリコン系の化粧下地や部分用化粧下地を使用すると毛穴が目立ちにくくなります。たるみ毛穴で、特に毛穴が大きく開いてしまっている部分にも効果的です。

場所により肌質が違う方は、余計な場所には使用しないよう、部分用化粧下地を選ぶようにしましょう。また、シリコン系の化粧下地は、毛穴を埋める効果はありますが、クレンジングをしっかり行わないと毛穴にシリコンが詰まってしまう場合があるので注意が必要です。

❸メラニン毛穴

メラニン毛穴のように黒ずみが気になる毛穴には、イエロー系のコントロールカラーの下地を使うことで黒ずみをカバーすることができます。皮脂毛穴の中でも、角栓の表面が黒ずんでいて、黒いプツプツが気になる場合にも効果的です。色が濃いと場合によってはコンシーラーも必要になるかもしれません。

まずは部分的に試してみる

このように、毛穴の種類によって、適した化粧下地は異なりますが、「鼻は皮脂毛穴、頬はたるみ毛穴」というように、複数の毛穴タイプが存在している方のほうが多いと思います。

まずは普段お使いの化粧下地はそのままお使いになり、気になる場所だけ毛穴のお悩みに合った化粧下地を試しに追加して使ってみてはいかがでしょうか。

毛穴のタイプ別！ファンデーションの選び方

ファンデーション選びは、毛穴の状態に合わせる

毛穴の悩みをメイクでカバーするには、正しくファンデーションを選び、正しく使うことが重要です。ただファンデーションを使うだけでは、十分にカバーをすることはできません。

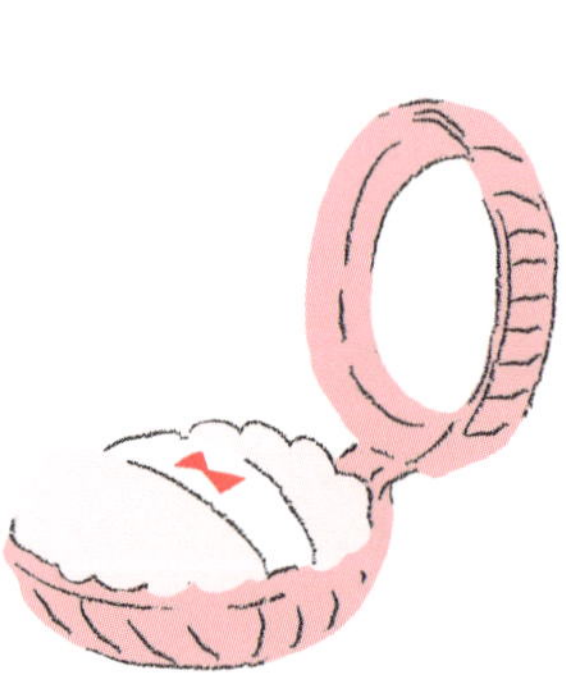

4つの毛穴タイプ

繰り返しになりますが、毛穴のタイプには、大きく分けると以下のような種類があります。

・**たるみ毛穴**…肌のたるみによって毛穴が開いた状態
・**凹凸毛穴・クレーター毛穴**…ニキビの炎症などによって肌がダメージを受け、毛穴部分が凸凹になった状態
・**皮脂毛穴**…角栓が毛穴に詰まった状態
・**メラニン毛穴**…毛穴周辺の皮膚にメラニンが発生し、黒ずんで見える状態

ここではこれら4つの毛穴をきれいに隠すためのファンデーションの選び方、使い方をご紹介します。

教えてくれた先生

サッポロファクトリー
皮フ科・スキンケアクリニック
院長
松本歩先生

ヘアメイクアップ
アーティスト・ヘアメイク講師
小野寺 舞先生

基本的に毛穴カバーには液体のファンデーション

ファンデーションには〝リキッド〟、〝クリーム〟、〝パウダー〟など数多くの種類があります。一体どのタイプが毛穴カバーに適しているのでしょうか？　基本的にどのタイプの毛穴にも、リキッドやクリームタイプなど、液体状のファンデーションが適しています。液体のファンデーションは毛穴の入り口部分に入り、肌の凸凹を滑らかに見せてくれます。

かなり毛穴が目立つ場合は、リキッドファンデーションよりも濃度があり、肌に密着しやすいクリームファンデーションがおすすめです。ただ、伸びはよくないため、厚ぼったく見えてしまいがちです。しっかり伸ばし、

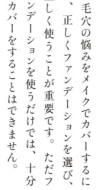

叩き込んでください。

パウダリーファンデーションをお使いになりたい方は、毛穴に合った化粧下地を使用することが前提です。下地でしっかりフラットな肌のベースができていれば、パウダリーファンデーションでも問題はありません。また乾燥が原因で毛穴が開いてしまう方は保湿効果があるファンデーションがオススメです。

ファンデーションの色は毛穴の種類に合わせて選ぶ

たるみ毛穴、凹凸毛穴は影ができることで目立ってしまうので影を作らないように、肌色もしくは少し明るめの色がベストです。逆に黒ずみ毛穴が気になる方が明るめを選んでしまうと黒ずみが目立つことがあるので、肌より少し暗めのファンデーションを選ぶとよいでしょう。

フェイスパウダーでさらに「毛穴レス」！

仕上げに使われることが多いフェイスパウダーは毛穴の影をカバーする役割があります。特にたるみ毛穴の方はパール入りのものを選ぶと光の拡散作用で毛穴の影が目立たなくなりますので、さらに毛穴をカバーすることができます。

※ちなみに私はたるみ毛穴に悩んでおり、そのためパール入りのフェイスパウダーを愛用しています。

しかし、パールが強すぎてしまうと逆に毛穴が目立つことや、白浮きすることがあります。パールがあまり強くなく、よく見ると「ほんのりパールが入っている」くらいのものを選びましょう。この程度のパール感で十分効果があります。

また黒ずみ毛穴が気になる方には、マットな質感の透明のパウダーだと厚塗り感がなく、きれいにカバーすることができます。

基本的には毛穴別にファンデーションの選び方に大きな違いがあるわけではありません。しかし、少しの違いで大きく見た目に変化があるので、今までファンデーションに不満があった方は、選ぶときの参考になればと思います。

※こちらの記事はメイクアップアーティスト・ヘアメイク講師の小野寺舞先生にご執筆いただき、ドクターの監修を経て作成をいたしました。

オールインワンの基礎化粧品は使うべき?

オールインワンは忙しい女性の救世主?

たったひとつで、化粧水、美容液、乳液の役割をしてくれるオールインワン化粧品。最近では、化粧下地効果まで入った便利なものまであります。これまで化粧品をいくつも使っていたのが1つで済むので、愛用している方も多いと思います。しかし一方で「オールインワンって、どの効果も中途半端なんじゃないの?」という声を聞きます。果たして、真相はどうなのでしょうか。

化粧水や乳液など基礎化粧品は、それぞれ大切な役割を持っています。化粧水を例にあげてみましょう。私たちの肌は、角質とそのすき間を埋めている細胞間脂質というものが何層も連なって構成されています。化粧水は、この角質に水分を補給することで、肌をふっくらさせる保水の役割を持っています。さらに、肌を柔らかくさせることで、次に使う成分の浸透を促してくれるのです。化粧水を最初に使う理由がよくわかりますね。

それに対して乳液は、角質の間の細胞間脂質を整えることで、水分が与えられた状態の角質を守るバリアを作る効果があります。ひとことで「保湿」といっても、化粧水と乳液だけでも、ここまで役割が違うものなのです。

オールインワンのデメリット

それぞれの基礎化粧品が持つ効果ごとに比較した場合、オールインワン化粧品は、やはり単体の化粧品には敵いません。

例えば、化粧下地効果を持ったオールインワンゲルの場合で考えてみます。化粧下地は肌のキメを滑らかにして、ファンデーションののりをよくします。また、ファンデーションが毛穴に詰まるのを防いだり、メイク

教えてくれた先生

西麻布ヒフ・形成外科
院長
藤井佳苗先生

を落とす際に落としやすくしたりするような効果もあります。しかし、それらの効果を出すための成分の中には、肌につけたまま寝てしまうとよくない成分も含まれていることもあるのです。

ですから、夜も使えるオールインワン化粧品の場合、それらの成分をカットしている分、ファンデーション崩れを起こしやすいなど、下地としての効果は十分に発揮されないこともあるのです。

また、敏感肌や肌の弱い方は、オールインワン化粧品で肌トラブルが起こりやすくなる場合があります。オールインワン化粧品は、複数の化粧品を合わせているため、製品に配合される成分も多いので、トラブルになるリスクが高いと言えます。肌の弱い方は、自分に合った化粧品をひとつずつ使っていくことが大切なので気をつけましょう。

オールインワンのメリット

では、単体の化粧品より効果の落ちるオールインワン化粧品は、使わないほうがいいのかというと、そうではありません。最小限の効果にとどめたオールインワン化粧品を使うことによって、自立した肌が強くなる場合もありますし、なんといっても面倒なスキンケアの工程がたった1つで済んでしまうのは魅力的。性能が劣るからといって毛嫌いするのはもったいないことです。

ひとくちにオールインワン化粧品といっても、その種類は無数にあるので、選び方に難しいところがあるかもしれません。保湿効果が高い、美白効果が高いなど、商品の特徴に合わせて、自分の肌に合ったものを見つけることができれば、これほど心強いものはないでしょう。

この話題に注目!
Beauty topics
no.4

しみ・そばかすと無縁で過ごせたら。美白ケアの最新事情

肌のしみは、活性酸素によって作られます。
紫外線を浴びることで体内の活性酸素が増加し、
それがしみの発生へとつながっていきます。
活性酸素はあらゆる老化現象の原因。
体内の活性酸素が増えすぎると細胞が酸化してしまうためです。
細胞にとって酸化とは、老化と同じこと。
美白のカギとなる「抗酸化」対策を。

topics no.4

美白ケアの最新事情❶

しつこいしみは過酸化脂質がたまる「過脂化《かしか》」が原因かも

活性酸素によって過酸化脂質が作られる

しみの原因として最近話題になっているキーワードが、「過脂化」です。これは、酸化してしまった脂質（＝過酸化脂質）が体内にたまった状態のことで、さまざまな悪影響を身体に与えることがわかっています。

肌に関しても、過脂化の影響は強く現れます。特に、メラニン色素が変質することが知られており、そのため、しつこいしみになってしまいがちだというわけです。

過脂化は、活性酸素の働きによって起こります。ありとあらゆる細胞の老化の原因となる活性酸素ですが、この酸化作用は皮膚の脂質にも表れるのです。体内で活性酸素が増えすぎると過酸化脂質も増えるため、過脂化が引き起こされます。

過酸化脂質は一度たまると自然には排出されないため、近年では、活性酸素以上に過酸化脂質のほうが問題だと考えられてもいます。

しつこいしみの元は過脂化したメラニン

色素沈着のメカニズム

しみの原因は色素沈着ですが、色素沈着そのものは肌細胞を守るための自己防衛システムです。

皮膚が紫外線を浴びると活性酸素が発生します。必要以上の活性酸素は、細胞を傷つけ老化させてしまいます。そこで、そのダメージを一

教えてくれた先生

アンチエイジング手術専門クリニック
恵比寿美容外科　院長
柳田徹先生

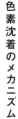

手に引き受けて肌細胞を守ろうとする部分があります。それがメラノサイトです。

　メラノサイトといえば、しみの原因となるメラニン色素を作る細胞ですが、実はメラニン色素というのは、活性酸素によるダメージをあえて受けてくれているのです。酸化して黒くなることで、肌が傷つくのを食い止めてくれるというわけです。

過脂化していると
メラニン色素も過脂化する

　肌のターンオーバーがうまく機能していれば、やがて黒ずんだ色素は垢となって剥がれ落ちていき、元の肌の色を取り戻すことができます。

　ところが、過脂化した肌の場合は状況が異なります。過脂化しているとメラノサイトも影響を受けるため、「過脂化したメラニン色素」が生まれてしまうからです。通常のメラニンと過脂化したメラニンとの違いは、メラニンの生成過程からすでに現れます。通常よりも色が濃い色素を作り出すため、しみも濃い色になりがちです。

　また、過脂化したメラニンを取り込んだ細胞は、根っこの部分が強力になってしまうため、肌に頑固に居座り続ける性質を持ちます。こうなると、しみを取り除くのは非常に厄介です。

過脂化を防ぐにはどうしたらいい？
その対策とは？

　過脂化を防ぐためには、まずは規則正しい生活とバランスのとれた食事を心掛けることです。アルコール摂取量も適度に抑え、禁煙することが大切です。

　こうした対策はありとあらゆる美容・健康上のトラブルに共通しているものですが、それは何も不思議なことではありません。これらの対策によって、活性酸素の増加を防ぐことができるからです。過脂化も活性酸素の仕業ですから、活性酸素の発生を抑制することが重要です。

topics ✦ no.4

美白ケアの最新事情 2

活性酸素が体内に発生する原因と対処法

体内の活性酸素はそもそもどこからやってくるのか

活性酸素が老化の原因となることは、最近になって広く知られるようになってきました。「抗酸化」という言葉もあちらこちらで目にする機会が増えたことでしょう。

適量であれば、活性酸素は必ずしも体にとって悪いものではありません。ばい菌や細菌から細胞をガードする役割を果たしてくれているからです。

体を守るため、人間の体内では日頃から活性酸素が作られています。呼吸によって取り入れた酸素のうち、約2%が活性酸素になるといわれています。

ストレス

ストレスを受けると、体はそれに対抗しようとします。そこでストレスを緩和させてくれる「副腎皮質ホルモン」が分泌されるのですが、その際に一緒に活性酸素も作られてしまいます。

また、ストレスがたまっているとビタミンCの消費量も増えます。ビタミンCにもストレスを和らげる効果があるためなのですが、実はビタミンCは抗酸化作用も強いため、体内から減ってしまうと活性酸素の勢力が強くなってしまいます。

紫外線

紫外線を浴びると、体を守るために活性酸素が発生します。特に、肌に直接浴びた場合には強力な活性酸素が生まれることも知られています。紫外線がしみなどの肌トラブルの原因となるのはこのためです。

喫煙

タバコも活性酸素発生の原因です。タールに代表されるような有害物質が体内に入りますので、そこから細胞を守るために活性酸素が増えるわけです。受動喫煙でも同じ影響がありますので、喫煙者でないからといって安心はできません。

過度な飲酒

アルコールは適量であれば活性酸素を減らしてくれます。しかしアルコールを分解する際にも活性酸素は発生しますので、摂取量が多すぎると逆効果です。

食品添加物・大気汚染など

活性酸素は本来、体を守るために生まれるものです。基本的には、体にとって悪影響のあるものが体内に入ると活性酸素が増える、と考えて問題ありません。

激しい運動

意外なところでは、激しい運動も原因の1つです。運動をすると呼吸が増えますので、酸素量が増えることになります。すると、必然的に活性酸素に変換される量も増えるということです。

また、運動時には体温が上がりますが、これも活性酸素への変換率を上げる一因です。

教えてくれた先生

かくた皮膚科クリニック
院長
角田美英先生

活性酸素とは？

意外と知らない、活性酸素の実体

美容や健康への関心が高い人であれば、「活性酸素」という言葉を目にする機会は多いのではないでしょうか。しかし、「体によくない物質だ」ということをなんとなくわかってはいても、活性酸素がどういうものなのかを詳しく理解している人はあまり多くはないでしょう。

美しい肌を保つためには、活性酸素は避けて通れないキーワードです。活性酸素が体内でどういった働きをするのか、しっかり知っておきましょう。

活性酸素は、本来は身体に必要なもの

活性酸素というのは、読んで字のごとく「活発な酸素」のことです。それでは何が活発なのかというと、「酸化させる力」が非常に強力なのです。

悪者だというイメージが強いかもしれませんが、本来は活性酸素は体に必要なものです。酸化力が強いということは殺菌作用も強いということですので、体内に入り込んだ細菌類を駆除してくれる役割を持っています。また、酵素の働きを促進する効果もあります。活性酸素があるからこそ、身体中の細胞は健康を維持することが可能なのです。

そのため、普通に生活しているだけでも体内では活性酸素が作られています。一般に、呼吸で取り入れた酸素のうち、約2%ほどが活性酸素になるといわれています。

増えすぎは老化の原因に

それにもかかわらず活性酸素に悪いイメージがあるのは、その酸化力があまりにも強力すぎるためです。活性酸素は適量であれば細胞を保護してくれます。ところが量が増えすぎると、かえって細胞にダメージを与えることにもなってしまいます。

酸化と言われてもピンとこない人もいるかもしれませんが、金属などのサビも酸化の一種です。つまり、体内の活性酸素が増えるということは身体をサビさせやすくするということなのです。

酸化すると細胞の老化が早まりますから、体内のあらゆる組織が衰えていきます。肌のトラブルや生活習慣病

教えてくれた先生

かくた皮膚科クリニック
院長
角田美英先生

などは活性酸素が原因で引き起こされることが多いです。息切れしやすくなったりしわが増えたりという現象も、活性酸素が関係している可能性があります。

朝と夜のスキンケアとの違いやポイント

活性酸素が増える原因はさまざまあります。以下は代表的なものです。

- **激しい運動をする**
- **強いストレスを感じる**
- **紫外線を浴びる**
- **喫煙**
- **食生活の乱れ**

これらの要因をすべて完全に断ち切ることは難しいかもしれませんが、努力と工夫次第で減らすことはできます。

また、抗酸化作用のある成分を多く摂取することで活性酸素の増加を抑えることも可能です。

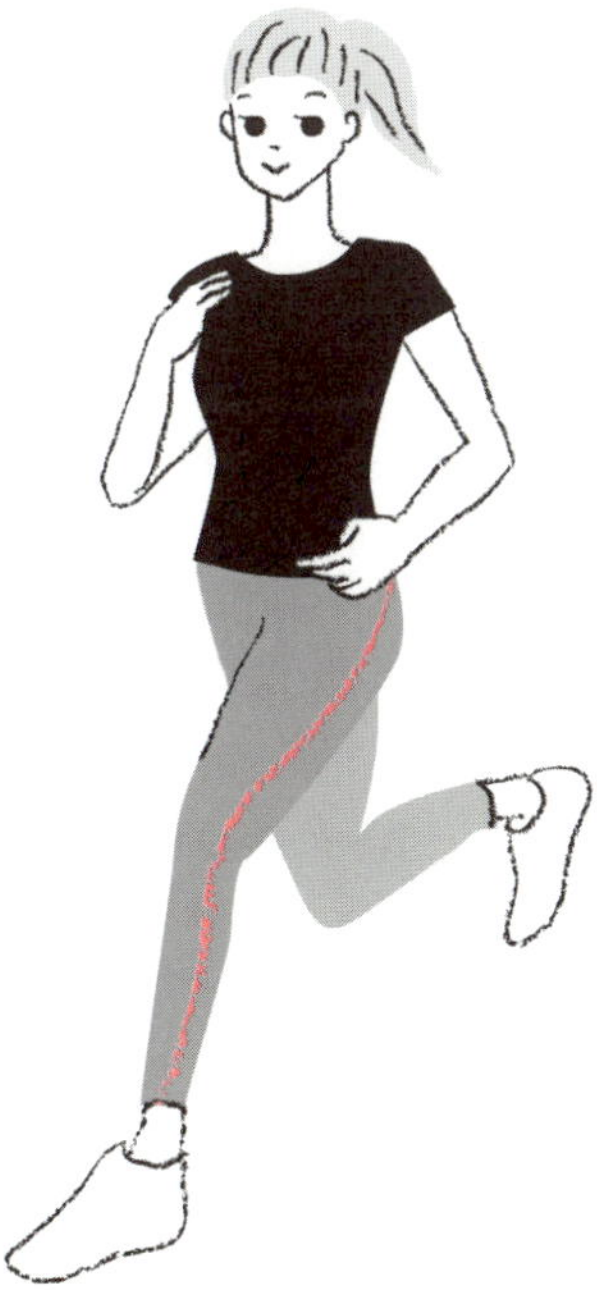

活性酸素を除去するＳＯＤ酵素とは？

注目が高まっているＳＯＤ酵素

近年、美容・健康に関心のある人の中では「抗酸化」というキーワードが有名になっています。それに合わせるように、「ＳＯＤ酵素」という言葉を耳にする機会が増えたという人も多いことでしょう。

ＳＯＤ酵素は、あらゆる老化現象の原因となりうる活性酸素を除去してくれる成分として、注目の高まっている酵素です。

ＳＯＤ酵素は活性酸素の退治役

ＳＯＤ酵素は、正確には「Super-oxide Dismutase」といい、「活性酸素を除去する酵素」という意味です。もともと人間の体内に存在している酵素でもあり、体細胞が酸化するのを抑えてくれる働きをもっています。

活性酸素は、適量であれば細胞を守ってくれる役割を果たしているのですが、増えすぎると途端に悪者となってしまいます。酸化力が強力すぎるので、細菌類だけでなく細胞そのものまで傷つけてしまう可能性があるためです。すると老化現象としてさまざまな不具合が体中に現れることとなります。病気の原因となることもあります。

それを防ぐために、体内で活躍してくれているのがＳＯＤ酵素だというわけです。抗酸化作用のある成分は世の中に数多くありますが、あらかじめ体内に備わっている抗酸化成

教えてくれた先生

かくた皮膚科クリニック
院長
角田美英先生

分だということがＳＯＤ酵素の最大の特徴です。

ＳＯＤ酵素の美肌効果

美しく健康な肌を取り戻す

肌の場合、細胞の酸化はそのまま老化につながります。しみもしわも活性酸素の増えすぎによって引き起こされるものです。また、細胞に傷がつくと肌のターンオーバーも正常に行われなくなるため、肌荒れや炎症の原因にもなりかねません。

　ＳＯＤ酵素によって活性酸素を取り除くことができれば、肌細胞の新陳代謝が活性化し、うるおいやハリを取り戻すことができます。健康な肌を維持できれば、メイクのりにも影響が出ます。

体中を健康にしてくれる

　ＳＯＤ酵素の働きは体中の細胞に及びますから、ほかにも高血圧や糖尿病など生活習慣病の改善が期待できます。肌は、体内の不調の原因が真っ先に現れる場所です。美しい肌をキープするためには、何よりも健康であることが大切です。

ＳＯＤ酵素の摂取方法

　ＳＯＤ酵素はもともと体内に存在する酵素です。しかしながら、酵素は一生のうちに作られる量があらかじめ決まっているといわれています。年齢を重ねるごとに生成される量が減りますし、その力も弱まっていくことがわかっています。そこで、ＳＯＤ酵素はなんらかの形で外部から取り入れる必要があります。

　ところが、ＳＯＤ酵素を日常的な食事の中から摂るのはあまり現実的ではありません。ＳＯＤ酵素を含む食品は、ルイボスやアシタバなど、あまり食卓に馴染みのないものばかりだからです。

　そのため、ＳＯＤ酵素を取り入れるためにはサプリメントを利用することが一般的です。

しみを消したい人必見！しみを薄くする食事

しみを消したい人におすすめの美白食事

しみへのケアというと、美白コスメや美白サプリメントでのケアが頭に浮かびますが、毎日の食事も白く美しい肌を維持するためには重要なポイントです。ここでは、しみを消したい人にぜひ知ってほしい、しみ対策のための食事についてご紹介していきます。

しみ対策には美白コスメなどを使った外側からのケアも重要ですが、食事による内側からのケアも大切。体の内側と外側から同時にケアすることで、より美しい肌を実現することができるのです。ここでは、しみ対策におすすめの栄養素や食材を紹介します。

ビタミンC

美白栄養素の代名詞。しみの原因となる活性酸素を除去する抗酸化作用の高い栄養素で、メラニンの生成を抑制する作用もあります。

●含まれている食材…赤ピーマンやユズなど。

ビタミンB_2

肌の代謝を高め、新陳代謝を正常にする作用がある栄養素です。代謝を活発にすることでメラニンの排出をサポート。しみを薄くする効果を期待することができます。

●含まれている食材…豚レバーや牛レバーなど。

L-システイン

肌の新陳代謝を正常化する作用のある成分です。新陳代謝を活発にすることで、メラニンの排出を促します。

●含まれている食材…大豆やハチミツなど。

リコピン

ビタミンEの１００倍の抗酸化力を持つとされるリコピン。紫外線による肌ダメージを修復しメラニン

教えてくれた先生

しのぶ皮膚科
院長
蘇原しのぶ先生

の生成を抑制する効果があるといわれています。

●含まれている食材…トマトやピーマンなど。

アスタキサンチン

抗酸化作用の高い栄養素アスタキサンチン。活性酸素を除去し肌の老化を防ぐ働きを持つ栄養素です。肌ダメージを修復し、メラニンを抑制する作用も。

●含まれている食材…鮭やいくらなど。

エラグ酸

エラグ酸はポリフェノールの一種。抗酸化作用が高く、肌細胞の老化を抑制します。メラニンを抑制する効果もあるので美白効果の高い栄養素といわれています。

●含まれている食材…ザクロやベリーなど。

このようにしみに効果の期待できる栄養素はたくさんありますが、できてしまったしみを消すためには食事だけでは効果は薄いといえます。すでにできてしまったしみを消すためには、やはり美白に特化したコスメなどを使った外側からのケアもきちんと行うことが大切です。

ビタミンCはこまめに摂取することが大事

美白の定番成分といえばビタミンCですが、ビタミンCは水溶性なので摂取しても体外に排出されやすく、体の中に留めておくことが難しい成分です。そのため、こまめな摂取で補う必要があります。体の中からしみ対策を！と考えるのであれば、朝昼晩とこまめに摂取することを心がけましょう。

また、ビタミンCはL-システインと一緒に摂取することで相乗効果を得ることができるといわれています。L-システインを豊富に含む、豆乳とはちみつにビタミンCを豊富に含むレモンを入れた特製ドリンクなどを作ってみてはいかがでしょうか？

この話題に注目!

Beauty topics

no.5

ちょっとした心がけと、信頼できる美容皮膚科があれば、時間を巻き戻せる!

アンチエイジング最前線

エイジングケアは将来の自分のために行う投資。
いつまでも、身体の中から輝くような肌でいたいものです。
早めの対策をすることで、未来の自分の身体も肌も変わります。
美容皮膚科で行うケア、自分でできるケアなど、
エイジングケアの最新情報を学び、正しい老化防止対策を心がけましょう。

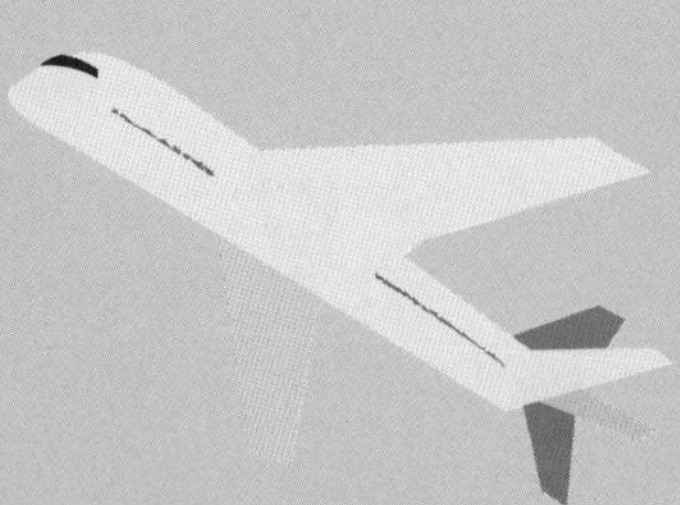

topics no.5

アンチエイジング最前線❶ 病気治療から美容にも！水素注射が体にいい理由

水素注射って何？

水素注射とは、生理食塩水に水素を溶かしそれを注射することによって、体内に水素を取り入れる治療方法のことです。病気やケガをして、悪玉活性酸素がたくさん発生しているときや集中的に症状を改善したいときに、患部に水素注射をすると痛みが治まるといわれています。

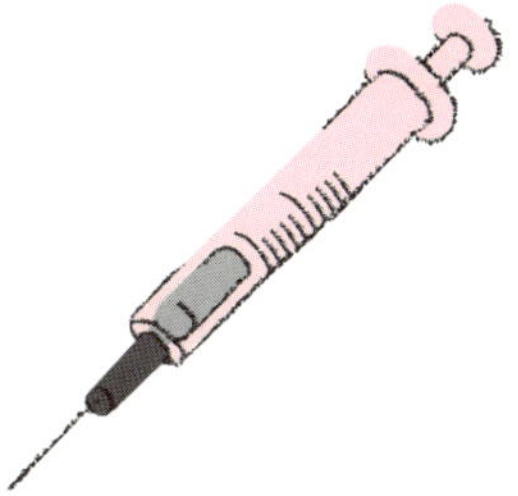

水素注射が病気治療に役立つメカニズム。アンチエイジングにも効く！

水素は血中で悪玉活性酸素と結びつき無害な水に変わります。水素そのものも無害で、結びつかなかった水素は呼気で体外に排出されてしまうので副作用の心配がありません。しかし、水素は血中に入ると、もっとも近くにある活性酸素に反応して結びついてしまうという性質があるため、水素を内服したり、飲んだり、塗ったりしても、効いてほしい部位に効果を与えるのが難しいといわれています。その点、水素注射は、患部に近い箇所から水素を直接注入することで、より早く、より的確に効果が出やすくなることが期待されているのです。

水素には症状が出ている箇所にピンポイントで働きかけるという特性があるため、アンチエイジングという観点からいうと、細胞の老化が進んでいない若年層よりも、細胞の老化が進んでいる中年層の方が効果が出やすくなるということです。

水素は、悪玉活性酸素の除去のみならず、ミトコンドリアの機能を正常化して細胞の機能を改善する働きがあるといわれています。その結果、細胞の代謝がよくなり、アンチエイジング効果が期待できます。特に慢性疲労で活性酸素が多いと思われる方や中年層以上の方は、美容と健康のために水素を取り入れてみる価値があるといえるでしょう。

教えてくれた先生

表参道首藤クリニック
院長
首藤紳介先生

topics ✦ no.5

アンチエイジング最前線 ❷

天然ポリフェノール・エラグ酸に注目

ベリー系に含まれるエラグ酸に注目

エラグ酸はブラックベリーやラズベリー、イチゴ、ザクロやナッツ類などに含まれる天然のポリフェノール。ポリフェノールとは、植物が光合成をする際に作られる苦みや渋みの成分のことです。自然界には5000種類以上ものポリフェノールがあるといわれています。

赤ワインにポリフェノールが含まれているのを聞いたことがある方も多いのではないでしょうか。赤ワインが健康によいとしてブームになったのは、ポリフェノールの抗酸化作用が着目されたことがきっかけでした。

赤ワインには、フラボノイドやアントシアニンなど多種類のポリフェノールが含まれているのです。ほかにも、お茶のカテキンや大豆に含まれるイソフラボンもポリフェノールの一種です。

このように非常にたくさんの種類があるポリフェノールですが、その効果はそれぞれ異なります。しかし、共通するのが「抗酸化作用」があるということ。抗酸化作用によって活性酸素の働きが抑えられ、細胞の衰えを防ぐことができるのです。

このポリフェノールの一種であるエラグ酸は、1831年にフランスで発見され、美白成分として1996年に厚生労働省に認可されました。

エラグ酸の美白作用がしみの原因を防ぐ

エラグ酸には、メラニン色素の生成を抑制する効果があります。私たちの肌が紫外線を浴びるとチロシナーゼという酵素が活発に働き、メラニンのもとであるチロシンを黒色メラニンに変えてしまいます。

エラグ酸は、このチロシナーゼの中にある銅イオンを奪い去ることで活性化を抑制し、チロシナーゼの働きを阻害する作用があるのです。このようにして、しみの原因となるメラニンの生成を防ぎます。

さらに先に述べた通り、ポリフェノールであるエラグ酸には優れた抗酸化作用もあるため、肌の酸化=老化を防ぐ働きもあります。紫外線やストレスなどにより活性酸素が過剰に発生すると細胞を酸化させてしまうので、肌の老化や肌荒れの原因ともなります。そのダメージから皮膚を守ろうと、メラニン色素が積極的に生成されてしまいます。

エラグ酸には強い抗酸化力があるため、この活性酸素を除去する働きがあるのも美白成分として注目されるポイントです。

教えてくれた先生

聖心美容クリニック東京院
院長
伊藤康平先生

what's Polyphenol?

ポリフェノールとはどんなもの？

ポリフェノールは「ファイトケミカル」の一種

ポリフェノールとは、「ファイトケミカル(phytochemical：phyto＝ギリシャ語で植物、chemicalは化学の意味。フィトケミカルとも呼ばれる)」のひとつです。

ファイトケミカルは、ビタミン・ミネラル・脂質・糖質・たんぱく質の5大栄養素と、第6の栄養素である食物繊維に次いで「第7の栄養素」といわれています。

主に植物の色素や香り、アクなどの成分から発見された化学物質で、約1万種類くらいあると考えられており、

①ポリフェノール
②含硫化合物
③脂質関連物質(カロチノイド類)
④糖関連物質
⑤アミノ酸関連物質
⑥香気成分

の6つに分類されています。

ファイトケミカルの特徴は、強い抗酸化作用や免疫増強作用、がん抑制作用などです。これらは、自力で移動することができない植物が、過酷な環境下でも生き抜けるように自らの中に作りだしたものです。

なかでも、ポリフェノールには強力な抗酸化作用があるといわれています。ポリフェノールは植物の光合成によって作りだされ、植物の苦みや渋み、色素などを構成しています。それらによって、酸素や紫外線、害虫から身を守る働きをしているのです。

教えてくれた先生

小山嵩夫クリニック
院長
小山嵩夫先生

フェイシャルフィットネスで若返る理由

たるみ・しわを招くのは筋肉の衰え

たるみやしわを改善するエイジングケアでは、肌細胞を活性化させる美容成分を補うことが大切です。しかし、それだけで衰えた肌の弾力を取り戻すには限界もあります。フェイシャルフィットネスで、顔の筋肉も鍛えてみましょう。

顔には50種類もの筋肉があります。そのうち、表情に関わる表情筋は22種類ありますが、私たちは普段の生活で3割ほどの筋肉しか使っていません。顔の筋肉も体の筋肉と同じように、使わなければ衰えて細くなります。そして筋肉が衰えることで皮膚が支えられなくなって垂れ下がります。これが、たるみやしわの原因となるのです。

肌を若々しく保つためには顔の筋肉を鍛える必要があるのですが、骨や皮膚とつながっている顔の筋肉は鍛え方に注意が必要です。外側から筋肉を刺激する間違ったマッサージなどでは、逆にたるみやしわを増やしてしまうこともあります。

大切なのは、内側から適切な筋肉にバランスよく負荷をかけることです。繊細で複雑なつくりをしている顔の筋肉を鍛えるポイントは口の周りの筋肉にあります。

若々しい顔をつくっているのは「口周りの筋肉」

若々しい顔をつくるためには、皮膚組織の下で土台として皮膚を支えている筋肉を変える必要があります。その中で特に重要となってくるのが口周りの筋肉。口周りは、ほうれい線が現れたり口角が下がったりと、老化のサインが現れやすい場所です。口の周りには「大頬骨筋（だいきょうこつきん）」「小頬骨筋（しょうきょうこつきん）」「笑筋（しょうきん）」といったほうれい線や口角に関係の深い筋肉があります。これらの筋肉が衰えることでほうれい線やフェイスラインの崩れを引き起こすのです。また、同じく口周りにある「口輪筋（こうりんきん）」は顔全体の表情筋の70％とつながっています。そのため、口輪筋が衰えてしまうと、つながりのあるほかの筋肉まで伸びてしまい、顔の皮膚が全体的にだらりと下がって、老け顔の原因となるのです。

フェイシャルフィットネスとは、いわゆるこういった顔の筋肉のトレーニングです。あまり使われることのない口周

教えてくれた先生

しのぶ皮膚科
院長
蘇原しのぶ先生

りの筋肉を鍛えることで、顔の筋肉の衰えによる皮膚のたるみを防ぎ、キュッと引き締まった若々しい顔をつくります。

フェイシャルフィットネスで「くま」や「くすみ」も改善

表情筋を鍛えることで、顔にハリや弾力が戻るだけでなく、顔全体の血行改善にもよい影響を与えます。筋肉と皮膚は密接な関係にあります。筋肉は血液を流すポンプのような役割を担っており、それにより皮膚細胞に酸素や栄養を十分に与えることができています。しかしこの働きが衰えると、肌の新陳代謝が悪くなり、くまやくすみのほか、古い角質が残ってしわも起こりやすくなります。筋肉を鍛えることで血液やリンパの流れがよくなり、老廃物も排出され、このような肌トラブルから解消されて肌の質も上がっていくのです。

年齢を重ねても質のよい肌やラインの整った顔を保つためにも、フェイシャルフィットネスを始めてみましょう。

筋肉は皮膚の土台

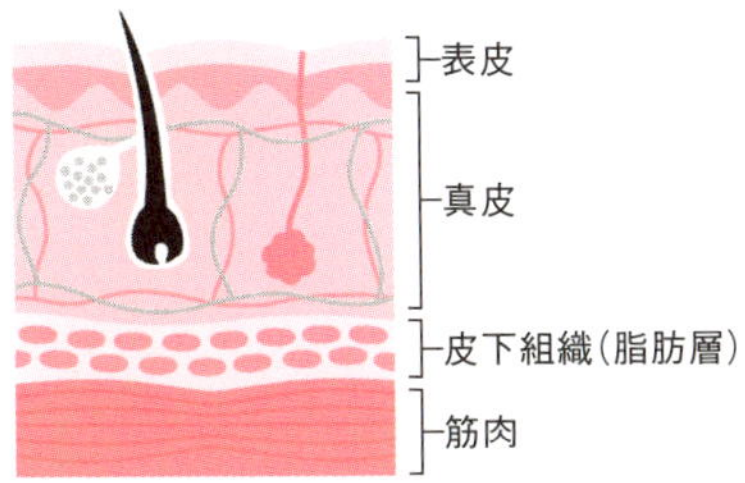

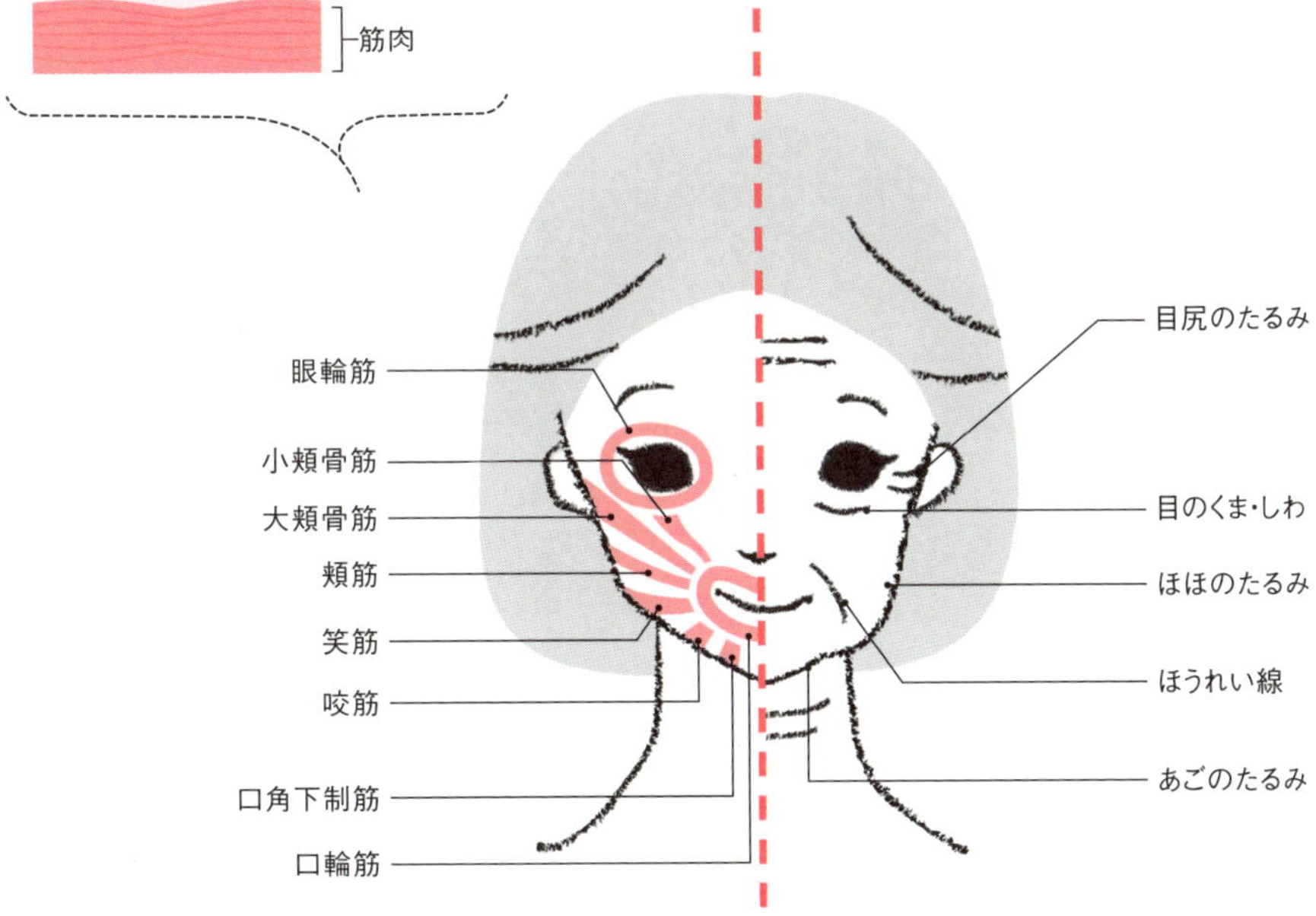

若返りホルモンの分泌を促すコツ3つ

若返りホルモンとは?

「成長ホルモン」、通称〃若返りホルモン〃は加齢とともに減少していくホルモンです。若返りと名がつくだけあって、老化現象と密接な関係を持っています。ここでは、その若返りホルモンの肌への効果と分泌を促すコツについて詳しく紹介します。

成長ホルモン（若返りホルモン）は脳下垂体から分泌される、人体の成長や代謝などをつかさどるホルモンのことです。

15歳から20歳の間に分泌のピークを迎え、その後は加齢とともに減少していきます。その分泌量は40歳で20歳の時の約40％、80歳を超えると5％にまで減少してしまいます。成長ホルモンが出なくなると心臓の機能が低下し、血流が悪くなる、新陳代謝が悪くなるといった悪影響が現れ、肌にも多大なダメージを与えます。

若返りホルモンの分泌を促す3つのコツ

加齢とともに減少してしまう成長ホルモンですが、実は自分で分泌を促すこともできるのです。成長ホルモンをたくさん分泌させるためのカギは「睡眠」「空腹」「運動」です。

睡眠

成長ホルモンは睡眠中に分泌されますが、とりわけ睡眠後30分から1時間後のノンレム睡眠（深い眠り）の時に多く分泌されます。成長ホルモンは睡眠中に肌の新陳代謝を活発化させたり、血行を促進して肌の老廃物を取り除いたりする働きがあるため、美肌の維持、しみやしわの防止には欠かせません。

睡眠不足や生活習慣の乱れは成長ホルモンの分泌を減らし、肌荒れなどの原因になりますので、規則正しい生活を心がけ、十分な睡眠時間を確保しましょう。

空腹

人間の体は、朝起床して日光を浴びると脳からセロトニンというホルモンが出て、交感神経が活動を始めます。

さらに1日の活動を始めると脂肪が燃焼する回路になり、空腹状態になります。空腹状態になると成長ホ

教えてくれた先生

赤坂ビューティークリニック
院長
青山秀和先生

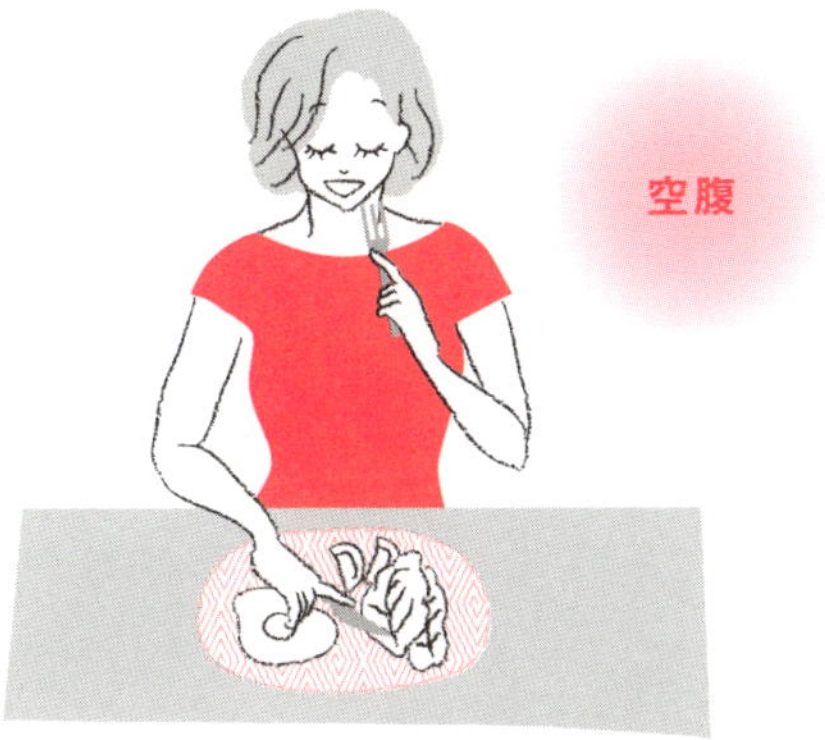

ルモンが増量し、若返り遺伝子である「サーチュイン遺伝子」が発動。そして、血管を掃除してくれる善玉ホルモンの「アディポネクチン」が分泌されます。

空腹状態になればなるほど、体が肌の調子をよくしようと動き出します。ですから、だらだらと間食するのをやめて、1日2～3回、きっちりと「お腹が空いた状態」を作ってあげることが大切です。

運動

若返りホルモンを分泌させるのに効果的な運動に「スローリフト」というトレーニング方法があります。

スローリフトとは、ゆっくりと、そのかわり途切れることなく行うエクササイズのこと。

例えば、ひざを屈伸させて立ったりしゃがんだりするスクワットを行う場合、太極拳のようにゆっくり立ち上がり、完全に直立する前に再びゆっくりとひざを曲げていきます。

この動作を10回ほど繰り返すと太ももがパンパンに張ってきますが、これが成長ホルモンの分泌を促す状態です。このスローリフトを習慣化することで成長ホルモンの分泌が促進されます。

この話題に注目!
Beauty topics
no.6

肌の悩みに合った美顔器を選ぶのが美肌への近道!
美顔器最前線

高い効果を得るためには、肌の悩みに合った美顔器を選ぶことがポイントとなります。

数ある美顔器のなかから自分に合ったものを選びたいもの。さまざまな効果をもたらしてくれる美顔器ですが、正しい使い方をしなければその効果は半減してしまうそう。美顔器の特徴を学び、ワンランクアップのスキンケアを目指しましょう。

topics no.6

美顔器最前線❶

美顔ローラーの正しい使い方

美顔ローラーの正しい使い方

肌の上を転がすだけの手軽な美顔ローラーですが、シンプルだからこそポイントをしっかり押さえて正しく使うことが大切になります。

美顔ローラーを効果的に使用するために、次の基本的なポイントを守りましょう。

・下から上へ

・中から外へ

リフトアップをしたい場合は、下から上へ転がします。このとき気をつける点は、一定の方向に動かすこと。上下に往復させて転がしてしまうと、せっかく上に持ち上げた肌を下げてしまい、かえって肌をたるませてしまうことになります。フェイスラインは、あご先から耳に向けて上げていきます。

顔全体のケアをしたいときには、はじめに口元から耳の方向へ、頬の上を転がします。徐々に上にずらしていき、目元から耳の方へ内側から外側へ向けて転がした後、眉間から髪の生え際へ上方向に転がします。

ただし、首筋などにリンパの流れをよくするために使うときは、耳の下から鎖骨へ、上から下へ転がしてください。

美顔ローラーを使う際の注意点

強く押さえない

美顔ローラーを強く押さえつけながら転がすと肌に強い刺激を与えてしまい、肌トラブルの原因となることがあります。力加減としては、皮膚があまり動かない程度が目安です。それくらい軽く転がすほうが、より効果を発揮します。特に目の周りは皮膚がとても薄いので他の部分よりもさらに軽く、やさしく転がすように心がけてください。

乾燥した状態の肌に使わない

乾燥している肌に美顔ローラーを使うと、ローラーの刺激によりしわやたるみを起こす可能性もあります。美顔ローラーの使用前には必ず肌を保湿してください。また、ニキビや傷ができたりトラブルが発生した場合は、しばらくは美顔ローラーを使用しないなど、肌の調子に合わせましょう。

転がす方向に気をつける

二股タイプの美顔ローラーは回転させる方向が決まっています。逆方向に回してしまうと肌をつままれたようになり、痛みを感じることもあります。このような強い刺激は肌にダメージを与え、トラブルを招くことにつながるので、必ず使用前に回転させる方向を確認しましょう。

お風呂での使用

美顔ローラーを入浴中に使いたいという方も多いと思います。耐水性があるローラーなら、お風呂でも大丈夫。ですが、耐水性のないものもあるので、事前に確認しましょう。

教えてくれた先生

赤坂ビューティークリニック
院長
青山秀和先生

イオン導入美顔器を使った肌への効果

イオン導入器の機能とは?

イオン導入とは、微弱な電流を使って、そのままでは浸透しにくいビタミンC誘導体やプラセンタなどの美容成分を肌の奥へと届ける美容方法を指します。そのために使う器械をイオン導入器と呼ぶのですが、もう少し詳しく解説しましょう。

私たちの肌の一番表面、角質層は、陽イオン(+)が多くなっています。一方で、その内側の顆粒層は陰イオン(−)が多く、角質層と顆粒層の間にはバリアの膜ができています。通常はこの膜に阻まれて、美容成分は角質層よりも奥に浸透することができません。

イオン導入器で肌に微弱な電流を流すと、角質層と顆粒層の間の膜が解放され、美容成分が浸透しやすくなります。ビタミンC誘導体は(−)イオンを帯びています。マイナス同士、プラス同士は反発しあうため、イオン導入器で(−)の電流を流してあげると、(−)イオンを帯びるビタミンC誘導体はそれに反発して肌の奥まで押し込まれていきます。このようにして、イオン導入器は美容成分を肌の奥まで浸透させるのです。

イオン導入器の効果は

イオン導入で化粧品を使った場合、手やコットンで肌につけるのにくらべて、数十倍の浸透力があるといわれています。

このイオン導入は、皮膚科・美容皮膚科などの病院で行うこともできますが、最近は市販でもイオン導入美顔器があるので、自宅でも気軽にできます。もちろん医療機関においてあるものよりも威力は弱いとされますが、それでも実際、イオン導入美顔器で化粧品を使ったあとは肌の感触が違うと感じる方も多いようです。

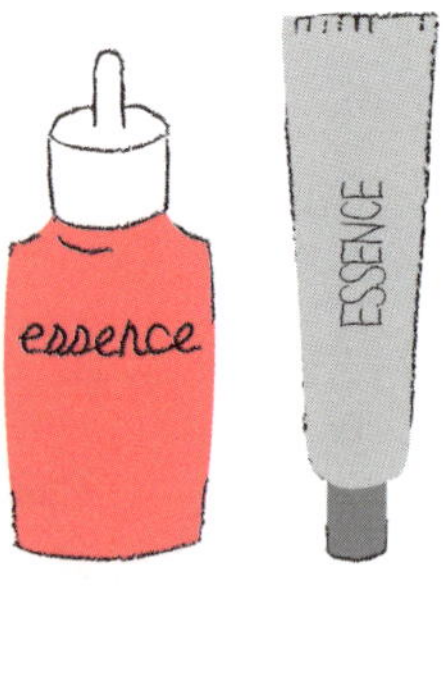

教えてくれた先生

西麻布ヒフ・形成外科
院長
藤井佳苗先生

topics＊no.6

美顔器最前線 3

肌悩み別！スチーマーの活用法

一台あると便利！スチーマー美顔器

スチーマータイプの美顔器は、肌の状態によってさまざまな使い方ができます。よくある肌トラブルの原因に対応した使い方を見ていきましょう。

肌にツヤやハリがない時には、十分なスチーマー＋基礎化粧品

肌にツヤやハリがない時は、うるおいを保つ角質層に水分が不足していることが考えられます。その状態で化粧水や美容液を使っても、肌に浸透していきません。まずは肌をスチームにしっかりあて、肌を十分保湿して整えてから基礎化粧品を使いましょう。

顔の赤みが気になる時は、スチーマーで血行よく

赤ら顔の原因はいくつかありますが、血行が悪くなり血流が滞っていることも考えられます。そこで、温かいスチームを顔にあてて血流を促しましょう。スチーマーの使用後は、たっぷりの化粧水と乳液で保湿も忘れずにしましょう。

使用後は化粧水や乳液をたっぷり使ってケアを

さまざまに活用できるスチーマータイプの美顔器ですが、肌の状態によって適切なケアを行うことが大切です。ご自身の肌ときちんと向き合って、美肌を目指しましょう。

スチーマータイプの美顔器を使うと、細かい水蒸気が肌に浸透して毛穴が開きます。そのため美顔器を使った後、肌をそのままにしておくと毛穴から水分が蒸発して肌が乾燥しやすくなるので、化粧水や乳液などの基礎化粧品でしっかりケアをすることが大切です。化粧水や乳液は、たっぷりつけて保湿しましょう。

教えてくれた先生

札幌シーズクリニック
院長
大久保 真先生

美肌になる！超音波美顔器の正しい使い方

超音波美顔器で美肌成分を肌の奥まで届ける

美肌を目指す女性に人気の超音波美顔器ですが、やみくもに肌にあてていては意味がありません。超音波美顔器の優れた働きを活用するためには、知っておかなければならないポイントがいくつかあります。

美肌になるための超音波美顔器の使い方

超音波美顔器を使ったお手入れは、洗顔後すぐのタイミングで行いましょう。これは、肌に油分があると振動が伝わりにくくなるためです。超音波は水中で伝わる性質がありますので、肌に油分が残っている状態だと効果も低減してしまいます。同様に超音波は空気中でも伝わりにくいので、美顔器と肌の間に空気が入り込んでしまうのもよくありません。そのため肌と水分比率のよく似ているジェルを使うことで、振動をしっかりと伝えます。水溶性のジェルをたっぷり使うようにしましょう。ジェルを使用しなかったり、量が少なすぎると、超音波美顔器を使ってもその効果は期待できません。

超音波美顔器を使うと、肌の奥まで美容成分の浸透が期待できるようです。肌の状態によってどの美容成分を浸透させたらよいかを考えて、その成分が配合されている専用のジェルを使用するとよいでしょう。

リフトアップしたい場合は、超音波美顔器を軽くゆっくりと滑らせるように、筋肉に沿って下から上へ動かしましょう。また、首筋や顔のリンパマッサージを超音波美顔器の使用前後に行うと老廃物が排出されやすくなり、効果が期待できるでしょう。

超音波美顔器を使う際の注意点

❶無添加のジェルを使う

添加物などの肌に刺激を与える成分も浸透してしまうので、無添加のものを選びましょう。また油分のあるクリームは振動を伝わりにくくするため、ジェルの代用はできません。

❷強く押しあてたり、同じところにあて続けない

強い刺激を与えてしまうと、肌にトラブルを起こす原因となり逆効果

教えてくれた先生

マノメディカルクリニック
院長
馬野詠子先生

です。

❸適正な使用頻度で行う

メーカーや機種によって適正な頻度は異なります。取扱説明書をきちんと読み、記載されている使用時間や頻度を守りましょう。過剰な使用は肌への負担となり、肌トラブルを引き起こします。

超音波美顔器の確かな実感を得るためにも、正しい使い方をマスターして美肌を目指しましょう。

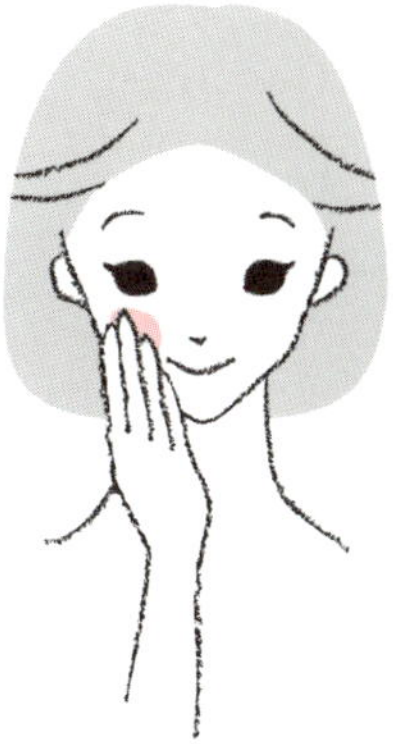

超音波美顔器の専用ジェルに含まれている 代表的な美容成分

ヒアルロン酸

保湿効果により、ハリや弾力のあるうるおった肌に。

コラーゲン

肌のハリや弾力のアップに必要。たるみやリフトアップに効果的。

ビタミンC

しみ、くすみ、日焼けによる毛穴の黒ずみが気になる方に。しわやたるみにも。コラーゲン生成をサポートする働きもあります。

ビタミンA

角質ケアをしたい方に。コラーゲンの生成を促す役割も。

プラセンタ

ターンオーバー(肌の新陳代謝)を整える働きに優れています。コラーゲン、エラスチン、ヒアルロン酸の生成を促進するため、ニキビ跡やしみ、くすみに。

この話題に注目!
Beauty topics
no.7

ひとりで悩むより、まずはプロに相談!
意外と手軽?美容皮膚科での美容処置

肌のトラブルを、自己解決してしまっている方には必見!

皮膚科や美容皮膚科では、的確に素早く効果を出す治療が受けられます。ニキビの中に詰まっている膿や皮脂、古い角質、産毛などを出す「面皰圧出《めんぽうあっしゅつ》」、しみ・しわへのレーザー治療、ほうれい線へのヒアルロン酸注射など、知らなかった情報も。

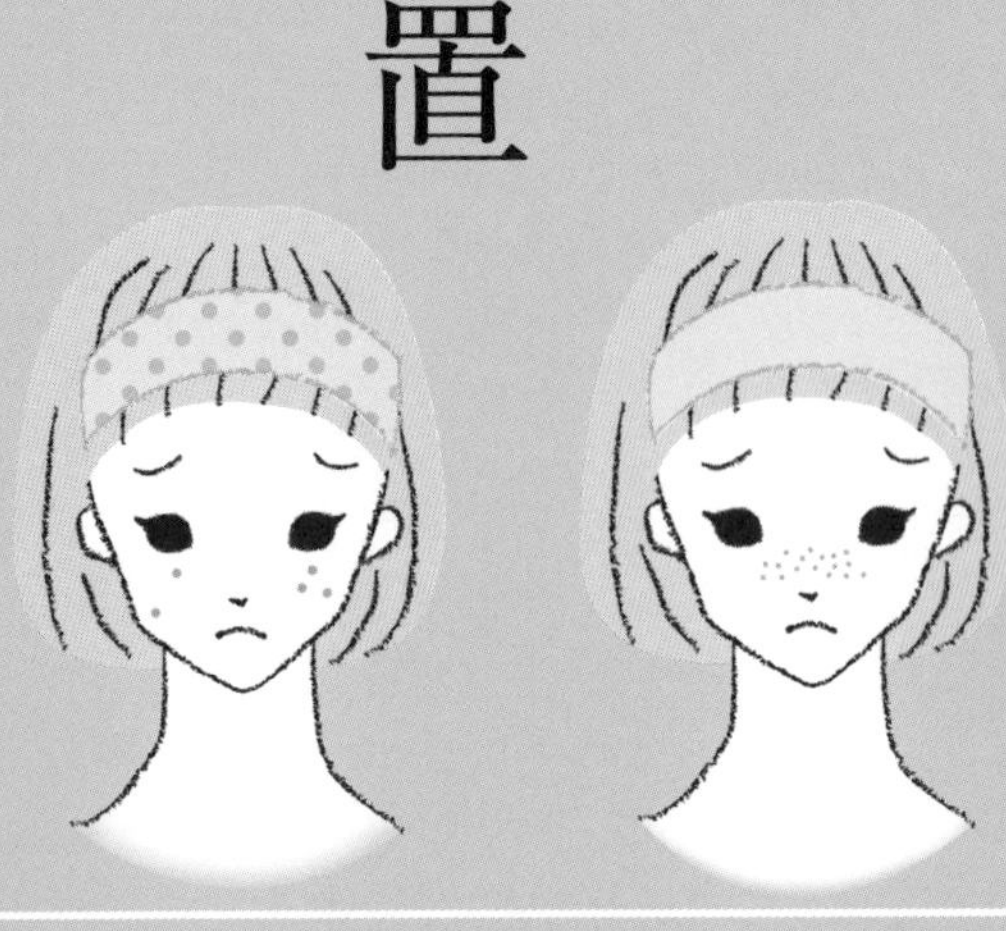

topics no.7

美容皮膚科での美容処置❶

ニキビの皮膚科治療・圧出治療とは？

ニキビの圧出治療とは？

ニキビの中に詰まっている膿や皮脂、古い角質、産毛などを出す治療が「面皰《めんぽう》圧《あっ》出《しゅつ》」。保険が適用される治療で、皮膚科では一般的に広く行われています。

基本的には、どのようなタイプのニキビにも適した治療方法ですが、炎症が起こる前の白ニキビの段階で処理をすると、炎症を防ぐことができます。

面皰圧出の手順

- **皮膚の消毒**
- **ニキビの先端に針またはレーザーで穴を開ける**
- **面皰圧出器という専用の器具を使い、毛穴の中身を押し出す**

ニキビ先端の穴は、消毒した針またはレーザーで開けますが、いずれの方法にしろ、ニキビに穴を開けるという前処置を施すことで、ごく小さな傷だけで済みます。

穴を開けずに圧出をすると、圧力をかけた時に皮膚が破れ、大きな穴が開き、跡が残ってしまうことがあります。「指で無理やり絞り出す」等、自己流にニキビをつぶすようなことはしないようにしてください。

圧出治療のメリット

面皰圧出を行うと、以下のようなメリットがあります。

❶ニキビの治りが早くなる

圧出により膿や皮脂、産毛などを外に出すと、ニキビの治りは早くなります。それは膿を取り除いたことで、炎症が治まるからです。白ニキビや黒ニキビのように、中に詰まっているのが膿ではなく皮脂だとしても、面皰圧出を行うことで、より早くニキビを治せます。

❷再発しづらい

圧出前にレーザーを使ってニキビに穴を開けると、その部分が熱の作用で殺菌されます。また、皮脂線も熱によってダメージを受けるため、同じ箇所にはニキビができにくくなります。

ニキビをつぶすのはドクターに任せましょう。ニキビの中に膿があると炎症は治まるのに時間がかかります。また、炎症を起こしていなくても、皮脂や角質が溜まってくると、いずれは悪化する可能性もあります。そのため、ニキビを早く、また痕を残さず治すためには、圧出治療が必要となる場合があります。適応には皮膚科医に見極めてもらいましょう。

教えてくれた先生

銀座ケイスキンクリニック
院長
慶田朋子先生

topics✦no.7
美容皮膚科での
美容処置❷

QスイッチYAG《ヤグ》レーザーによるしみ治療

QスイッチYAGレーザーは2つの波長で、さまざまなしみに対応

頬や目もと、首筋のしみ。なんとなく老けて見えるし、なんだか増えているような気がする…。そんな悩みはありませんか? レーザーによるしみ治療は、あなたのしみをすばやくキレイに消してくれるかもしれません。ここではしみ治療に使われるレーザーの一種、QスイッチYAGレーザーをご紹介します。

QスイッチYAGレーザーは皮膚内部のメラニン色素が原因となっているしみやアザはもちろん、治療法によってはこれまでレーザー治療には向かないとされてきたしみにも対応OKなレーザーです。なぜ、そのような治療が可能になったのでしょうか?

QスイッチYAGレーザーの機器の大半は、皮膚の深部(真皮)に届く1064nmの波長に加え、表皮のメラニン色素を効率よく破壊できる半波長の532nmを使用します。この2つの波長を必要に応じて切り替えることにより、しみ色素の深いもの、浅いものなどに対応した治療ができるのです。

このような特徴からQスイッチYAGレーザーは老人性色素斑(いわゆるしみ)、そばかす、脂漏性角化症(いわゆるいぼ)、後天性メラノサイトーシス、太田母斑(青アザ)、タトゥー除去などに広く用いられています。

さらに出力を弱め広範囲に複数回にわたって照射するレーザートーニング法は、レーザー治療に不向きだといわれていた肝斑への画期的な治療法として注目されています。

しみにレーザーを照射すると2週間ほどかさぶたができ、その後2〜4週間赤みが残る場合があります。この間、ドクターの指示に従い絆創膏やガーゼ、軟膏などで保護してください。かさぶたが取れた後も肌が赤みを帯びているときは、ひっかいたりこすったりはNGです。

メイクは治療部位以外は治療直後から可能です。照射部分は、術後数日でかさぶたができたらOK。かさぶたが自然にはがれ落ちた後は、普段通りにメイクしても大丈夫です。ただし症状にもよるので、ドクターの指示に従うようにしましょう。

教えてくれた先生

ノエル銀座クリニック
医局長
厚田幸子先生

topics ✦ no.7

美容皮膚科での
美容処置❸

そばかすのクリニックでの治療法とは？

そばかすのクリニックでの治療法

さまざまな治療方法がありますが、実際に施術を受ける際には、クリニックの医師と相談し、自分のお肌に合った治療法を選ぶようにしましょう。

❶レーザー治療

レーザーは、1回の照射で、その部位のそばかすが完全になくなる場合もあるくらい、治療効果が大きい方法です。その反面、レーザー照射後は、皮膚に赤みやかさぶたが出るなどのダウンタイムがあり、一定期間テープを貼ったり、お化粧ができなかったりといったことが、デメリットとしてあります。完全にそばかすの治療が完了するまでに、2～6か月ほどの期間がかかるのが一般的です。

❷フォトフェイシャル

フラッシュの光線を皮膚に照射して、そばかすを薄くしていく方法です。レーザー治療と似ていますが、一度赤みがでたり、かさぶたになったりするなどの、ダウンタイムがほとんどないというのが、このフォトフェイシャル療法の特徴です。ただし、1回の照射で完了することは少なく、3～5回は通う必要はあるようです。

❸イオン（超音波）導入

高濃度のビタミン剤であるビタミンCなどを皮膚に浸透させるために、電気的な力で皮膚に導入する方法です。ビタミンCには美白効果があり、効果が高まるためにそばかすが薄くなるというわけです。フォトフェイシャルと併用して行うことも少なくありません。

❹薬の服用

例えば、トラネキサム酸という内服薬を飲む場合があります。トラネキサム酸は、肝斑の改善に有効だといわれているアミノ酸の一種です。そもそもそばかすのある方は、肝斑を併発させている方が多いことから、肝斑と併せての治療も行われることが多いようです。

❺ケミカルピーリング

ケミカルピーリングとは、化学物質を皮膚に塗り、分厚くなった角質層を軽くはがしてお肌のターンオーバーを高める治療法です。そばかすの治療においては、ケミカルピーリングによって、表皮の生まれ変わりが促進されます。そして、表皮内に溜まっていた、そばかすの原因であるメラニン色素が上に上がってきて、角質とともに脱落します。さらに、表皮についていた角質も均等にはがれ落ちることから、そばかすも改善されるのです。この方法は、ニキビやしわ、くすみ、しみにも有効です。

教えてくれた先生

オラクル美容皮膚科
東京新宿院　院長
髙橋栄里先生

topics ✦ no.7
美容皮膚科での
美容処置❹

ほうれい線のヒアルロン酸注射・注入治療

5歳老けて見える!? ほうれい線を消す方法

「ほうれい線があると5歳老けて見える」とよく言いますが、ほうれい線は見た目を老けさせる最大の要因と言っても過言ではないくらいエイジングケアの大敵です。では、ほうれい線はどうしてできてしまうのでしょうか?

ほうれい線の原因とメカニズム

ほうれい線には、主に2つの原因があります。

加齢によるたるみ

原因のひとつには、加齢によるお肌のたるみが考えられます。誤解されがちですが、ほうれい線はしわではありません。口周りと頰の境界線として、もともと顔に存在しているものです。ただ、若いうちは肌にハリがあるため、目立たないのです。

ところが、年齢を重ねると肌細胞の機能が衰えるため、肌のハリを保つ力が失われてしまいます。すると、次第にほうれい線が目立つようになってくるというわけです。

紫外線による影響

もうひとつの原因が、紫外線です。紫外線はあらゆる肌トラブルの原因となりますが、それは活性酸素が増えて肌の真皮層が傷つけられてしまうためです。大量の紫外線を浴びると、老化のスピードは急激に加速していきます。すると、やはり肌からはハリが失われ、ほうれい線が目立つようになってくるのです。

ほうれい線の解消に効果的なヒアルロン酸注射

ほうれい線は、放っておくとどんどん深くなっていきます。解消するためには、できるだけ早めに効果的な対策をとらなければなりません。

そこで効果的なのが、ヒアルロン酸注射です。誰しも一度は耳にしたことのある治療法だと思いますが、具体的にどういうものであるのかまでは、なかなかご存知でない方も多いのではないでしょうか。

ヒアルロン酸注射とは

ヒアルロン酸は、もともと人間の体の細胞に存在しているムコ多糖類

教えてくれた先生

オザキクリニック
理事長
小﨑有恒先生

の一種です。細胞と細胞とをつなぐ役割を果たしており、高い保湿力を備えています。肌のハリとみずみずしさを保つためには、欠かすことのできない成分だと言えます。

ヒアルロン酸を外から注入して肌を持ち上げることで、ほうれい線の解消が期待できます。外科治療に頼ることなく短時間で効果を得ることができるため、人気の高い治療法となっています。

ヒアルロン酸の効果

ヒアルロン酸は、肌の気になる部位にピンポイントで注入するのですが、注入後には肌のリフトアップ効果が生まれ、若い頃のようなボリュームを取り戻すことができます。

たるみが解消され、ハリがよみがえることで、自然とほうれい線も目立たなくなるのです。また、保湿力もアップしますから、肌のキメが細かくなったり凸凹が解消されたりといった美肌効果も期待できます。

安全性について

効果の大きいものにはリスクもつきものですが、ヒアルロン酸注射の場合は違います。元から人間の体の中にある成分ですので、副作用などの心配はほとんどありません。注射針を使う以上、内出血や腫れといったリスクはゼロではありませんが、信頼のおけるクリニックであれば、その際の対処法も徹底されています。

気になる料金は？

やはり気になるのは、治療費がいくらかかるのかということですよね。「興味はあるけれど高そうだから…」という思い込みで、敬遠している方も多いのではないでしょうか。イメージだけで考えずに、具体的な料金相場について把握しておきましょう。

ヒアルロン酸注射は保険適用外ですので、クリニックによって値段は変わってきます。そのため、厳密に言うと相場というものは存在しないのですが、ほうれい線の場合は1本あたり4〜5万円程度を見ておけばまず間違いないでしょう。また、初回割引を適用しているクリニックも多いため、お試しで注射する分には3万円未満で可能な場合もあります。

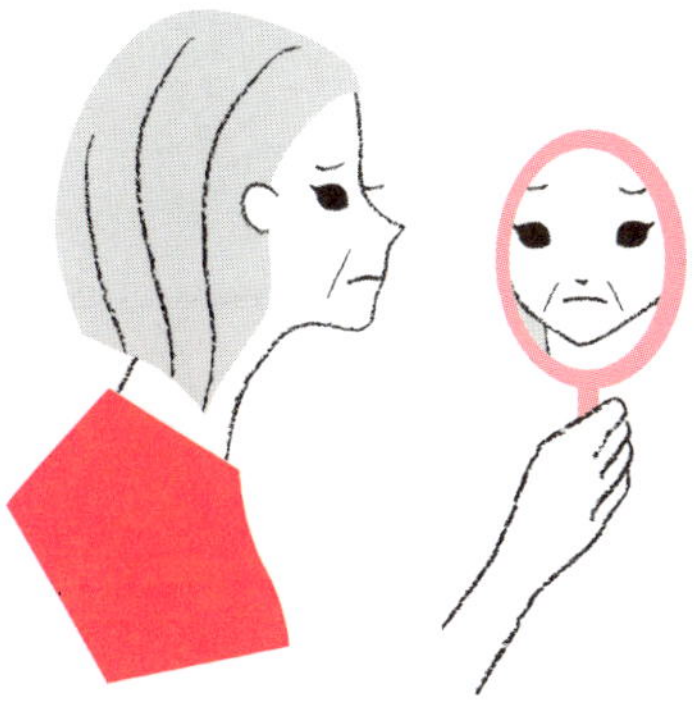

この話題に注目!
Beauty topics
no.8

どんな施術?レーザー脱毛って痛みはどれくらいあるの?
クリニックでの永久脱毛最新情報

クリニックで受けられる医療レーザー脱毛は「医療」としての脱毛になるため、その効果に加えて、安心という点が魅力です。施術で使われるレーザーの種類と、その特徴を教えていただきます。

また、最近では、ＶＩＯラインといわれる、アンダーヘアの脱毛の施術もかなり一般的になっています。自己処理で肌トラブルを起こしている人は永久脱毛を検討してみては。

topics no.8

永久脱毛最新情報❶

医療脱毛のレーザーの種類、特徴と注意点

医療レーザー脱毛を受ける前に知っておきたいこといろいろ

レーザー脱毛と聞くと、なんとなく「レーザー」という響きから痛みがありそうなイメージを持ってしまいますよね。クリニックで受けられる医療レーザー脱毛は「医療」としての脱毛になるため、サロンで受けられる脱毛と違って効果的な脱毛が可能です。また、痛みが少ないだけでなく、医療による脱毛のため安全に行うことができます。

ただし、医療レーザー脱毛にも、いくつか種類があります。ここではレーザーの種類と、それぞれの特徴をご紹介します。

Enjoy under the sunshine!

医療レーザー脱毛とは?

レーザーは波長によって特定の色や物質に作用する性質を持っています。これを利用して、歯科・眼科・皮膚科などの医療現場でレーザー治療が行われており、医療レーザー脱毛もその1つ。毛の色である〝黒いメラニン色素〟に反応する波長のレーザーを照射すると、黒い毛に熱が吸収され、毛根に集中。毛根の組織を破壊します。毛根は発毛の中枢ですので、一度壊れると毛が新たに生まれなくなるのです。また黒い部分にしか反応しないため、周囲の皮膚を傷つける心配が少ないのも特徴です。

教えてくれた先生

新宿クレアクリニック渋谷院
院長
上浦典子先生

医療レーザー脱毛の歴史はまだそれほど古いものではありませんが、それまで主流だった針脱毛と比べ、痛みが少ないうえにしっかり効果が出るということで急速に普及してきました。

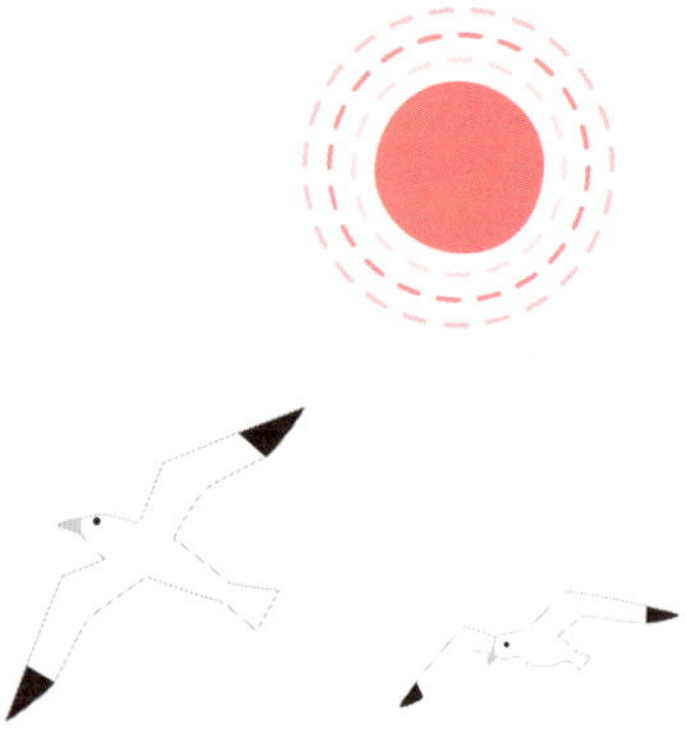

医療レーザー脱毛の種類

現在、日本国内で行われている医療レーザー脱毛には大別して、以下の6種類のレーザーを使う方法があります。それぞれ特徴がありますので、その特徴に合わせて適切な部位で使用すれば、効果的に脱毛ができます。

アレキサンドライトレーザー

他のレーザー脱毛ヘッドと比べて照射範囲が広く、短時間で効率よく脱毛することが可能。痛みも少なく低刺激。安全にケアができます。

ダイオードレーザー

冷却風や冷却ガスを皮膚に吹き付け、冷却しながらレーザーを照射。皮膚を冷却しながらのレーザー照射なので、痛みが軽減されます。またレーザー照射時にジェルが必要ないので、ジェルによるアレルギーが起こりません。

ロングパルスヤグレーザー

色素に吸収されるレーザーの中では最も波長が長く、深達度が高いという特性があるので、より深部までレーザーエネルギーが届きます。男性の濃いヒゲや色黒の人、Iライン、

クリニックとサロンで使用されているレーザーの違い

医療機関の医療レーザー脱毛とエステサロンで行われている光脱毛（IPL脱毛やプラズマ脱毛など）との違いは、「照射パワーの差」です。クリニックなどの医療機関では医師が常駐しているので、万一施術中に何かのトラブルが発生した場合でも適切な処置が可能。そのため強力なレーザー治療を行うことができるのです。一方、エステサロンは法律上、「長期的効果のある脱毛」は行ってはいけないとされており、低出力のマシンのみを使用しています。

Vラインなどの脱毛にも効果的です。

YAGレーザー

アレキサンドライトレーザーなどはメラニンに反応してしまうため、日焼けした皮膚には使えない場合があります。しかし、このYAGレーザーは日焼けしてかなり色黒になった肌の場合にも使えるレーザーです。こちらも色素の濃い毛に適したレーザーです。

ライトシェア・デュエット

他と比べてほとんど痛みがないのが特徴。吸引によって皮膚を伸ばしてから、毛のメラニンだけを選んでレーザー照射ができるので、レーザー出力が弱くても効果的な脱毛作用を得ることができます。また、照射面積も広いので従来と比べて3分の1ほどの時間で施術が可能です。

G-MAX

皮膚への影響が少なく、色黒や日焼けをした人でも安心して治療が受けられます。また硬く毛根が深い毛やデリケートな肌でも照射が可能。治療が短時間でできるのも特徴です。

機器によって使い分けることができるとはいっても、はっきりと自分に適したレーザーの種類はわからないもの。レーザーによるトラブルは少ないものの、一度クリニックに相談するといいでしょう。

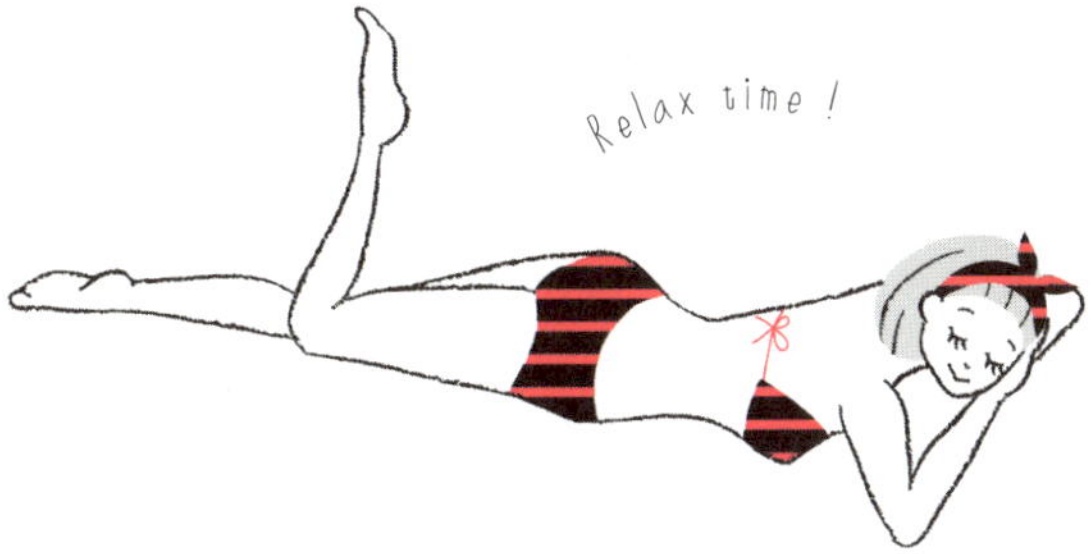

医療レーザー脱毛は麻酔で痛みが軽減できる

医療レーザー脱毛時の痛みが苦手な方のために、医療機関のみ麻酔を使うことができます。麻酔には次の2つの方法があります。

①笑気麻酔	笑気ガス(亜酸化窒素ガス)を吸入し、痛みを取ります。濃度が自由に設定できるので、危険性が少ないのが特徴です。
②クリーム麻酔	塗ると30分程度で表面の感覚が鈍くなるクリームを使用した麻酔です。

永久脱毛
最新情報②

ＶＩＯラインの脱毛事情と注意点

水着を着る前にケアしておきたい！ アンダーヘアのレーザー脱毛について

海外ではもうあたり前になりつつある、アンダーヘアの脱毛。日本でも海外文化が浸透してきており、最近では日本人女性でもアンダーヘアの脱毛を受ける方が増えているようです。

アンダーヘアは「ＶＩＯライン」と呼ばれる3ゾーンに分けられます。

その中でも三角ゾーンと呼ばれ、下着のラインや水着を着る際に毛がはみ出ていないか気になる部分が「Ｖライン」です。

レーザー脱毛を受けるまでの流れ

デリケートな部分ですので、まずはクリニックを決めたらカウンセリングを受けます。そのとき、希望や不安、悩みなどはしっかりと相談しましょう。また、どの程度の脱毛をするのか、自然な感じや形などにもこだわることができます。

Ｖラインのデザインの種類

毛量、生えている範囲などによっても多少影響がありますが、基本的に6パターンほどのデザイン（逆三角形型、細いI型、細逆三角形型、I型、無毛型）があります。もちろんこれ以外のオリジナルの形にすることもあります。

Iライン脱毛とは

Iラインとは、股関節内側の女性器（陰部）周辺の縦のラインのことを指します。具体的には恥骨上部のVラインからつながる陰部の両サイドを指します。ふだん意識して見ることはない部分ですし、鏡などを使ってチェックしないと自分の眼では確認ができないため、ムダ毛によるトラブルが発生しやすくなりがちです。さらに夏はムレやニオイ、かぶれが発生することもあります。

Iライン脱毛のメリット

Iラインの脱毛をすることで、ムレやニオイが少なくなり、またかぶれなども起きにくくなります。また、カミソリで剃ったり、毛抜きで抜くなどの自己処理をしていた場合、その辺りが黒ずんでいたり、毛穴に雑菌が入って炎症を起こしやすくなることも…。脱毛をすると、そういった自己処理によるトラブルもなくなります。

教えてくれた先生

新宿クレアクリニック渋谷院
院長
上浦典子先生

Oライン脱毛のメリット

アンダーヘアの部位を表す「Oライン」とは、肛門回りのエリアのことです。日本人の女性は、あまりこの周辺のムダ毛を気にすることはないようですが、欧米では毛深い方も多いようで、Oラインの脱毛はかなり一般的になってきています。

脱毛は必要? Oライン脱毛の目的

❶デリケートゾーンの清潔を保つ

生理やおりものなど、女性特有の分泌物、そして日々の排泄物など、このエリアは意外に汚れがち。ムダ毛があることで、衛生面のトラブルが起きる可能性があります。

❷異性の反応が気になる

カレや夫とのロマンティックな時間。自分は気づかなくても、相手にはしっかり見えてしまうかもしれません。せっかく気分が盛り上がっても、ムダ毛のせいで台なしになってしまうなど、異性を気にされる女性もいます。

❸身だしなみとして

Vライン、Iラインと同じく、Oラインの脱毛は、水着や下着からはみ出さないという身だしなみ部分のメリットがあります。さらに毛に経血やおりもの、排泄物が付着せず衛生的、ムレやかゆみが軽くなるという衛生面のメリットもあります。

VIOラインのレーザー脱毛を受ける際の注意点

生理中の施術はNG

生理の1週間前から終わるまでは、施術が受けられません。特にIラインの場合は経血などで汚れたり、敏感になっている場合があります。また、普段より痛みを強く感じたり、肌に赤みが出ることもあります。

施術前に毛抜きは厳禁

毛を抜くと毛根まで一時的に抜けてしまいます。脱毛用レーザーは、毛根の黒い部分に反応するので、毛を抜いてしまうとレーザーが毛穴の奥まで届かず、脱毛の効果が出にくい場合があります。

どのくらい脱毛するかは必ず相談を

どの程度の脱毛をするかを決めることができます。下着のラインに響かない程度から、すべてを脱毛することもできます。施術を受ける前に、しっかりとカウンセリングで相談するようにしましょう。

Oラインのレーザー脱毛を受ける際の注意点

Oラインのムダ毛処理は自分では処理しにくいですし、デリケートで色素沈着を起こしやすい部分でもあります。敏感な部位ですので、レーザー脱毛ではやはり痛みを感じることが多くなります。施術を受けるときは、信頼できるクリニックを選びましょう。

火傷の危険があるため粘膜にはレーザー照射できない

肛門周辺は、表皮と粘膜が接近しています。表皮に生えているムダ毛はレーザー照射で処理できますが、粘膜部分は火傷の危険があるため、レーザー照射ができません。また、粘膜に近いほど皮膚も薄くなるので、痛みを感じやすくなります。痛みに弱い方には、麻酔クリームを塗ってから施術することもできるので、初めに医師に相談しましょう。

この話題に注目!
Beauty topics
no.9

顔の印象を決める大切なまつげ。
長さとボリュームをキープしたい人に。

まつげケアの常識

長くボリュームのあるまつげは、目力のあるきれいな印象を与えるための大切な要素。ところが、デリケートなまつげは、日々のメイクによって相当なダメージを受けています。その結果、まつ毛の抜け毛に悩む女性も多いようです。美しいまつ毛をキープするためにやってはいけない行為・習慣と、上手なお手入れ方法を知っておきましょう。

topics no.9

まつげケアの常識❶

まつげの毛周期はどのくらい？ まつげのメカニズム

教えてくれた先生

皮膚科医
コッツフォード良枝先生

毛周期があるのに見た目の量が変わらない理由

毛周期とは、体毛が生え変わる周期（サイクル）のことです。まつげにももちろん毛周期があり、ある一定の周期で生え変わっているので、毎日数本ずつ自然に抜け落ちています。

抜けた後すぐに生えてくるわけではありませんが、成長期と休止期の毛が混在しているので、ある部位のまつげが休憩に入っていても、他の部位から新しく生えてきています。一日に数本が自然に抜けていても、見た目のまつげ量に変化が感じられないのはそのためです。

まつげの毛周期サイクル

成長初期

皮膚の中で成長が始まる時期です。これから毛は弱くコシのない状態で、どんどん成長し、太く長くなります。この時期にある毛にエクステを施すと成長を妨害するおそれがあるので、避けましょう。

成長期

まつげが皮膚の表面に出て、太く長く伸びていく時期です。まつげ自体はまだ短いですが、コシが出てきます。美容液を使用すると、より丈夫に育つことが期待できます。

退行期

まつげの毛母細胞が消滅し、成長が止まる時期です。この時期はまつげが完全に皮膚表面に出て、眼球を守る働きをします。この段階から成長することはないので、エクステをするには最適な時期といえます。

休止期

毛が抜け落ち、次の毛が生えるための準備期間です。

毛周期を把握したうえで、できるだけダメージが少なくなるようメイクを工夫しましょう。

topics ✦ no.9

まつげケアの
常識❷

まつげが生えない理由とやってしまいがちなNG行為

長く美しいまつげをキープするためには?

目元を守るだけでなく、目力があるきれいな印象を与えるためにも欠かせない存在であるまつげ。しかし、デリケートなまつげは、日々のメイクや習慣によって少なからぬダメージを受けており、それが抜け毛を誘発している場合があります。必要以上の抜け毛を防ぐためにも、抜ける原因となるNG行為について知り、できるだけ避けるようにしましょう。

まつげにダメージを与える4つのNG行為

抜け毛の原因になるかもしれない、まつげにダメージを与えてしまう行為を4つにまとめました。

NG行為❶…濃すぎるアイメイク

目の周りを塗りつぶすアイラインや濃すぎるアイシャドウ、マスカラの重ね塗り、つけまつげなどの濃いアイメイクは、まつげの毛根に大きなダメージを与えてしまいます。また、アイメイクによるダメージだけでなく、濃すぎることでクレンジング時に落としきれず残してしまうことも、ダメージを与える原因となってしまいます。肌に負担を与えないためにも、しっかりメイクはここぞという時だけにし、普段はナチュラルメイクにすることをおすすめします。

NG行為❷…古いビューラー、ホットビューラーの使用

ビューラーのゴムを何年も交換していないという方は危険です。ボロボロのゴムのまま使い続けるとまつげにダメージを与え、切れ毛の原因となります。また、ゴムに付着したマスカラのカスが原因で炎症を起こす可能性もあります。

ホットビューラーの使用も、あまりおすすめできません。まつげのカールを長時間維持することができますが、水分を奪ってしまうので抜け毛を引き起こしやすくなります。抜け毛が多いという方は、ここぞという時に使用するだけに留めましょう。

NG行為❸…エクステ、まつげパーマ

まつげエクステやまつげパーマは、メイク時間が短縮でき、スッピンでもきれいな目元でいられることで人気のまつげメイクです。しかし、エクステの接

教えてくれた先生

皮膚科医
コッツフォード良枝先生

着剤やパーマ液は化学物質なので、まつげには大きなダメージが与えられます。キレイになるためのエクステやパーマですが、それが原因で抜け毛に悩む人も少なくありません。

NG行為❹…間違ったメイク落とし

間違ったメイク落としも、まつげが抜ける原因になります。メイクをしっかりと落とすことは大切ですが、だからといってゴシゴシと目元をこするのはNG。強い刺激を与えてしまうため、抜け毛や切れ毛の原因になります。逆に、刺激を与えまいとクレンジングをしっかりせず、メイクを落とし残してしまうのもいけません。肌に残ったメイクが毛穴を塞ぎ、抜け毛を引き起こす可能性があります。アイメイクを落とす際は、必ず専用のリムーバーを使用し、やさしく丁寧、かつしっかり落としましょう。

ダメージを与え続けると生えてこなくなる？

まつげは、およそ3～5か月で生え変わります。その間にダメージを与え続けると、生えてくる前にどんどん抜けていき、スカスカになってしまうこともあります。また、ダメージが毛根にまで至ると、生えてこなくなる可能性もあるといわれます。まつげの抜け毛や切れ毛を防ぐためには、何よりもダメージを与えないことが重要です。メイクをしないわけにはいきませんが、まつげにとってはより自然に近い状態にしておくことがいいということを忘れず、やり方や頻度などを考えながらメイクするよう意識しましょう。

topics ✦ no.9

まつげケアの常識❸

ダメージを防いでまつげを伸ばす上手なお手入れ方法

長くボリュームのあるまつげを育てるために必要なこと

目元はとてもデリケートな部分ですが、顔の印象を決める部分でもあるため、少しでもよい印象を持たせようと、普段のメイクは欠かすことができません。なかでも、長くボリュームのあるまつげは、顔の印象を大きく変える要素となります。

しかし、毎日のメイクによるダメージは思いのほか大きく、まつげの抜け毛を引き起こす可能性があることをご存知でしょうか。

スカスカまつげを防ぐためにも、上手なお手入れ方法を知っておきましょう。

まつげを美しく伸ばすために以下の点に注意を

❶目元をきれいに洗おう

まつげが抜けるのを防ぐには、刺激をあまり与えないことが大切です。よって、まずはメイク落としの方法から見直してみましょう。

他の部分のメイクより濃くなりがちなアイメイクは、通常のクレンジングでは落ちにくいのです。洗い残しがあると、色素沈着やクマ、しみの原因になるため、アイメイクを落とす際には専用のリムーバーを使用し、力を入れずにやさしく落としましょう。

コットンに専用リムーバーを染み込ませ、ポイント部分に少し置いておくと、自然にメイクが浮いてくるので、ゴシゴシこすらずともメイク残りなくきれいに落とすことができます。

❷まつげ美容液を活用しよう

まつげを健康に保つために、まつげ専用の美容液を使用することをおすすめします。まつげ専用の美容液には、まつげを太く、強くする成分が含まれています。よって、生え変

教えてくれた先生

皮膚科医
コッツフォード良枝先生

わりのサイクルを早めたり、ハリやコシ、ツヤを出すといった効果が期待できます。また、まつげには発毛と脱毛のサイクル（毛周期）がありますが、まつげ美容液を使用することで退行期前の抜け毛を防ぐことが可能ともいわれています。メイク時のダメージの緩和にもつながるので、より丈夫なまつげを保つことができるでしょう。

代表的な成分としては、毛の成長をサポートするアセチルデカペプチド-3や、保湿、血行促進に効果のあるオタネニンジンエキス、まつげ専用保護成分のワイルドラッシュなどがあります。

より大きな効果を得るためにも、使用の際は以下の点に注意してください。

・使用する回数は朝・夜の2回（ただし、製品によって推奨される回数が変わってくるので、注意書きをしっかり読みましょう）

・使用する箇所は、根元とまつげ

・使用するタイミングは、すべてのスキンケア前

せっかくまつげ美容液を使用するのですから、美容液の効果が存分に発揮されるよう使いましょう。

chapter 5

BODY CARE LESSON

ボディケア講座

ボディパーツのケア方法をレクチャー

ボディパーツのケア方法をレクチャー

「最新コスメなど、顔のケアには一所懸命。でも、ボディケアには時間もお金もかけていない」ということはありませんか？ ボディパーツのケア基準は、人によってさまざま。

アンダーヘアの処理最新事情、抜け毛や薄毛の対処法、乳首周辺のむだ毛の処理方法、背中の黒ニキビや二の腕にできたブツブツのケア方法、ひじ・ひざ・かかとのお手入れ…日頃なかなか人には聞けない悩みについて、ドクターが答えてくれます。

BODY CARE

01

知っておきたいメリットとデメリット

正しいアンダーヘアの処理方法

アンダーヘアの処理方法の種類と注意点

アンダーヘアの処理方法は、大きく分けると、自宅でのセルフ処理と、クリニックや脱毛サロンで行う方法に分かれます。自宅での処理としては、カミソリやシェーバーで剃る、ピンセットなどで抜く、除毛クリームやワックスでの除去、家庭用脱毛器、セルフ・ブラジリアンワックス、ヒートカッターでの熱処理などが一般的です。セルフ処理には自信がない、キレイに処理したいという方は、脱毛サロンでの光脱毛やクリニックでのレーザー脱毛などがあります。

仕上がりの美しさや肌への負担という観点から言うと、脱毛ではレーザー脱毛や光脱毛が最もオススメできる方法です。長さの調整では、毛先が水着や下着から突き抜けにくいという点からも、ヒートカッターが、アンダーヘアの処理に適しています。コストや手軽さという観点も加味して、自分に適した方法を考えるには、それぞれの処理方法の特徴やメリット、デメリットをしっかり理解し、脱毛方法を選ぶ必要があります。

カミソリ、シェーバーでの剃毛処理

メリット

手軽で簡単／一度に広範囲を処理できる／コストが安い

デメリット

すぐに毛が生えてくる／伸びてきた毛先がチクチクする／肌への負担が大きく、角質をはがしてしまう／カミソリ負けをしてしまうことがある／頻繁に処理することで、色素沈着などの肌トラブルを誘発することがある

頻繁に行わないといけないため、肌への負担が大きくなります。そのため、アフターケアも念入りにすることが必要不可欠です。

毛抜きやワックスで毛を抜く処理

メリット

毛根から引き抜くので、毛が伸びてくるまでの期間が長い／伸びてきた後のチクチク感が少ない

デメリット

毛を引き抜く際に痛みが大きい／皮膚へのダメージが大きく、「埋没毛」を引き起こすことがある／毛抜きで1本1本抜く場合は、時間がかかる／毛穴を傷つけ、毛のう炎を起こすことがある

処理する頻度が少なくて済みますが、処理時の痛みや肌へのダメージが

教えてくれた先生

リゼクリニック新宿院
院長
大地まさ代先生

大きいのが特徴です。特に、埋没毛は抜く処理をした場合に頻発するトラブルで、一旦発生すると自宅ケアではなかなか治すことができないため、注意が必要です。

除毛クリームでの処理

メリット
塗るだけなので、手軽／カミソリのように切り傷を作ってしまう心配がない／一度に広範囲を処理できる
デメリット
肌にダメージが加わる／薬剤にかぶれたり、アレルギー症状が発生することがある／表面の毛を溶かすだけなので、すぐに生えてきてしまう／刺激の強い薬剤のため、粘膜部分には基本的に使用不可／アンダーヘアのような、太くて硬い毛よりも産毛の方が向いている

毛を溶かす作用のある強い薬剤のため、塗った部分の肌にも大きなダメージが。また、デリケートゾーンは粘膜の近くなので塗るときには細心の注意が必要です。

ヒートカッターによる処理

メリット
切断面が丸くなるため、チクチク感が少ない／簡単に処理ができる／肌への負担がない
デメリット
切るだけなので、毛自体をなくすことはできない

熱線によりアンダーヘアをカットする方法で、カッターの形は櫛型タイプが主流です。

ワックス脱毛

メリット
広範囲の脱毛が可能
デメリット
毛を引き抜く処理と同様、痛みや肌へのダメージが大きい／毛が皮膚の中で成長する「埋没毛」を引き起こすことがある／毛穴を傷つけ、毛のう炎を起こすことがある

レーザー脱毛

メリット
医療レーザー脱毛の場合、永続的な脱毛効果が得られる／毛のメラニン色素にのみ反応するので、皮膚へのダメージが少ない／自分では処理しにくいところを確実に処理可能
デメリット
アンダーヘアのような太い毛だと、レーザー照射時に痛みが強い／コストがかかる／2〜3か月ごとに、3〜6回ほど通わなければならない

光脱毛

メリット
皮膚へのダメージが少ない／自分では処理しにくいところを確実に処理可能／レーザーよりも痛みが少ない
デメリット
レーザーと比較すると、処理した毛が再生しやすい／レーザーよりも頻繁に通わなければならないことが多い

処理方法の特徴を理解し、自分に合った方法を選ぶ

アンダーヘアのお手入れは、清潔で快適に過ごすためでもあります。美容面だけでなく、衛生面からもアンダーヘアのお手入れをするように心がけましょう。

BODY CARE
02

こんな原因や特徴があります
「すそわきが」とは？

すそわきがとは

わきから独特のニオイがする「わきが」。医学的には、「腋臭症（えきしゅうしょう）」と呼ばれます。人の体にはエクリン汗腺とアポクリン汗腺という2つの汗腺がありますが、わきがは、アポクリン汗腺から出る汗が原因とされています。アポクリン汗に含まれる脂肪や尿素、アンモニアなどの成分が皮脂腺から分泌される脂肪酸と混じり合い、皮膚にある常在菌により分解されることでニオイが発生するのです。

アポクリン汗腺は、わきだけでなく陰部や乳輪などにもあり、「わきが」と同じようなニオイを放つことがあります。陰部からのニオイは「外陰部臭症」といって、通称「すそわきが」と呼ばれています。基本的には「わきが」と同じで、外陰部にあるアポクリン汗腺から出る汗がニオイの原因です。

すそわきがは遺伝する？

部位に限らず、「わきが」は病気ではなく優性遺伝で起こることが多い体質的なものです。両親ともに「わきが」だと、子どもが「わきが」になる確率は75％以上、片方の親が「わきが」の場合でも50％以上の確率で遺伝するといわれています。それは、ニオイの原因であるアポクリン汗腺の数も遺伝するためです。親が「わきが」の場合、子どもも生まれたときからアポクリン汗腺の数が多い可能性が高いとされています。

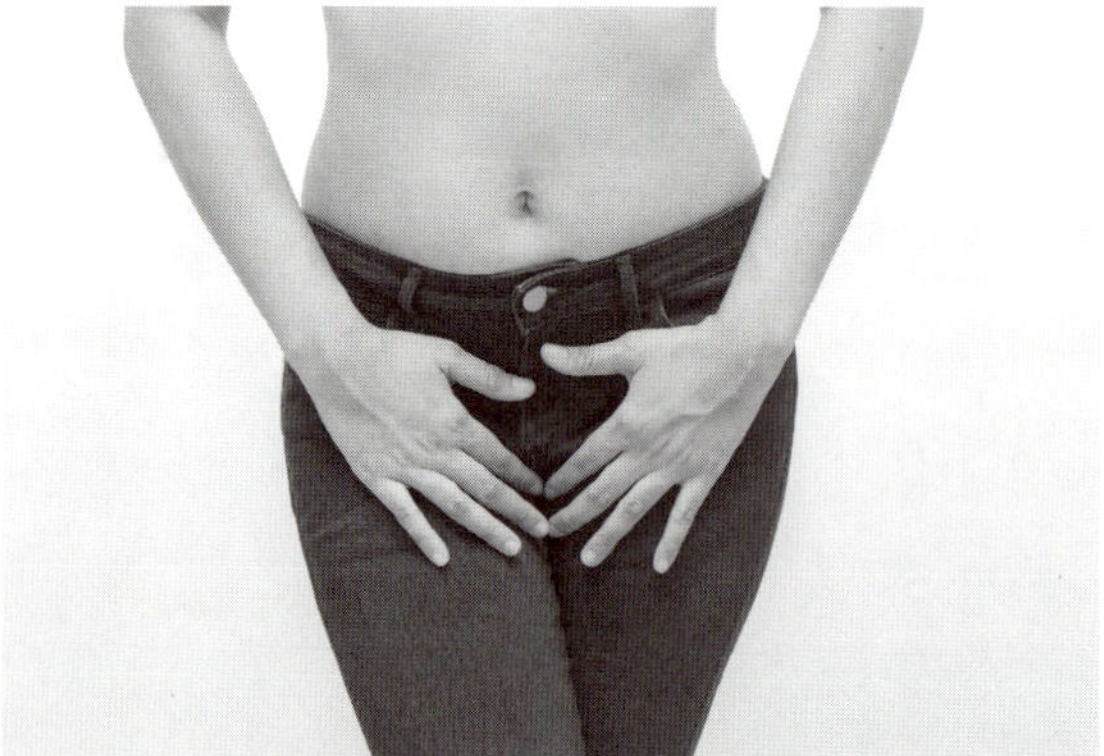

教えてくれた先生

渋谷高野美容医院
院長
高野洋一先生

すそわきがの特徴

アポクリン汗腺は、主にわきや陰部、乳首の周り、耳の中、へその周辺などにあります。よって、「わきが臭」もさまざまなところから発生します。わきならわき、陰部なら陰部と、どれか一か所で「わきが」のニオイが強くなることもありますが、合併して起こることも多いです。そのため、わきの腋臭症で悩んでいる人は、「すそわきが」も併発していることが多いです。

また、「軟耳垢（なんじこう）」もアポクリン汗腺が異常に分泌する症状のひとつです。これは、耳の中の垢が湿った状態で、このような人の約80%が「わきが」であるといわれています。反対に、「わきが」の人が「軟耳垢」を併発している確率は、約98%にもなるとされています。

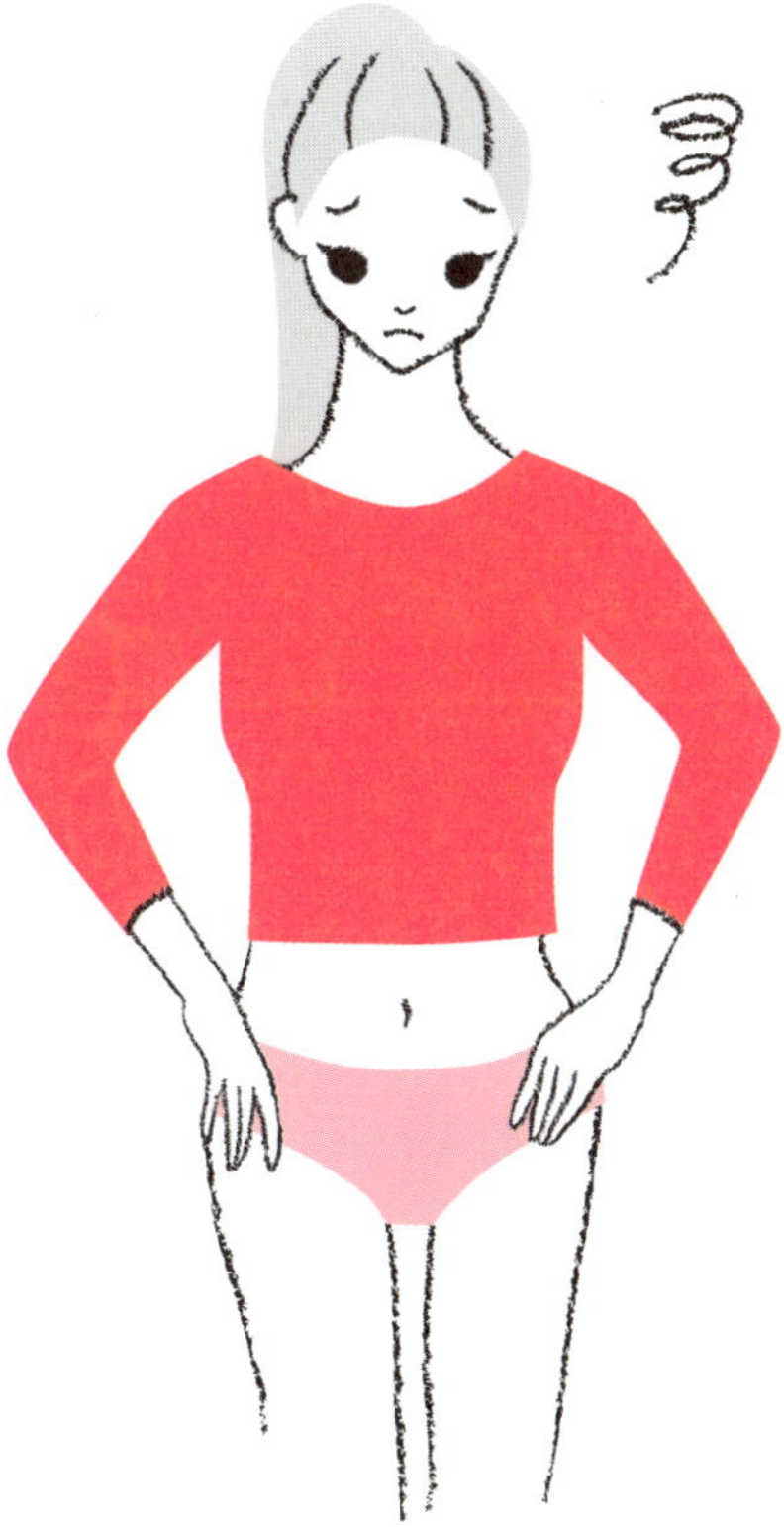

性別での特徴としては、男性よりも女性に多く見られる傾向にあります。これは「すそわきが」だけでなく、わきが体質全般に言えることです。女性の場合、特に生理中に「わきが臭」が強くなることがあるようです。

性行為の際にも「わきが臭」は強くなります。これは、性的な興奮によってアポクリン汗腺が刺激されるためで、特に女性は性行為のあと「すそわきが」のニオイがきつくなることが多いようです。ニオイが気になって恋人がつくれない、人と近づくのが怖いなどの悩みも多いといいます。

「わきが臭」は、肉などの動物性タンパク質や脂肪分の多い食べ物などで強くなる傾向にあります。このような食材がアポクリン汗腺を活発にするためです。人に話しにくい悩みではありますが、食生活など自分で意識できる部分を見直しながら、クリニックに相談してみることをオススメします。

BODY CARE
03

女性の頭皮トラブル対策❶

抜け毛・薄毛の原因と対処法

若年性脱毛症が増えている

実は、薄毛に悩んでいる20～30代の女性は、年々増加しています。老化現象ではなく、若くして髪の毛が薄くなってしまう「若年性脱毛症」の原因と対処法についてまとめました。

若年性脱毛症のメカニズム

一般的な抜け毛は頭皮や毛母細胞の老化によって起こりますが、若年性脱毛症の場合、ヘアサイクル（髪の毛のターンオーバーのサイクル）が正常に機能していないことがほとんど。ヘアサイクルが乱れると、まだ抜ける時期ではない毛が抜けてしまったり、毛が痩せてしまったり、1つの毛穴から生えてくる毛の本数が減ったりします。そのため、全体的に髪のボリュームがダウンしてしまうわけです。

若年性脱毛症の原因と対処法

無理なダイエット

美しく健康な髪の毛を維持するためには、女性ホルモンのバランスが整っていなければなりません。それは、女性ホルモンのひとつであるエストロゲンが、髪の毛を成長させるのに重要な働きをしているためです。また、健康で美しい髪をつくるためには十分な栄養も必要です。若いうちは「とにかく食べる量を減らす」といったダイエットをしがちです。これでは栄養バランスやホルモンバランスが乱れてしまいますし、自律神経の乱れやストレスを招くことにもなります。

自律神経が乱れると血流が悪くなり、頭皮と髪に栄養が充分行きわたらなくなるため、ヘアサイクルが乱れてしまいます。規則正しい生活とバランスのよい食生活を心がけましょう。

ファッションが及ぼす髪へのダメージ

ヘアカラーやパーマは、毛根を傷つけたり頭皮を傷めたりする可能性が高いので、頻繁に行うのはよくありません。スタイリング剤も頭皮に刺激を与えますし、洗髪が不充分だと毛穴の詰まりを引き起こすことが。できれば、ヘアカラーやパーマは2か月以上の間隔をあけるように心がけ、スタイリング剤はしっかりと落としましょう。

教えてくれた先生

マブチメディカルクリニック
院長
馬渕知子先生

Prevention & Improvement FOOD

白髪を予防・改善する食べ物

栄養素の不足は白髪の原因の1つ

髪の色はメラニン色素の配合量によって決まっているため、色素が足りなくなれば白髪になってしまいます。メラニン色素を作り出す細胞・メラノサイトがメラニン色素を作るためには、さまざまな栄養素が必要です。

また、メラニンを作り出す際に欠かせないチロシナーゼという酵素を活性化するのにも、欠かすことのできない栄養素があります。以下に、メラノサイトやチロシナーゼの働きをサポートする成分と、その成分が多く含まれる食べ物をご紹介します。

❶ヨード：細胞の成長を助けメラノサイトを活性化

コンブやヒジキといった海藻類が白髪対策に効果的といわれるのは、ヨード（ヨウ素）が多く含まれているためです。ヨードには細胞の成長や代謝を促進する作用があるため、髪の毛を健康な状態に保ち、メラノサイトの働きを活発にしてくれます。ヨードを多く含む食品には、以下のようなものがあります。

●海藻類…コンブ、ヒジキ、ワカメ、海苔など
●魚介類…イワシ、サバ、カツオなど

❷チロシン：メラニン色素の原料のひとつ

メラニン色素の原料のひとつで、これが不足していると、どれほどメラノサイトが働こうとも髪の毛に色をつけることはできません。また、抗ストレス作用もありますので、白髪の予防にもつながります。もともとチーズから発見されたものであるため、乳製品に特に多く含まれます。

●乳製品…脱脂粉乳、ナチュラルチーズ、プロセスチーズなどのチーズ類
●果物…バナナ、アボカド、リンゴ
●魚介類…かつお、まぐろ、タラコ、ちりめんじゃこなど
●豆類…アーモンド、大豆、豆腐など

❸銅：チロシナーゼの合成に欠かせないミネラル

銅はチロシナーゼの働きを活発にさせるミネラルです。体内で作ることができないので、食事を通じて外部から取り入れましょう。チロシンとあわせて摂ることで相乗効果が期待できます。

●豆類…大豆、納豆、カシューナッツなど
●野菜類…ゴボウ、にんにく、パセリ、モロヘイヤなど
●穀類…そば、サツマイモ、玄米など
●魚介類…ホタルイカ、海老、かになど
●果実類…アンズ、プルーンなど

教えてくれた先生

赤坂ビューティークリニック
院長
青山秀和先生

女性の頭皮トラブル
対策❷

女性の薄毛を予防する正しいシャンプー法

シャンプー法を見直すことが薄毛予防につながる

美しい髪の毛のためには、頭皮を健康に保っておく必要があります。同時に、薄毛や抜け毛を防止するにも、頭皮ケアが非常に重要。特に、シャンプーは毎日繰り返すことですから、頭皮への影響は大きいですし、少しの工夫で効果を得ることができる対処法でもあります。薄毛を予防するために、正しいシャンプー法を身につけておきましょう。

正しくシャンプーをするためのポイント

2度洗いが基本

頭皮を健康に保つためには2度洗いが基本です。1度目で表面の汚れや整髪料などを落とし、2度目でじっくりとヘッドマッサージするようにシャンプーの泡を毛穴まで落とし込んでいきます。シャンプーの刺激が強すぎると頭皮によくないので、2度目のシャンプーの量は1度目の半分程度にするとよいでしょう。

顔を洗うようにやさしい指使いで

洗う際には指の腹を使い、決して指先を使ったり爪を立てたりしないようにしましょう。頭皮は刺激に弱い部分ですので、ゴシゴシと洗うのもNGです。泡を頭皮にしっかりと浸透させることができれば、汚れは充分に落ちます。顔の皮膚と頭皮は一枚の皮でつながっているため、性質も似ています。頭皮を洗うときは、顔を洗うときのようなイメージで、やさしい指使いを心がけましょう。つい力が入ってしまうという場合には、脇を締め親指を使わないようにしてみてください。適度な力加減となります。

洗う方向は下から上に

髪の毛の流れに逆らうように下から上に洗うことで、隅々までシャンプーの泡が行き渡ります。すすぎの際にも、同じように下から上へと流していきましょう。そうすることで、シャンプーを頭皮に残さず、きれいに流しきることができます。

洗髪は1日1回がベスト

髪は洗いすぎても、その逆でもダメです。何度も洗うと、髪の健康のために必要な皮脂まで失われてしま

教えてくれた先生

マブチメディカルクリニック
院長
馬渕知子先生

いますし、反対に、洗い足りないと汚れで毛穴が詰まってしまいます。頭皮の状態にもよりますが、正しい方法でシャンプーをしてさえいれば、毎日1回というのが過不足のない頻度です。

シャンプー選びも慎重に

正しい洗い方をしているのに効果が現れないという場合には、シャンプー選びに失敗している可能性があります。シャンプーは界面活性剤の種類によっていくつかに分類できますが、頭皮にやさしいのはアミノ酸系のシャンプーです。薄毛や抜け毛といった頭皮トラブルを抱えている場合は、アミノ酸系シャンプーの使用をオススメします。

シャンプー後の仕上げにも気をつけて

水分を拭き取らない状態での自然乾燥はＮＧ

タオルで拭いた後なら問題ありませんが、水分を拭き取っていない状態からの自然乾燥は避けましょう。頭皮や髪の乾燥のもととなりますし、角質も傷めてしまうからです。

タオルで押さえるように拭く

まずは、タオルで水分を取り除きます。この時、決してゴシゴシとこすらないようにしましょう。摩擦はキューティクルを傷める原因となります。ドライヤーの熱は、頭皮から必要以上に水分を奪い去ってしまうので、15cm程度離して使うようにしましょう。同じ場所に2秒以上熱風を当てず、ドライヤーを動かしながら乾かしていきましょう。

頭皮をイキイキさせる！自分でできる頭皮マッサージ

マッサージは健康な頭皮をつくる大切なもの

間違ったケアをすると、抜け毛や薄毛などの深刻なトラブルにつながってしまう頭皮ですが、健康な状態を保つことができれば、頭皮だけでなく髪もぐっと美しく、強いものになります。頭皮と髪のために、マッサージを行いましょう。

新陳代謝が促され、ターンオーバーが活発に

正しい方法で頭皮のマッサージをすれば、血行がよくなり、頭皮の隅々まで栄養がいきわたります。髪の根元までしっかりと栄養が届くので、マッサージを行うことは、髪を健やかで美しくすることにつながるのです。

また、毛穴が詰まると、毛をつくる役割をもつ毛乳頭の機能が弱くなってしまうため、薄毛や抜け毛の原因となってしまうのですが、マッサージを行うことで新陳代謝が促され、頭皮のターンオーバーが活発化されます。すると、古い角質とともに毛穴の詰まりがとれるだけでなく、毛をつくるもととなる毛母細胞のような細胞も新たにつくられるため、頭皮のトラブルが改善され、健康な頭皮をキープできるのです。

自宅で簡単にできる頭皮マッサージ

毎日のシャンプーのときにマッサージをするのもよいのですが、仕事で一息つきたいときや、家でテレビを見ているときなど、日常生活のほんの少しの時間の中に、少しだけマッサージを取り入れてみるのもおすすめです。ここでは、いつでもできる簡単な頭皮マッサージを紹介しましょう。

❶円を描くように
こめかみ付近からマッサージ

まずはこめかみから耳の上方にかけて両手の親指以外の四本の指をあて、耳を包み込むように親指を後頭部において固定させます。そのまま親指を固定した状態で、残りの四本の指で円を描くようにマッサージしていきます。このとき決して爪を立てず、指の腹を使って押さえるようにマッサージしましょう。

❷指をずらして下から上へ

しばらく続けたら、そのまま全て

教えてくれた先生

大井町皮フ科形成外科
院長
千代倉友博先生

の指を少しだけ上方にずらしてマッサージする場所を変えていきます。頭皮の血行は下から上へ流れていますので、マッサージも血流に沿って下から上へと行うのが効果的です。ただ、マッサージのやりすぎは頭皮に負担をかけてしまうので、1日5分程度が目安です。これだけでもすっきりとするような感覚があるのではないかと思います。

マッサージにひと工夫

マッサージをするときに力を入れすぎるのは禁物です。とはいえ、普段はあまり力を入れない指先に力を入れる頭皮マッサージを続けるのは、なかなか大変、という方も多いのではないでしょうか。指の腹にうまく力が入らないせいで、ついつい爪を立ててしまうという方も多いようです。そんなときは、ヘアブラシを使ってみるのもよいでしょう。

頭皮を引っかくブラッシングはNG

細いクシは刺激が強く、頭皮に負担がかかってしまうので、必ず面の広いヘアブラシを選ぶようにしましょう。プラスチックのものよりも、クッション性の高い木製のヘアブラシがオススメです。また、最近では頭皮をマッサージする器具がいろいろ販売されていますので、そういったものを試してみるのもよいでしょう。

ブラッシングをする際は頭皮全体を引っかくようにブラッシングするのではなく、頭皮まで当たらない程度の強さで行います。強く動かすと頭皮を引っかいてダメージを与えてしまうこともあるので気をつけましょう。

BODY CARE

04

全身の肌トラブル改善&予防①

あせも(汗疹)の予防と対策

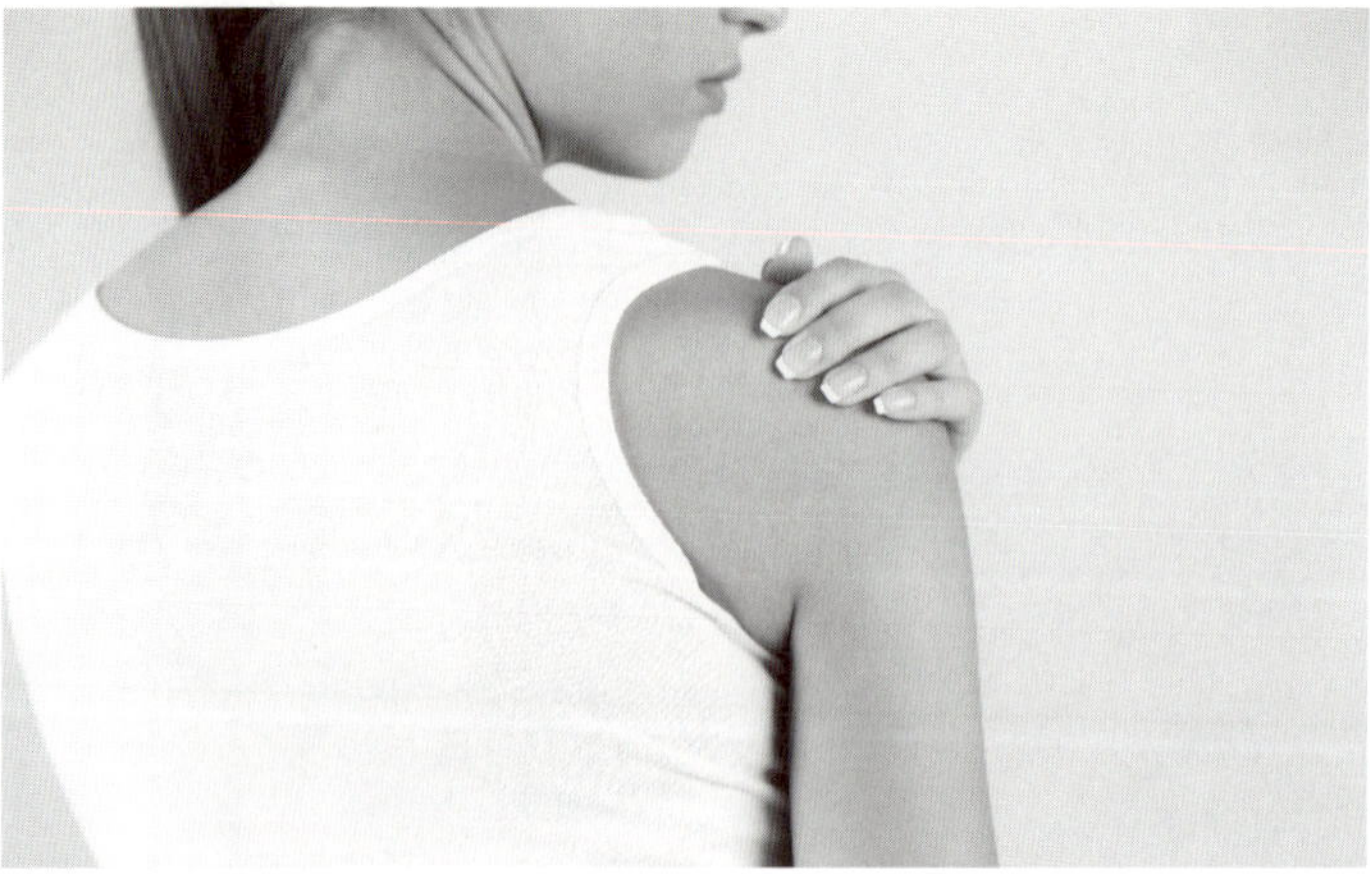

あせもができてしまったら

あせもができてしまったら、まずは痒くても引っかかないこと。そして、なるべく肌を清潔に保ち、通常のスキンケアをしっかりと行いましょう。そのうえで、医師が処方した塗り薬を塗布して治療をするのがいいでしょう。あせもは炎症を起こしている状態なので、ステロイド剤を薄く塗るのが一般的な対処方法です。

できる前に予防しましょう

できてしまったあせもをケアするのはもちろんですが、本来ならばできないように予防することが大切です。あせもの原因は〝汗が皮膚にとどまってしまうこと〟と考えられているため、とにかく汗がでてくる毛穴をきれいにしておきましょう。夏でも湯船に浸かることで毛穴が開き、余分な皮脂や角栓を追い出せます。

特に大切なのは、汗をかいたあとのケア。汗をかいたまま放置すると、皮膚の表面に汚れ・アカがたまりやすくなり、汗の出口をふさいでしまう場合があります。汗をかいた後はできればシャワーで洗い流したり、清潔なタオルでやさしく汗をふき取ったりしてください。服を吸湿性の高い素材に変えることも効果的です。

教えてくれた先生
かくた皮膚科クリニック
院長
角田美英先生

BODY CARE 04

全身の肌トラブル
改善&予防❷

制汗剤の多用は肌トラブルを招く

汗のニオイが気になるのはなぜ？

汗を分泌する汗腺には、エクリン腺とアポクリン腺の2種類があります。わきは特にアポクリン腺が多く、ここから分泌される汗はフェロモンなどニオイ成分を多く含むことが知られています。わきにかいた汗のニオイが気になるのはこのせいです。また、わきは汗をかいたからといって、こまめに拭うのが難しい部分。汗が衣類にしみたり、わきが蒸れたまま放置すると、雑菌が繁殖してニオイを放ちます。そのニオイを防ぐために、制汗剤を使う方が多いのです。

制汗剤が肌に与える影響について

制汗剤には汗を抑える「収れん剤」と、雑菌を抑える「抗菌剤」が含まれています。そして、香り成分でわきのニオイをごまかしながら消臭するもの、ニオイの元となる雑菌を殺菌するものなどがあります。いずれにしても共通しているのは、パウダーによって汗腺にフタをするという仕組みです。

汗腺にフタをすれば汗の分泌が抑え込める！と思われますが、分泌される汗が多すぎると溢れ出てしまいますし、一般的に効果の高いものは、肌に負担を与えてしまいます。制汗剤を多用するあまり、「かゆみ」や「黒ずみ」といったトラブルを経験する方も少なくありません。「黒ずみ」は、制汗剤によるものと気づきにくかったりしますが、スキンケアの観点からしてみれば、汗腺（毛穴）を異物でふさぐことは、肌によいことではありません。まして、制汗剤に使用されている収れん剤の成分には酸化アルミニウムなどの「金属塩」が含まれていますが、少なくとも人体によいものではないようです。量や使用頻度を減らすか、他のものに変えるなどの対処が必要です。そして、毛穴をふさいで老廃物の排泄を妨げることで、余計にニオイがきつくなるケースもあります。

エチケットとして、頼らざるを得ない場合もありますが、くれぐれも使用はほどほどに、デリケートな肌のために、使いすぎないように心がけましょう。

教えてくれた先生

赤坂ビューティークリニック
院長
青山秀和先生

BODY CARE
05

バストトップのケア1
乳首まわりのムダ毛処理

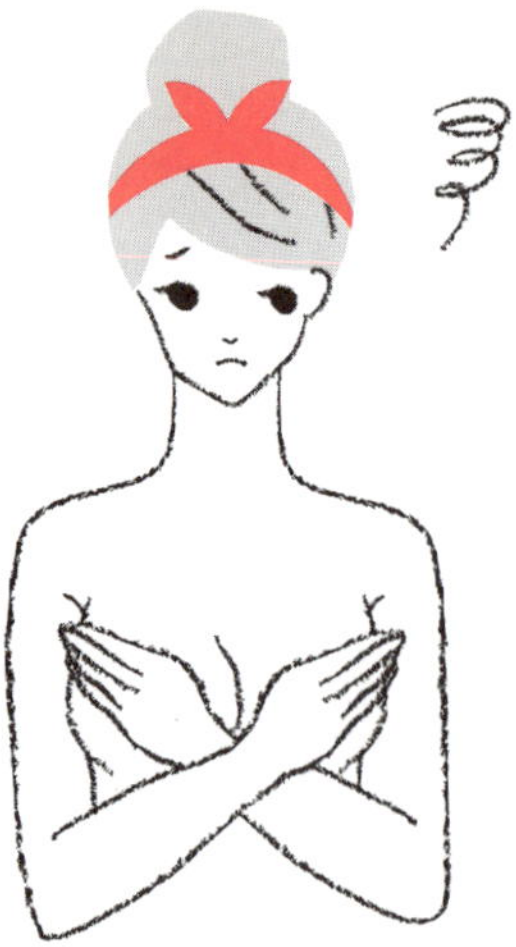

敏感な乳首まわりはていねいにケアを

「乳首まわりのムダ毛が生えている」という悩みを持っている女性は、決して少なくありません。毛の量や質には個人差がありますが、女性でも乳首まわりに濃いしっかりとした毛が生えているなんてことも普通にあります。ただ、バストトップは他の部位に比べ、敏感な箇所です。単なるムダ毛処理と安易に考えず、ていねいにケアしましょう。

ケア法によっては色素沈着を起こす恐れが

まず、セルフケアする場合の手段として「カミソリ」「電気シェーバー」「除毛クリーム」「毛抜き」などが挙げられます。この中で、「毛抜き」は、毛穴を傷めて赤くなったり、色素沈着を起こし黒ずみの原因となることがあるのであまりオススメできません。「除毛クリーム」も、肌に強い刺激を与えますので、肌がガサガサになったり、毛抜き同様、色素沈着を起こす恐れがありオススメできません。「カミソリ」と「電気シェーバー」では、より肌への刺激の少ない「電気シェーバー」に軍配が上がります。ただし、カミソリの中にはお肌への負担を軽減したものもあるので、一概には言えません。

気をつけるべきことは、ムダ毛処理のやり方いかんで、バストトップの黒ずみなどの肌トラブルを招く場合があるということです。剃っても抜いても、自己処理ではまた生えてくるため、定期的に処理を繰り返すことになりますから、注意が必要です。その点、医療機関で脱毛するという方法は繰り返す負担が少ないのでオススメです。

教えてくれた先生

小林メディカルクリニック東京
院長
小林暁子先生

BODY CARE 05

バストトップのケア ❷

乳頭(乳首)・乳輪の黒ずみの原因と対処法

乳頭(乳首)・乳輪の黒ずみの原因

❶加齢

肌の新陳代謝(ターンオーバー)が遅くなると、古い角質細胞と一緒にメラニン色素が残って肌は黒ずみます。しかし高齢になるとメラニンの生成自体が衰えてくるので、次第にピンク色へと薄まってきます。

❷妊娠・出産によるホルモンバランスの変化

原因となるのは、エストロゲン(卵胞ホルモン)とプロゲステロン(黄体ホルモン)という2つの女性ホルモンで、妊娠20週くらいから急激に分泌が増加します。この2つのホルモンはメラニン色素の色素細胞を刺激するので、分泌が増加することで肌のメラニン色素が増え、色素沈着が起こりやすくなるのです。

❸授乳

乳首に関しては、肌を保護する働きをもつメラニン色素が赤ちゃんの授乳に備えるために黒ずんでくるとも考えられています。また、赤ちゃんが乳首(乳頭)を見つけやすいように色素が沈着するという説もあります。

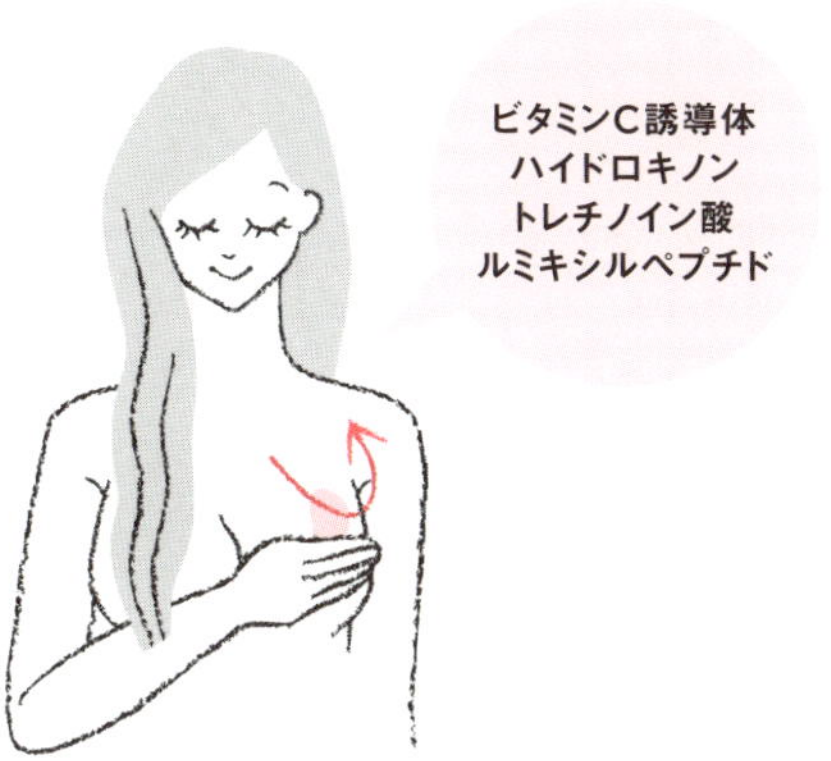

❹アトピー性皮膚炎

アトピー性皮膚炎で湿疹が頻繁に繰り返されることによって、炎症後色素沈着が引き起こされ黒ずみとなります。

乳頭(乳首)・乳輪の黒ずみのセルフケア方法

手軽に始められるセルフケアには、美白成分を配合した乳液やクリームを使う方法があります。メラニンの生成を抑えて、できてしまったメラニンを薄くする成分が含まれているものを選ぶと黒ずみの改善が期待できます。また高い効果を望む方は、黒ずみ専用のクリームやジェル、ピーリング剤も市販されていますので上手に活用しましょう。主な美白成分には、「ビタミンC誘導体」「ハイドロキノン」「トレチノイン酸」「ルミキシルペプチド」があります。

教えてくれた先生

みどり美容クリニック・広尾 院長
満行みどり先生

BODY CARE
06

二の腕＆背中のケア❶

二の腕のぶつぶつ、原因と対処法

教えてくれた先生

サッポロファクトリー皮フ科・スキンケアクリニック 院長
松本 歩先生

毛孔性苔癬（毛孔角化症）の症状

二の腕のぶつぶつの正体は、「毛孔性苔癬（もうこうせいたいせん）」または「毛孔角化症（もうこうかくかしょう）」と呼ばれる皮膚疾患です。二の腕や肩、太もも、背中などの毛穴に角質が詰まり、ぶつぶつした丘疹（きゅうしん）が発生します。触るとぶつぶつ・ザラザラしていて、丘疹の色は普通の皮膚の色または薄い赤や褐色系の色をしています。

毛孔性苔癬になりやすい人は？

毛孔性苔癬（毛孔角化症）は、とても一般的な皮膚疾患の1つです。早い人は子供の頃から発症し、小学校高学年の約20%が罹患しているといわれます。もっとも多いのが思春期で、20代以降は年齢とともに次第に軽減し、30代には自然に消えていく人が多いですが消えない人もたくさんいます。女性に多いとされますが、男性も珍しくありません。

毛孔性苔癬（毛孔角化症）の原因

毛孔性苔癬（毛孔角化症）の根本的な原因は、まだハッキリとは解明されていませんが、遺伝によるものといわれています。ぶつぶつした丘疹の中身は角栓で、毛穴周囲の角質が肥厚し毛穴を塞ぐことで丘疹が発生します。角質以外に、毛穴の中に毛が一緒に詰まっていることもあります。

毛孔性苔癬（毛孔角化症）の自宅での対処法

自宅でできるケアとしては、肥厚した角質を落とし保湿する効果のある尿素入りのクリームなどを使用してケアを行うのが一般的です。ニキビと同じで、こすったりつぶしたりすると色素沈着やクレーター状の跡が残る場合があります。また保湿を怠って肌が乾燥すると、より角化が早まって悪化してしまいますので、特に乾燥する季節はしっかりと保湿するようにしましょう。

軽症であれば尿素入りのクリームなどで粘り強くケアすることで改善する場合がありますが、重度の場合はホームケアで改善するのはかなり難しいといえます。

皮膚科を受診いただければ、尿素入りの軟膏やサリチル酸などのピーリング作用のある外用剤を処方することもできます。その他、自由診療ではダーマローラーやピーリングといった治療方法もあります。

BODY CARE 06

二の腕&背中のケア ②

背中のニキビが黒ずんできた！どうすればいい？

めじろミサクリニック
院長
山川美佐先生

黒ニキビってどんなもの？

背中に限らず、ニキビの原因は「毛穴の詰まり」にあります。毛穴に古い角質と皮脂が混ざり合ったものが詰まった状態。しかし、進行すると、白かったニキビの中に詰まっていた皮脂が皮膚上に押し上げられて、毛穴が開いた状態になります。黒く見えるのは、皮脂が空気に触れて酸化したものが外に露出しているからです。

こうなったら、一刻も早く除去したいと思い、指で取りたくなってしまいますが、このようなことはぜったいに避けましょう。無理に取ると化膿したり、アクネ菌による炎症が起きたりして、さらに次の段階である「赤ニキビ」に進行してしまうこともあるからです。

黒ニキビの皮膚科での治療法

皮膚科での治療法としては、毛穴の詰まりをケアする「アバタレン」「レチノイン」という成分を含んだ軟膏、フルーツ酸の入った石けんやローション、堅くなった角質を除去する効果のある「サリチル酸ワセリン」などの外用薬を塗る方法があります。

また、専用の機器によって抗炎症作用のあるビタミンCの補給や、毛穴詰まりを除去できるケミカルピーリングなどの方法が取られることもあります。肌のターンオーバーを改善するために、ビタミンA、B_2、B_6、Cなどの投薬も、治療法の一つとして行われています。

背中の黒ニキビのセルフケア方法

背中のニキビが黒ニキビに変化してしまったら、自分でできるケア方法も試してみましょう。例えば、ビタミンB_2やB_6などが入ったサプリメントの服用や、入浴時にはやさしく泡だけで洗い、その後しっかりと保湿を。また、薄着になる季節は日焼け止めをつけることも大切です。これ以上背中ニキビを進行させないためにも、ていねいかつ、適切なケアを行いましょう。

BODY CARE
07

ハンド＆ひじのケア①
「老け手」回避のハンドケア

手の老化原因No.1は「紫外線」

手は、顔や首と同じように一年中外に出ているため、紫外線の影響を受けやすい部位。紫外線を浴びると、真皮にまで到達する紫外線A波によって真皮のコラーゲンやエラスチンが壊されます。肌のハリを保つこれらの線維が壊れることで、弾力が失われ、たるみやしわを招いてしまうのです。このような紫外線による老化を「光老化」と言い、肌老化の約8割はこの光老化が原因とされています。また、手は普段からよく物に触れたり、動かしたりする部位であり、日常生活においてダメージを受けやすいことも原因のひとつと言えます。

手・指のしわを防ぐためのポイント

手にも紫外線対策を行う

顔には一年を通して日焼け止めを塗る人が多いですが、手にも日焼け止めを塗るようにしましょう。外出時は紫外線を防ぐUVカットができる手袋の着用もオススメです。

水に触れた後はしっかり水分を拭きとる

炊事や手洗いなど水に触れた際は、タオルやハンカチで指と指の間までしっかりと水分を拭きとることが大切です。なぜなら、手に付着した水分が乾くとともに、肌のうるおいも一緒に蒸発してしまうからです。皮膚の乾燥は極力防ぐように気をつけましょう。

洗剤を使うときはゴム手袋を着用する

合成界面活性剤が含まれている食器用洗剤は、手の水分を奪い、手荒れの原因となります。できるだけ、合成界面活性剤が使われていない洗剤を選ぶようにしましょう。もし、合成界面活性剤入りの洗剤を使用する場合は、直接手に触れないようにゴム手袋を使用しましょう。

若々しい手を保つために！
ハンドクリームの使い方

片方の手のひらでもう片方の手の甲をやさしく押さえるように塗りこみます

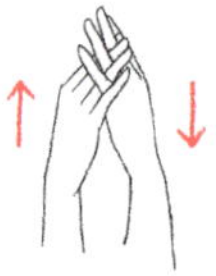
両手の指を組んで滑らせるように動かし、指の間にもクリームをしっかり塗ります

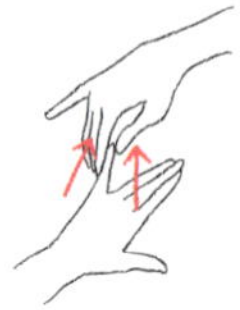
指先を軽くつまむように伸ばしていくと、細部にクリームが行きわたります

教えてくれた先生

サッポロファクトリー
皮フ科・スキンケア
クリニック 院長
松本 歩先生

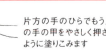

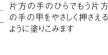

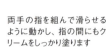

BODY CARE 07

ハンド&ひじのケア ❷

乾燥しやすいひじの角質ケア

どうして〝ひじ〟は乾燥するのか

ひじは他のパーツと比べて、極端に皮脂腺が少ない場所です。汗や皮脂がほとんどでないので、当然乾燥しやすくなります。さらに、机、椅子、床など、さまざまなところにつけて、ほおづえをついたりして、刺激を受けやすくなるのです。肌は刺激をうけることで、それに対応しようと反応します。皮膚を厚く硬くすることで、体を守れると判断するのです。

まずは角質をオフすることが必要

乾燥し、硬く角質化してしまったひじのケアは、第一に不要な角質をオフすることから始めます。といっても、いきなり軽石でゴシゴシ削るのは厳禁。肌を必要以上に傷つけてしまい、余計に角質がぶ厚くなってしまいます。湯船に長めに使って角質をやわらかくしてから、スクラブ入りの洗浄料でやさしくマッサージしてあげるとよいでしょう。一度にさっぱりキレイになるわけではありませんから、定期的に少しずつケアをしていくことが大切です。

角質をオフした後は、ボディローションや化粧水で水分を与え、そのあとでクリームやオイルでフタをします。皮脂腺が極端に少ないパーツなので、うるおいは外側からたっぷりと与えてあげる必要があります。

日々の生活や癖の見直しも

せっかく角質をオフして保湿しても、ひじを酷使するような癖を正さなければ同じことの繰り返しです。デスクワークなどで仕事上仕方がない場合を除いては、ほおづえをついたり、ひじをついたりする癖を徐々に直していきましょう。ひじをつく動作自体、あまり品がよいとはいえないため、女性らしい身のこなしを習慣づけるきっかけになるかもしれません。

教えてくれた先生

西麻布ヒフ・形成外科
院長
藤井佳苗先生

BODY CARE

08

ひざ&足のケア①

ひざの角質の原因とケア

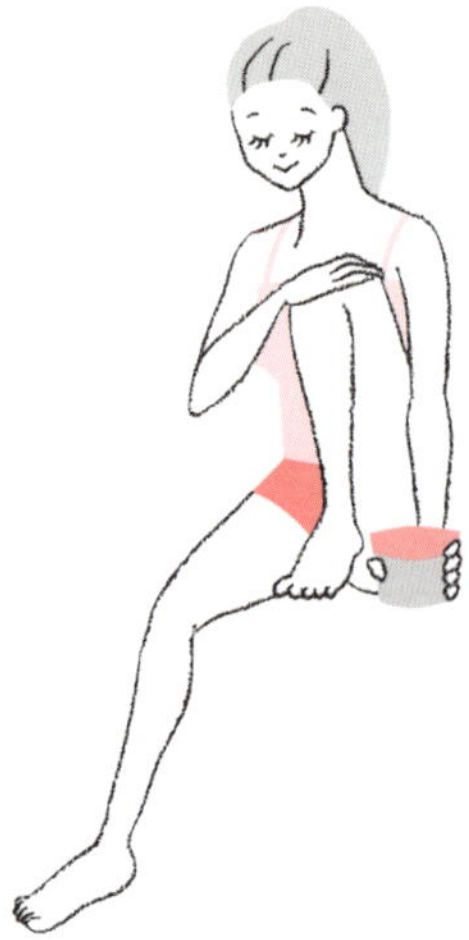

ひざがガサガサしてしまう原因

ひざは他のパーツと比べて皮脂腺が少ないため、汗や皮脂がでにくい場所です。それゆえに乾燥しやすく、年中カサカサしているパーツなのです。さらに、床や椅子にひざをつくことで、外部から刺激が加わります。肌はその刺激に負けないようにと、角質を厚くすることで対応します。ちなみにひざだけでなく、まわりの皮膚までくすんでしまうのも特徴です。

ひざの角質ケアの方法

硬くなった皮膚にクリームを塗りこんでも、ほとんど浸透しないので意味がありません。まずは角質をオフしてあげることから始めましょう。湯船に浸かって角質をやわらかくしてから、スクラブ入りの洗浄料で、やさしくマッサージすればＯＫです。このとき、強くこすると肌を傷つけてしまうので、力を入れすぎないように注意してください。また、やりすぎるとかえって肌が厚くなることもあるので、月に1、2回くらいのペースで長く継続するようにしましょう。

角質をオフしたら次は保湿です。手持ちのローション、クリーム、オイルをやさしくなじませましょう。皮脂腺が少ないパーツなので、外からしっかりとうるおいを与えてあげることが大切です。硬さが気になる場合は、保湿してからラップで10分フタをするのがオススメ。しっかりと保湿成分や水分が浸透して、やわらかくなります。

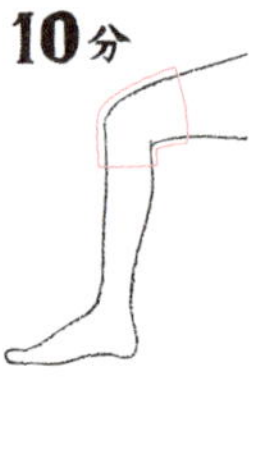

保湿は毎日

ひざがキレイであれば、脚全体も美しく見えます。そのためには、必要以上に膝をつかないようにすることはもちろん、定期的な角質ケア、保湿が必須です。ただし、一気に解消しようとして強くこすったりすると、余計に角質が厚くなる場合があるので、少しずつ、気長にケアをしていくことが大切です。角質ケアは月に1、2度、保湿は毎日行って、美しい膝を手に入れてください。

教えてくれた先生

西麻布ヒフ・形成外科
院長
藤井佳苗先生

BODY CARE 08

ひざ&足のケア ❷

かかとの角質が硬くなったときの対処法

フットケア①削る

角質用のやすりなどを使うケア方法で、お手入れしたその場で、すぐに効果を実感しやすい事が魅力。また、一度やすりを購入すれば、くり返し何度か使えるので、コストパフォーマンスがいい方法とも言えます。

ケアの際の注意点

❶濡れたままの足に使うと、削りすぎてしまう可能性があります。お風呂などに入って皮膚をやわらかくしたあと、肌を乾燥させてから使いましょう。

❷削るときは、力を入れすぎず、やすりを一定方向に動かしましょう（往復させるのはＮＧです）。

❸やすりで削った後の肌は、とてもデリケートな状態なので、クリームでしっかり保湿し、靴下をはくようにしましょう。

❹あまり頻繁に削りすぎると、逆効果になる可能性があります。パッケージや取扱説明書をよく確認し、使用頻度を守るようにしましょう。

フットケア②磨く

スクラブ入りのクリームなどを使います。このケア方法は、比較的に肌にやさしいところが魅力です。しかし、お手入れの後の変化は穏やかなので、すでにガチガチになってしまったかかとへの対処法というよりも、そうなる前のお手入れとして日常的にとり入れることで、かかとを少しずつなめらかにしていくことに向いています。

ケアの際の注意点

❶スクラブ入りのクリームを肌に強くこすりつけると、肌を傷つける原因に。指の腹や手のひらで円を描くように、やさしくマッサージをするようにしましょう。お手入れしたあとは、必ず保湿ケアを。

❷あまり頻繁に使いすぎると、逆効果になる可能性があります。パッケージや取扱説明書をよく確認し、使用頻度を守ることが大切です。

フットケア③はがす

角質をはがれやすくする専用の薬剤に、足裏を数分浸します。すると数日経った頃に、角質が自然にはがれ落ち、2～3週間もすれば、足裏全体の古い角質がきれいにはがれ落ちるとされています。手間がかからないのが魅力ですが、古い角質が完全にはがれるまでに日数がかかります。

ケアの際の注意点

❶使用する前に、必ずパッチテストを行いましょう。

❷古い角質が完全にはがれきるまでは、保湿ケアは控えましょう。どうしても乾燥、つっぱりが気になるようなら、アルコールフリー・オイルフリーなどの低刺激の化粧水で、保湿ケアをするとよいでしょう。

❸角質がはがれていく期間は、素足でいると角質が散らばってしまうので、エチケットとして靴下を。

❹角質が完全にはがれきったら、しっかりと保湿ケアをすることが大切です。

教えてくれた先生

しのぶ皮膚科
院長
蘇原しのぶ先生

SKIN CARE 大学

BEAUTY DICTIONARY

医師が教える正しいスキンケア大全

逆引きINDEX

※ここでは代表的なページだけを紹介しています。

あ

か

さ

た

な

は

ま

や

ら

わ

+ Doctor's CLINIC LIST +

本書で教えてくれた皮膚科の医師方の在籍するクリニック

赤坂ビューティークリニック
東京都港区3丁目21-3 赤阪牧野ビル 4F ☎03-5545-8187

赤須医院
東京都港区六本木7丁目18-12 4F
☎03-5771-2081

秋葉原スキンクリニック
東京都千代田区外神田4丁目6-7 カンダエイトビル 3F
☎03-3256-1212

アンチエイジング手術専門クリニック恵比寿美容外科
東京都渋谷区恵比寿西1丁目32-14 8F
☎03-5728-2306

医療法人厚成会 セイコメディカルビューティクリニック
鹿児島県鹿児島市泉町5-1 0120-172-117

大井町皮フ科形成外科
東京都品川区大井1丁目53-14 大井ビル 1F
☎03-6429-9360

小笠原クリニック澄川診療所皮膚科
北海道札幌市南区澄川4条3丁目5-3 ☎011-831-1203

オザキクリニックLUXE新宿院
東京都新宿区歌舞伎町1丁目1-17 エキニア新宿 7F
0120-565-449

オラクル美容皮膚科
東京都新宿区西新宿6丁目5-1 アイランドタワー 3F
0120-905-696

表参道首藤クリニック
東京都渋谷区神宮前5丁目2-19 表参道山田ビル 1F
☎03-6450-5447

かくた皮膚科クリニック
東京都世田谷区成城6丁目4-15 モアイ成城ビル 3F
☎03-5429-2255

銀座ケイスキンクリニック
東京都中央区銀座1丁目3-3 G-1ビル 5F 0120-282-764

小林メディカルクリニック東京
東京都港区赤坂2丁目3-5 赤坂スターゲートプラザ 2F
☎03-3589-3717

小山嵩夫クリニック
東京都中央区銀座1丁目7-10 ヒューリック銀座ビル 3F
☎03-3561-0711

五本木クリニック
東京都目黒区中央町2丁目18-14
☎03-5721-7000

THE CLINIC
東京都港区西麻布3丁目16-23
Azabu Body Design Center 2F 0120-60-3929

札幌シーズクリニック
北海道札幌市中央区北1条西3丁目3-27 札幌北1条駅前通りビル4F ☎011-222-1403

サッポロファクトリー皮フ科・スキンケアクリニック
北海道札幌市中央区北2条東4丁目1-2
サッポロファクトリー二条館4F ☎011-252-4112

しのぶ皮膚科
東京都港区三田5丁目2-18 三田ハウス 105
☎03-6453-6955

渋谷高野美容医院
東京都渋谷区道玄坂2丁目25-6 ホリウチビル 6F
☎03-6427-8214

白金ビューティフルエイジングクリニック
東京都港区白金6丁目6-1 マンション芝白金301号
☎03-5791-4800

新宿クレアクリニック渋谷院
東京都渋谷区渋谷1丁目6-7 ICIビル 3F 0120-706-909

聖心美容クリニック東京院
東京都港区六本木6丁目6-9 ピラミデビル2階
0120-225-347

西麻布ヒフ・形成外科
東京都港区西麻布1丁目1-1 EDGEビル 6F ☎03-5775-5353

ノエル銀座クリニック
東京都中央区 銀座2丁目5-14 銀座マロニエビル 7F
0120-008-406

肌クリニック大宮
埼玉県さいたま市大宮区桜木町1丁目6-2 そごう大宮 12F
☎048-640-1012

広尾プライム皮膚科
東京都渋谷区広尾1丁目1-39 恵比寿プライムスクエアタワー2F
0120-255-302

マオクリニック
東京都目黒区上目黒2丁目43-10 1F ☎03-6451-0030

松下皮フ形成外科
東京都豊島区西池袋3丁目25-11 第八志野ビル 6F
☎03-6907-3056

マノメディカルクリニック
東京都渋谷区恵比寿1丁目8-1 サン栄ビル 5F ☎03-3447-2256

マブチメディカルクリニック
東京都港区海岸1丁目16-2 インターコンチネンタル
東京ベイ911 ☎03-5404-3963

みどり美容クリニック・広尾
東京都渋谷区広尾5丁目16-2 KITAMURA65KAN 3F
☎03-5789-1107

めじろミサクリニック
東京都豊島区目白3丁目6-4 1F ☎03-5988-7177

メディカルプラスクリニック新宿
東京都渋谷区代々木2丁目7-8 東京南新宿ビル6F
☎03-5354-6381

山手皮フ科クリニック
東京都新宿区高田馬場3丁目2-5 フレンドビル 3F
☎03-5332-7680

リゼクリニック新宿院
東京都新宿区西新宿7丁目10-19 西新宿ビル 4F
0120-515-473

四谷三丁目皮膚科
東京都新宿区四谷2丁目14-4 ミツヤ四谷ビル2F
0120-428-129

Staff

アートディレクター　汐月陽一郎（chocolate.）
デザイン　堀越友美子、林 万佑子（chocolate.）
イラスト　福原やよい
森屋真偉子（エムズデザイン）
編集　黒木博子、印田友紀（smile editors）、
田所佐月、馬渕綾子
DTP　山本秀一、山本深雪（G-clef）
写真提供　Shutterstock

BEAUTY DICTIONARY
医師が教える正しいスキンケア大全

2016年10月8日 第1刷発行

著者　スキンケア大学
発行人　蓮見清一
発行所　株式会社宝島社
〒102-8388
東京都千代田区一番町25番地
編集 ☎03-3239-0926
営業 ☎03-3234-4621
http://tkj.jp

印刷・製本　サンケイ総合印刷株式会社

ISBN 978-4-8002-6117-5